計画の他にも、環境づくりや保育教材、安全に関わる資料など、初めてクラス担任になった保育者が手にして、すぐに役立つ保育資料がたくさんあります。

　折しも、平成30年4月から、改定（訂）された保育所保育指針、幼保連携型認定こども園教育・保育要領、幼稚園教育要領が実施されます。これらの保育内容については、乳児保育と1歳以上3歳未満児の保育、更に3歳以上児の保育に分けて示され、各園において、それぞれの発達の段階に応じた、質の高い保育実践を提供していくことを求めています。0歳児、1歳児、2歳児の保育では、おたよりや連絡帳などを通して、保護者ときめ細かな連携をし、一人ひとりの育ちを支えていくことが大切です。

　多くの保育者が、本書を活用し、自信と誇りをもって、よりよい保育を創っていくことを願っています。

監修　神長美津子

保育のきほん

大切にしておきたい指針、教育・保育要領のことを分かりやすく解説しています。

養護の理念では、保育者が行なう援助や関わりを、「生命の保持」と「情緒の安定」に大きく分けて構成されています。保育所保育を通じて、養護と教育の一体性がうたわれています。

環境に気を配ろう

　保健的で清潔・安全な保育環境は欠かせません。保育室・衣類・寝具などが衛生的に保たれるよう気を配りましょう。また、子どもが主体的に活動できるような環境をつくっておくことも養護の理念につながります。休息できるような場を整えておくことも大切です。

受容的な援助を心掛けよう

　子どもは、身近にいる大人から受け止められ、認められることで初めて自分を十分に発揮して周囲の環境に関わっていくことができます。そのため保育者には、常に子どもの思いを受け止めながら、それに対する関わりが求められます。一日の生活の流れを見通して、静と動のバランス良く活動できるように調整することも大切でしょう。

計画・評価

計画をつくり、それをもとに保育を行ない、評価していく中で保育の改善を重ねていく必要があります。

保育のきほん　養護／計画・評価

保育者一人ひとりが保育の振り返りをしよう

　まずは保育者一人ひとりが立案し、行なった保育を振り返ることから始めましょう。その過程で、子どもへの理解を深めます。肯定的な視点で子ども一人ひとりの良さを認め、また自らの保育の改善点を把握しましょう。

保育者間で共有しよう

　職員間でも振り返りを行なってみましょう。そうすることで、互いの理解と協働性が強まります。その保育の見直しが、日々の指導計画の見直し、ひいては全体的な計画の改善へとつながっていきます。

いろいろポイント

幼稚園・保育園・認定こども園、どんな施設であっても、知っておきたいポイントについて大切なところを確認しておきましょう。

健康状態の把握から始めよう

　子どもの生命を守ることと、心の安定を保つことは保育の基本です。養護の考え方にも重なる部分なので、まずはその認識をもちましょう。

　子どもの発達の状態と、日々の子どもの健康状態を確認することは重要です。0・1・2歳児の場合には、睡眠時の観察も十分に行ない、安全な午睡環境の提供にも努めましょう。

日々の生活で、「食」を楽しいと思えるように

　日々の食事や野菜の栽培、収穫した食材での調理などの経験を通じて、食べることを楽しいと思えるようにすることが食育の大きな意義です。領域「健康」とも密接な関連性があることを意識しながら、日々の生活と深く関わっていることに配慮しましょう。伝統的な食文化を扱う際には、栄養士や調理師など多様な人々と連携することも考えましょう。

保育のきほん 健康／食育／安全／子育て支援

安全

事故や災害に備えるための危機管理対策をしよう

　保育者は、保育環境の整備や、職員間での打ち合わせなどを通して、日常の安全管理に留意する必要があります。また、ただ子どもから危険な物を排除するのではなく、子ども自らが危険と判断して回避できるような援助も重要です。災害の際は、引き渡しの配慮なども含め、様々な事態を想定しておきましょう。

子育て支援

保護者と子どもの育ちを喜び合おう

　まずは子どもの育ちを保護者と共に喜び合えるようにしましょう。保育者の側から押し付けるのではなく、保護者の主体性や自己決定を尊重しながら、子育ての支援をできるようにしましょう。園の保護者には連絡帳や登降園時の会話、行事などを通して子どもの育ちを知らせます。地域の未就園児に対しては親子遊びの講座や給食参観などを開いたりすることも子育て支援の一つです。

専門性

**研修を通して
知識・技能の向上を図ろう**

　保育の場では、管理栄養士や看護師含め、たくさんの職種の人が働いています。保育者として、子どもとの関わり方や保護者に今行なっている保育を十分に説明できるようにするといった、コミュニケーション力やプレゼンテーション力を向上させましょう。

　また、そのためには同僚と行なう園内研修をはじめとした学びの場や、外部での研修に積極的に出向くことも大切です。

認定こども園

**多様な背景の子どもたちに
配慮しよう**

　登園時間、在園時間、入園した時期や在園期間の違いによる園生活の経験など、認定こども園では多様な背景をもつ子どもたちが在園することが、これまで以上に増えてきます。特に安全の確保や1日の生活のリズムを整えるよう工夫することが大切です。子ども一人ひとりと信頼関係を結び、生活が安定に向かうためにも保育者間での情報の共有などを大切にしましょう。

> ここまでは、どんな施設形態でも共通して知っておきたい健康・安全・食育・子育て支援などのポイントについて伝えてきたけど、OKかしら?

> 最後に、知っておいてほしい病気や災害時の持ち出しグッズについて説明するわね！その前に…保育者としてレベルアップするためのポイントを3つ紹介しておくわね！

❶ アプローチできる物を増やしてみよう

子どもの思いに応える際、保育者の教材などへの知識が多いほど、より寄り添ったものを選ぶことができます。素材の良いところや特徴を把握しておきましょう。

❷ 環境について、見える物を増やそう

環境に危険な物がないかどうか、子どもの発達に沿っているかなどはただぼんやりと見ていてはなかなか見えてこないもの。他の保育室も参考にしながら気付きを増やしましょう。

❸ 子どもの声を聴こう

保育を組み立てるうえで必要な興味・関心は日々の子どもの声に耳を傾けるところから始まります。

保育のきほん 専門性／認定こども園

おさえておきたい 基本の病気

園でよく流行する感染症について、その症状と予防・拡大防止のために必要なことをまとめました。

インフルエンザ

症状：感染後1～4日間の潜伏期を経て高熱が3～4日間続きます。全身の倦怠感や関節痛、筋肉痛、頭痛が伴い、咽頭痛、鼻汁、せきなどが出ます。一週間ほどでよくなります。

予防・拡大防止策：
ワクチンの接種：乳幼児ではワクチンの有効性が低いので2～4週間あけて2回の接種が望まれます。
マスクの装着：患者発生時は全員がマスクの装着を心掛け、せきやくしゃみの際には人に向かってしないことを徹底しましょう。
手洗い・消毒：手洗いなどの手指衛生を心掛け、またつばなどの体液がついたものを中心にアルコールによる消毒を行ないます。

麻しん

症状：38℃以上の高熱、せき、鼻汁、結膜充血、目やにが見られます。熱が一時下がってから再び高くなり、耳後部に赤みが強く少し盛り上がった発しんが現れます。

予防・拡大防止策：
ワクチンの接種：入園前の健康状況調査で、ワクチンの接種歴を確認します。未接種の場合には接種を強く勧めましょう。解熱した後は、3日を経過するまで登園を避けるように保護者に依頼します。

腸管出血性大腸菌感染症

症状：激しい腹痛とともに、頻回の水様便や血便の症状があります。発熱は軽度です。血便は初期では少量の血液の混入で始まりますが、次第に血液の量が増加し、典型例では血液そのものといった状態になります。

予防・拡大防止策：
食材の管理：適切な温度で食材を保管したり、十分に加熱調理をしたりして、衛生的な取り扱いに留意します。
手洗いの励行：接触感染の対策として最も重要です。日頃から心掛けましょう。

ノロウイルス

症状：潜伏期間は12～48時間で、嘔吐、下痢、腹痛、発熱などの症状が出ます。通常3日以内に回復します。嘔吐、下痢が頻繁の場合、脱水症状を起こすことがあるので尿が出ているかどうかの確認が必要です。

予防・拡大防止策：
別室への移動：感染を防ぐために、換気しながら周りの子どもたちを別室に移動させます。職員は速やかに汚染物を処理します。
消毒：次亜塩素酸ナトリウム0.02％（糞便・おう吐物の場合は0.1％）で消毒します。バケツ、手袋、エプロン、使い捨ての雑巾やペーパータオルなどはひとまとめにしてあらかじめ準備します。

参考：2012年改訂版 保育所における感染症対策ガイドライン（厚生労働省・平成24年11月）

子どもの症状 を見るポイント

毎朝の健康チェックの際、異状があるかどうか気を付けておきたい主要な箇所です。

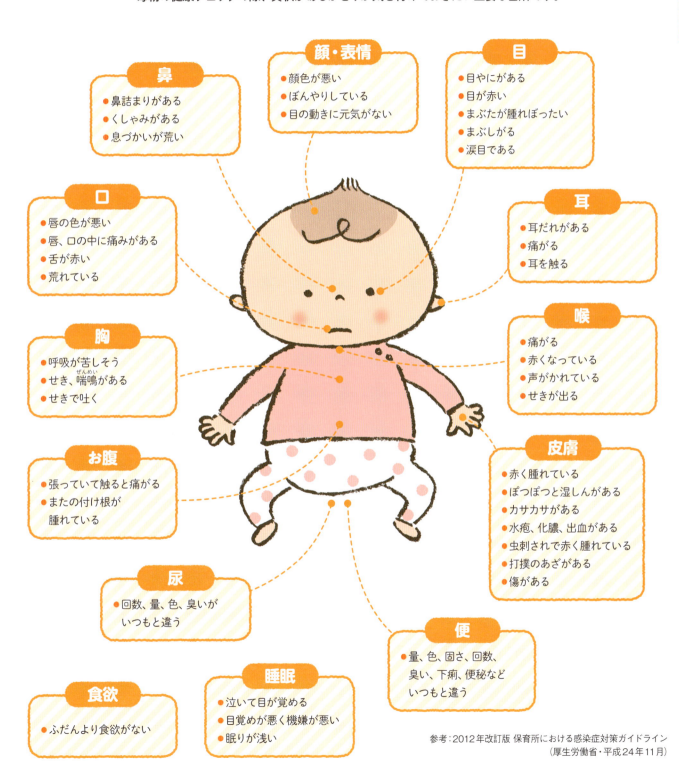

鼻
- 鼻詰まりがある
- くしゃみがある
- 息づかいが荒い

顔・表情
- 顔色が悪い
- ぼんやりしている
- 目の動きに元気がない

目
- 目やにがある
- 目が赤い
- まぶたが腫れぼったい
- まぶしがる
- 涙目である

口
- 唇の色が悪い
- 唇、口の中に痛みがある
- 舌が赤い
- 荒れている

耳
- 耳だれがある
- 痛がる
- 耳を触る

喉
- 痛がる
- 赤くなっている
- 声がかれている
- せきが出る

胸
- 呼吸が苦しそう
- せき、喘鳴（ぜんめい）がある
- せきで吐く

お腹
- 張っていて触ると痛がる
- またの付け根が腫れている

皮膚
- 赤く腫れている
- ぽつぽつと湿しんがある
- カサカサがある
- 水疱、化膿、出血がある
- 虫刺されで赤く腫れている
- 打撲のあざがある
- 傷がある

尿
- 回数、量、色、臭いがいつもと違う

便
- 量、色、固さ、回数、臭い、下痢、便秘などいつもと違う

食欲
- ふだんより食欲がない

睡眠
- 泣いて目が覚める
- 目覚めが悪く機嫌が悪い
- 眠りが浅い

保育のきほん

おさえておきたい基本の病気／子どもの症状を見るポイント

参考：2012年改訂版 保育所における感染症対策ガイドライン
（厚生労働省・平成24年11月）

防災 のための注意点

持ち出しグッズや注意事項など、災害時の被害を少しでも減らせるようなポイントです。

保育のきほん／防災のための注意点

持ち出しグッズはこれ！

- クラフトテープ
- 紙
- フェルトペンなど筆記用具
- 軍手
- お尻拭き
- 紙オムツ
- ウェットティッシュ
- バスタオル
- ビニール袋・ゴミ袋
- ホイッスルライト
- お菓子
- 着替え
- ミネラルウォーター

保護者と共通で認識しておきたい事項

災害のときには何かと想定外のことが起こります。引き渡しの方法や緊急連絡先も、祖父母や、近隣の住民など、保護者以外の場合も考えておく必要があります。また避難先についても、認識を共有しておきましょう。

避難訓練の注意事項

雨の降っている日など、いつもと違う状況での避難訓練も想定しておきましょう。保護者と連携した引き渡し訓練も経験しておく必要があります。また、アレルギーをもつ子どもにも配慮が必要です。

参考：想定外から子どもを守る 保育施設のための防災ハンドブック（経済産業省・平成24年）

1歳児保育のきほん

生活と遊び両面の子どもの発達と、
指導計画の書き方の基本を解説しています。

- 0〜5歳児の発達を見通そう　編集／『月刊 保育とカリキュラム』編集委員
- 発達と生活・発達と遊び　監修・執筆／塩谷 香（國學院大學特任教授、NPO法人「ぴあわらべ」理事）
- 指導計画のきほん　監修・執筆／神長美津子（國學院大學教授）

※発達と生活・発達と遊びは、『月刊 保育とカリキュラム』2015年度の連載『0〜5歳児　発達と保育』に加筆・修正を加え、再編集したものです。

0〜5歳児の発達を見通そう

担当する年齢の発達に加え、0〜5歳児の発達過程を見通し、日々の保育や指導計画の参考にしましょう。

※全ての子どもにあてはまるというわけではありません。

0歳児 / 1歳児 / 2歳児

発達の過程
※柴崎先生による

0歳児
特定の保育者との情緒的なきずなが形成され、寝返りやお座りができるようになる。周囲の環境に自発的に興味を示すようになり、手を伸ばして触り、口に持って行くようになる。また自分の気持ちを、表情や喃語などで表現する。

1歳児
一人で歩き始めるようになり、自分から周囲の環境を積極的に探索するようになる。親しい保育者には簡単な言葉を用いて要求や思いを表現するようになるが、知らない人に対しては人見知りもする。また物を見立てて楽しむようになる。

2歳児
手指や体の運動能力が向上し、生活習慣を自分から進めていこうとする。だが自我の芽生えや言葉の発達に伴い、自己主張も強くなり友達との物の取り合いが多くなる。また好きなヒーローなどになり切る遊びが盛んになる。

子どもの姿

0歳児

ごくごく飲んで、ぐっすり眠る
生活リズムが大切にされることで、生理的欲求、依存的欲求が満たされ、生命の保持と生活の安定が図られます。清潔で気持ちの良い生活をします。

だっこ 大好き
だっこでにっこりと見つめ合ったり、笑顔を交わしたり、優しく話し掛けてもらったりなど、特定の保育者との愛情豊かで応答的な関わりにより、情緒が安定します。

手足ぐんぐん・伸び伸び
首が据わり、寝返り、腹ばいなど、全身の動きが活発になり、自分の意思で体を動かそうとします。

なんでも、口で試してみたい
オッパイを吸って、たっぷり口唇の力を使います。気になるものがあると、すぐに口元へ持って行き、口の中で感触を確かめ、試してみようとします。

ねえ、ねえ、こっち見て・喃語
泣く、笑う、喃語を発するなどで、自分の欲求を表現して、特定の大人と関わろうとするようになります。

おんも（お外）、大好き！
安心できる人的・物的環境の下で、見たり触ったりする機会を通して、周りの環境に対する興味や好奇心が芽生えてきます。

先生がいるから遊べるよ
保育者に見守られて、玩具や身の回りのもので一人遊びを十分に楽しむようになります。

1歳児

おいしく食べて、よく眠り
楽しい雰囲気の中で、食事、間食をとるようになり、自分で食事をしようとするようになります。安全で健康な環境の中、生活リズムが大切にされ、安心して睡眠をとります。

わーい、歩けた
立って歩き、自分からいろいろな環境に関わろうとするようになります。

自分で、自分で
安心できる保育者との関係の下、食事、排せつ、衣服の着脱などの身の回りのことを通して自分でしようとする気持ちが芽生えます。

なんだろう
手先・指を使って、物のやり取りをしたり、玩具を触ったりなど、探索活動が活発になります。

「マンマ」「マンマ」片言でお話し
応答的な大人との関わりにより、指さし、身ぶり、片言などを使って、自分の気持ちを伝えようとするようになります。

2歳児

よいしょ よいしょ 楽しいね
またぐ・くぐる・走る・よじのぼる・押すなど、全身を使う動きや、つまむ・丸める・めくるなどの手や指を使うことができるようになり、それを遊びとして楽しむことができるようになります。

なんでも「ジブンデ」するの
大人に手助けされながら、食事・排せつ・着替えなど、簡単な身の回りのことを自分でしようとします。「ジブンデ」と、よく言うようになります。

まねっこ、大好き
周りの人の行動に興味を示し、盛んにまねたり、歌ったりするようになります。○○になったつもりの遊び・見立てる遊びが盛んになります。

「なんで？」「これなあに？」
挨拶や返事など、生活に必要な言葉を使ったり、「なんで？」などの質問が盛んになったりします。繰り返しのある言葉を喜んだりもします。

1歳児保育のきほん　0〜5歳児の発達を見通そう

3歳児
生活習慣が次第に自立するようになる。気の合う友達と一緒の遊びが盛んになり、お店屋さんごっこやヒーローごっこなどのごっこ遊びを楽しむようになる。また言葉への関心が強くなり、新しい言葉や直接体験を通した知識を積極的に取り入れていく。

4歳児
幾つかの動きを同時にできるようになり、思い切り走る、ボールを蹴る、回転するなどの動きに挑戦するようになる。友達と言葉により気持ちや意思を伝え、一緒に遊びを進めるようになる。また様々な表現を楽しめるようになる。

5歳児
基本的な運動や生活習慣が身につき、生活や遊びを仲間と協調的に進めていくことができる。友達と協同的な集団活動を展開できるようになり、自分の思いを言葉や様々な方法で表現できるようになる。

健康

3歳児　見て見て自分で…
食事、排せつ、衣服の脱ぎ着、清潔など、基本的生活習慣がほぼ自分でできるようになり、認めてもらって自信をもち始めます。

4歳児　何でもひとりでするよ
身の回りの始末はほとんど自分でできるようになり、生活の流れに見通しがもてます。

4歳児　こんなに動けるよ
全身のバランスがとれて、体の動きが巧みになり「〜しながら〜する」というふたつの動きを同時にでき、片足跳びやスキップができます。

5歳児　園が楽しい
基本的な生活習慣が自立し、見通しをもってみずから健康で安全な生活（食事を含む）を楽しむようになります。年長児として、年下の子どもをいたわるようになります。

5歳児　動いて、元気！ 先生より跳べるよ！
目と手と体の全ての部位が自由に動かせるようになり、複合応用運動ができます。

人間関係

3歳児　「いれて」「だめよ」
初めての集団生活の中で、人と関わることが楽しくもあり、戸惑ったり葛藤したりする姿もあります。

3歳児　お友達大好き
自我が芽生え、大人との関係から次第に周りの人のことが分かるようになって、友達に興味をもち始め、気の合う友達と遊び出します。

4歳児　どうぞ、いいよ…
友達の思いに気付き「〜だけど〜する」という自分の気持ちを抑えて我慢をしたり、譲りができるようになってくる反面、抑えがきかずトラブルも起きます。

5歳児　みんなと一緒に！
友達同士の仲間意識ができ、集団を意識するとともに友達のよさに気付きます。また、規範意識が高まり、決まりや時間配分をつくり、園生活を自主的に送ろうとします。

5歳児　そうだ そうだ わかるよ
友達の気持ちや立場が理解でき、他者から見た自分も分かるようになり、葛藤しながら共感性が高まって、協同しつつ共通の目標に向かう姿が見られます。

環境

3歳児　何でも触って…
土、砂、水などの自然物や、身近な動物、昆虫などに関心をもち、怖がらずに見たり、触れたりして、好奇心いっぱいに遊びます。

4歳児　やってみたい！
新しい活動にも取り組めるようになり、試す・工夫する・頑張ろうとするなどの気持ちが見られるようになります。

5歳児　なにか おもしろそうだな
日常生活の中で、数量、図形、記号、文字、磁石などへの理解が深まり、比べたり、数えたり・科学遊びをしたりして興味をもって関わります。

5歳児　みんな命があるんだね
動植物の飼育栽培など、様々な環境に関わる中で、友達の違う考えにふれて新しい考えを生み出したり、命の大切さが分かったりするようになります。

言葉

3歳児　おしゃべり大好き
自分の思いを言葉にできることを楽しむ姿が見られます。

3歳児　「わたし」「あなた」
イメージが豊かになり、ごっこを好み、言葉によるやり取りを楽しむ中で「わたし」などの一人称や、「あなた」などの二人称を使えるようになって喜んで遊びます。

4歳児　右足には右の靴だよ
自分の位置を基準にして、上下、左右、前後、遠近が分かるようになり、物を分別したりグループ分けができるようになったりします。

4歳児　「どうして？」
身近な自然など、興味をもったこと、疑問に思ったことの理由を尋ねたり、試したり、質問したりするようになり、自分のイメージをもって話すようになります。

5歳児　黙って考えてるの
一人言が少なくなり、自分の行為、計画を頭の中で思考するようになり、言葉で自分をコントロールするようになります。落ち着いて人の話が聞けるようになります。

5歳児　言葉遊びができるよ
語彙が増え、想像力が豊かになるとともに、日本語の仕組みに気付き、しりとり遊びや逆さ言葉で遊んだり、伝える喜びを感じたりするようになります。

表現

3歳児　ウサギさんぴょーん
ウサギになって2拍子で跳んだり、ギャロップでウマになったり、リズムを聞き分けて身体で表現したり、盛んに歌うようになります。

4歳児　こんなのできたよ
自分なりのイメージをもって、身近な素材を使って、描いたり作ったりするようになり、感じたこと、考えたことを表せるようになります。

5歳児　自分で作ったよ
生活の中での感動によりイメージを膨らませたり、友達の表現にふれたりして、自己表現をしようとするようになります。

5歳児　みんなで作ったよ
友達と共通のイメージや目的意識をもって、素材や用具を適切に使い、共同でさまざまな表現をするようになります。

（保育年数により経験差が見られる時期ですので、広く捉えてください）

発達と生活

毎日の生活で繰り返される習慣の見通しが立ってくると、次の行動を自分からやろうとします。動線などが混乱しないようにしましょう。

発達の流れ

生活

1歳

- 離乳食から幼児食に移行していく

- 保育者の「おしっこしようね」という声掛けで、トイレに連れて行くと座り、出たらのぞき込んだり驚いたりなどの反応を示す

保育のポイント

環境・援助

オムツの時期から補助便座を使ってトイレに慣れる

🔊 こんなことばがけを

（わー、すごい！おにいちゃんになったね！お母さんに教えてあげようね）

（○○ちゃんのお母さんが△△の補助便座がいいって言っていましたよ）
（うちだけしていないのかしら。やってみよう）

トイレの環境構成
トイレットペーパーは子どもが切るのは難しいので、あらかじめ1回分をウォールポケットに入れておきます。

子どもには
トイレで排せつができたら、おおげさに褒めましょう。それを見た他の子どももトイレでしたくなります。

トイレの環境構成
冷たいトイレはNG。床にマットを敷いたり、便座カバーを付けたりしましょう。

保護者には
強引に勧めるのではなく、やってみたくなるような話し方を心掛けましょう。

★ 明るい雰囲気のトイレに
子どもにとって親しみやすい場となる雰囲気づくりをしましょう。トイレは清潔で温かく、子どもが好きな写真を貼るなどし、オムツを外す前から「トイレに行きたい」と思わせる場所にします。

★ トイレに慣れる
オムツがぬれていないときにトイレに連れて行って座り、慣れるようにしていきましょう。

★ トイレへの誘い方

- **楽しそうに**
「○○ちゃんと一緒に手をつないで行ってみよう！」などと楽しげに誘ってみましょう。できなくても、まずはトイレまで行くことから始めます。

- **この時期の排せつのサインを見逃さない**
排せつの際には、急に止まって踏ん張る、お尻をたたくなどのサインを出すことがあります。個別のサインを把握しましょう。

- ズボンを引っ張ったり、トイレを見たりして、動作で告げることもある
- ズボンを下ろして脱ごうとする
- 排せつがないと便器をまたいだまま立ったり座ったりする
- 便器に座っているときは、なかなか出ず、下ろしたとたん緊張が緩んで出てしまうことがある
- 「ウン（大便）」と「シー（小便）」とが、大体理解できてくる
- 排せつの間隔が定まってくる
- オムツを取ると大変喜び、歩行を中心に運動が活発になる
- オムツが外れている子どももいる

1歳児保育のきほん／発達と生活／1歳

言葉とマークで分かるように

🔊 こんなことばがけを

子どもには
衣類や靴など置き場所を確認させることばがけをすることで、着脱に主体的になっていきます。

着脱の環境構成
自分の服が分かるように、服の置き場所にマークを貼るなど工夫しましょう。

着脱の環境構成
マーク以外にも、その子どもの顔写真を貼ると、保護者にも分かりやすくてよいでしょう。

○○ちゃんのパンツはどこにあるかな？

★ 言葉で知らせる

● **毎日の習慣に**
毎日のルーティンワークなので、言葉は掛けずに見守るようにします。困っていたり、できなかったりしたときは、「終わったらお着替えね」などと声を掛けます。

終わったらお着替えね

● **どうするか伝える**
自分でズボンなどを脱ごうとしている子どもを手伝うとき、保育者はさりげなく手伝いながら「足出てきたかな？」など手順を知らせていきます。

足出てきたかな

保護者との共有
脱ぎ着しやすい服装をお願いする
園では子どもが着やすく脱ぎやすいものを準備してもらいましょう。ベルトやフード付きは避けてもらうのが無難です。

★ 見守っていることを伝える
自分でやろうとしているときは、「先生が見ていてあげるからね」と、見守っていることを伝えて安心させましょう。

先生が見ていてあげるからね

★ 子どもの動線を考えて
着替えをする場所は玩具などが目に入らないように片付けるか、布を掛けるなどして、集中できる環境を整えます。着替えるときは、子どもが見通しを持てるように「着替えたらお布団に行こうね」などと伝えましょう。

発達の流れ｜生活

1歳

- 尿意を感じたり出てしまったりした後に、大人に「シー」と意思表示をする子どももいる

- 帽子をかぶると外出することが分かるようになる

- 手洗いをしようとする

保育のポイント｜環境・援助

きれいになったことを感じよう

🔊 **こんなことばがけを**

子どもには
したことを振り返って確認させます。きれいになったことを気持ち良いと感じるようにしましょう。

「見てみて、きれいになったね」

「上手にできたね」

保護者には
子どものやる気が出るようなことばがけをしましょう。

『上手にできたね!』って言うとやる気が出るみたいです

⭐ 進んで手洗いをすることばがけ

● **あわあわ、いっぱいしようね**
手洗いが楽しくできる歌をうたったり、洗う様子を「お山洗い（手の甲を洗う）」「オオカミ洗い（爪の間を洗う）」というように例えてみたりするのもよいでしょう。

● **お手てがきれいになったから…**
「お手てがきれいになったから、ごはんを食べようね」などと、手洗いがなぜ必要か、そして次にどうつながるのかを伝えます。毎日の生活習慣として行動するものであると教えていきます。

● **バイキンさんバイバイ**
「きれいにして、バイキンさんバイバイしようね」などと、たとえ理解はできなくても、きれいにする意味を伝えていきましょう。

● **おにいちゃんだね**
「上手にできたね、おにいちゃんだね」とことばがけをします。子どもの大きくなった様子にふれ、自信がつくようにしましょう。

保護者との共有

保護者への伝え方
保護者に「うがいや手洗いをやろうとしていますか?」と聞き、園での様子を伝えて参考にしてもらいます。保育者はしかったりせず、できるよう工夫を伝えましょう。

- 耳をかいたり、目をこすったりと、眠くなる前に決まった動作をする
- 衣服が砂や泥などで汚れたら払おうとする
- 大人の行動をまねしようとする
- いつも使っている自分の持ち物や、毎日使っている物の場所が分かる
- 着脱や食事の際に自分でしようとする範囲が広がる

1歳児保育のきほん　発達と生活／1歳

ぐっすり眠れるように

子どもには
疲れていることが自分で分かり、寝たくなるようなことばがけをしましょう。

睡眠の環境構成
BGMを静かに流す、照明を少し暗めにするなどの工夫を。

「たくさん遊んだから、眠たいね」
「ねんねしたら、〇〇して遊ぼうね」

「午睡であまり熟睡できなかったようです。おうちでは、どんな様子ですか？」

保護者には
家庭と協力して、子どもの体調に配慮しつつ、十分に休息がとれるようにしましょう。

★ 挨拶をしっかりと
「おやすみ」「おはよう」を必ず言うようにします。挨拶をするのが楽しくなるように、保育者が率先して笑顔で言うようにしましょう。

★ 食事中に眠くなったときは
無理に食事を続ける必要はありません。様子を見ながら時間帯を工夫するなど、無理をさせないようにしましょう。

★ 好きな物と一緒に
泣いたり不安を感じたりしているようなときは、自分で好きなタオルや玩具などを選んで、一緒に眠るのも良いですね。「今日はどの子と一緒に寝る？」と声を掛けても良いですね。

発達の流れ｜生活

1歳半

- 膀胱の機能が発達し、昼間の排尿の間隔が2時間程度、空くようになってくる
- トイレに興味をもち、他児のしている様子を見ている
- 括約筋が働いて、少しの間は我慢できるようになってくる
- 出してしまったときは「シーシ」「タ、タ」と伝えにくることもある
- スプーンを使って食べ物を口に運ぼうとする
- コップを両手に持って、スープ、お茶、牛乳などをひとりで飲む

保育のポイント｜環境・援助

トイレに行くのが嫌になってしまったら…

こんなことばがけを

子どもには：「本当はできるんだよね」と励ましながらも、「何が嫌だったのか」原因を探りましょう。トイレが嫌だと思う理由が必ずあるはずです。

「明日はやってみようね。本当はできるもんね」
「何が嫌だったのかな?」

★ トイレが寒い、便器が冷たい

寒い冬、お尻を出しての排せつですから、便器が冷たくてひやっとしたら嫌になってしまいますね。床にはマット、便座にはカバーをするなどしましょう。必要なら暖房も。

★ トイレが暗くて怖い

トイレの照明が暗いと怖いと感じる子どももいます。夕方や夜まで長時間いる子どもはなおさらです。明るい照明にしましょう。

★ 遊びに夢中で…

楽しい遊びに集中していると、誘ってもなかなか行こうとしないときもあります。トイレに立ってしまうと遊びが終わってしまう、使っていた玩具がなくなってしまうなどと考える子どももいるので、大丈夫と安心させて。

★ 臭い匂いが嫌

いうまでもありませんが、清潔を心掛け、まめに掃除をしてください。流し忘れなどもよくあるので、時々点検しましょう。芳香剤は強すぎないように。

保護者との共有　行きたがらない理由を理解して

便座が冷たい、トイレが暗い、流す音が大きくて怖いなど子どもなりに理由があります。家庭でも原因を考えてみていただきましょう。

- 嫌いな食べ物は食器を押し返すなどして、食べようとしないこともある
- 昼間に起きて活動する時間が長くなり、午睡は午後の1回になっていく
- 握力がしっかりとしてくる
- ズボンを下ろして脱ぐことができる

1歳児保育のきほん　発達と生活／1歳半

自分で食べる意欲を

🔊 こんなことばがけを

「○○ちゃん、食べられたの？良かったねー！」

子どもには
褒められている友達を見て、「自分も…」と思うかもしれません。楽しい雰囲気を大事にしましょう。

★ 介助の大人は近い距離に

保育者は、こぼした物を片付ける台拭きや容器、お代わり分を入れた皿などをあらかじめ用意しておくなどして、いつも子どもに近い距離で介助するようにしましょう。

★ 生活の中で手指を器用に

器にフラワーペーパーを丸めた物やビーズなどを入れ、もう一つの器にスプーンで移して遊んでみましょう。

★ 憧れの気持ちから

特に好き嫌いがある子どもには、その子どもの憧れの存在（「パパ」「○○マン」など）を使って「全部食べられたね。○○みたいになれるかな？」などと褒めます。

保護者との共有
園で使用している食具を知ってもらう
食具が上手に使えない子どもには、「子どもが使いやすい物を使ってください」といっても保護者には分からないかもしれません。園で使用している物を実際に見ていただいて参考にしてもらいましょう。

スプーンの持ち方

❶ 〜1歳6か月頃は
手のひら全体で握るようにします（上握り）。

❷ 〜2歳頃は
手のひら全体で握るようにします（下握り）。

❸ 2歳過ぎからは
鉛筆の持ち方で握ります。

発達の流れ — 生活

1歳半

- 脱いだ衣服を自分のロッカーやカゴに入れようとする
- 「お口はどこ？」「お鼻は？」などと聞かれると、自分の体の部分を指す
- うがいをしようとする
- 不潔と清潔の違いが分かる
- 自分と他人の持ち物の区別に気付き始める
- 「〜がしたい」「じぶんでする」という思いが強くなる
- 「イヤ」「ダメ」「シナイ」など否定の言葉をよく使うようになる

保育のポイント — 環境・援助

まねっこしながらお手伝い

こんなことばがけを

子どもには
周囲の大人や友達がすることに興味をもち、まねをしたがる時期です。片付けをしている保育者のまねをしたり、手伝おうとしたりしている子どもの姿を認め、一緒に行ないましょう。

「お片付けできてすごいね。おねえちゃんだね」

保護者には
園での姿を伝え、家庭でも参考にしてもらいましょう。

「マークのある所にきちんと入れることができるんです」

★ 楽しい雰囲気の中で

●**まず保育者から**
保育者が率先して楽しそうに箱へ片付ける姿を見せると、子どもたちもしぜんと一緒に片付けたいという気持ちになります。

●**片付けまでを遊びに**
玩具を出して片付けるまでを毎日の習慣にしましょう。片付けまでが遊びということを子どもが気付けるようにします。

「ブッブーバイバイね」

★ マークで場所を示す

●**自分のマーク**
棚やロッカーなどにマークや子ども自身の顔写真を貼り、自分の物がある場所が分かるようにします。

●**玩具のマーク**
玩具を片付ける場所に、玩具の絵や写真を貼り、片付けるべき場所が分かるようにします。

保護者との共有

まだ小さい子どもでも
「まだ小さいからお手伝いなんて無理」と考える保護者には、子どもなりにできることや、手伝いをして感謝されることの喜びと育ちへの好影響を伝えましょう。

「お手伝いありがとう」

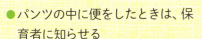

- パンツの中に便をしたときは、保育者に知らせる
- 「トイレまで我慢してね」と言われると、しばらく我慢できる
- 大人が付き添っていれば、一人で排せつできる

- 時々手づかみもするが、スプーンやフォークを使って大体食べることができる

- スプーンやフォークを使って、こぼさないように食べようとする

1歳児保育のきほん
発達と生活／1歳半〜2歳

オムツからパンツへ

🔊 こんなことばがけを

子どもには
子どもが興味をもつように、はいてみようと誘います。

「おにいちゃんパンツ、かっこいいよ」

「今日はおにいちゃんパンツでいられたんですよ！」

「すごいね」

保護者には
「おにいちゃん」…なんて魅力的な言葉でしょう。子どもが「明日がんばろう」、お母さんが「すごい！」と、保育者が「言って良かった」と、みんなのやる気がアップする魔法の言葉です。

★ うまく誘うために

● **子どもと選ぶ**
新しいパンツを持って来てもらい、どのパンツをはくのか、子どもと選ぶことで気持ちも違ってきます。

● **友達のパンツを見て**
友達の頑張る姿を「すごいねー」と励ましつつ、意欲を引き出していきます。

● **低いイスや台**
自分で脱ぎ着できるように、高さ10〜15cm前後の低いイスや台を用意します。カバーはこまめに洗って清潔に。

保護者との共有
オムツを外す時期を逃さずに

紙オムツが進化したことで、大人は便利になりましたが、子どもがオムツから自由になる時期を遅くしています。その便利さに慣れてしまわないよう保護者にしっかりと伝えてください。

27

発達の流れ（生活） — 2歳

- 食事中のおしゃべりが多くなり、食べるのに手間取る子どもや、よくかまずに食べる子どもが出てくる
- 指しゃぶりをしながら眠る子どももいる
- 夜9時までには寝かしつけるのが健康や脳の発達のために望ましい

保育のポイント（環境・援助）

楽しい雰囲気で食事を

こんなことばがけを
「モグモグ カミカミ しようね」

子どもには
かむことの大切さをよく伝え、楽しくおいしく食事ができるようにしましょう。

食事の環境構成
場所や席を頻繁に変えないようにします。

食事の環境構成
半円形のテーブルを使うと、複数の子どもを補助しやすくなります。

食事の環境構成
足台を活用するなどし、子どもの足が床に着くように。

★ 量は少なめにして

あまりたくさんの量を盛り付けずに、少ない量にしてお代わりするようにしましょう。「お皿をからっぽにした」「食べられた」という満足感が得られるようにします。

★ 楽しく食べることが一番

「好き嫌いがないように」など、保育者がこだわりすぎると、子どもは食べることが苦痛になります。楽しく安心できる食事を一番に考えて援助しましょう。

★ 好き嫌いには

その日は食べられなくても、ずっと食べられないわけではありません。「これは嫌いなのね」と決めつけずに、何度かアプローチしてみましょう。友達が食べていたり、見た目の違いで食べられたりするものです。「○○、おいしそうだよ。食べてみようね」と促してみましょう。

保護者との共有 — 食事中はテレビを消してもらう

「なかなか難しいかもしれませんが」と前置きして、「家庭でもテレビなどは消して、ゆっくりと食事の時間をとってみてください」と伝えましょう。「なるべく食事に集中できるように」と意識してもらうことが大切です。

- 一般的な睡眠時間の目安は、1日11〜12時間、うち午睡は1〜2時間
- 靴を脱いだり履いたりしようとする
- 食前や排せつ後に、進んで手洗いをする

1歳児保育のきほん　発達と生活／2歳

子どもが自分でできるように

🔊 **こんなことばがけを**

子どもには
「バイキンさんが来るよ」などマイナスの表現は避けましょう。子どもが主体的にやろうとする気持ちを大切にします。

「きれいになって気持ちが良いね」

「〇〇ちゃんは△△のコップだね、いいなあ」

援助のポイント
うがいをしたい気持ちにさせる、また動機になる仕掛けとことばがけをします。

⭐ 取り組みやすい環境にする

● **洗面台の高さ**
適度な高さの踏み台を用意するなどして調整しましょう。

● **せっけん**
自分で泡立てるのが難しいので、泡状のせっけんを使うと良いでしょう。

● **お湯を使う**
寒い冬の冷たい水では手を洗いたくなくなります。お湯での手洗いを行なってみましょう。

⭐ 生活動線を考える

手洗い・うがいは毎日行なうことなので、子どもが自分で判断してできるよう、動線が混まないようにする工夫が必要です。食後も口すすぎをしたり顔の汚れを洗ったりするので、食事の場などにはできるだけすぐ近くに洗い場があるようにしましょう。

保護者との共有

お気に入りの道具を

家庭と相談しながら、タオルやコップは子どもが気に入っている物を持参してもらうようにお願いしましょう。家庭にも同じ物があれば、家庭でも自分から行なえるようになるでしょう。

発達の流れ ― 生活

2歳

- ブクブクうがいをする
- 着脱を「ジブンデ」と最後までやり遂げようとする
- 言葉の指示で、止まる、歩くなど体の動きを調整し始める
- 自立と依存の間で揺れることが多い

保育のポイント ― 環境・援助

「ジブンデ」を大切に

🔊 **こんなことばがけを**

子どもには
「ジブンデ」やりたい気持ちを大切にしましょう。できたら一緒に喜び、励ましていきたいですね。

○○ちゃん、自分でできるんだ～！すごいね～

環境のポイント
手順を丁寧に伝えることが、成功のコツです。

⭐ **理解して見守る**
なかなかうまくいかないときに手助けをすると、かんしゃくを起こすことがあります。「ジブンデ」やりたい気持ちと、やはり手伝ってほしい気持ちの両方があることを理解して、見守りましょう。

⭐ **台で「ジブンデ」を援助**
一人でパンツやズボン、靴を履きやすいように、子どもの高さに合わせた台を用意しましょう。

⭐ **さりげなく手伝う**
「トンネルうまくくぐれるかな？」などとボタンを下からそっと押してみたり、見えないところで手伝ってあげたりし、子どもの「ジブンデ」の気持ちを尊重しましょう。

保護者との共有
園での工夫を伝えましょう
「こんな風にするとうまくいくかもしれません」などと、園での工夫を伝えます。同時に、子どもの発達や気持ちの浮き沈みなど、一様にはいかないことも伝えていきましょう。徐々に、しかし確実にできるようになっていくので心配はないことも伝えてください。

ズボンの脱ぎ方・はき方

●脱ぐ

❶両手でウエストのゴムの部分に指を引っ掛けて下ろし、臀部(尻)が出ているか確かめます。

❷低い台に座り、片足ずつ裾を引っ張って足を抜きます。

●はく

❶低い台に座ったまま、片足ずつ入れます。

❷バランスを崩さないよう立ち上がり、ズボンを引き上げます。

はくときの援助
引き上げるときに握力を抜かないようにします。特に長ズボンをはくときに、立とうとして転ぶことがあるので注意します。

- 自分の靴箱、友達の靴箱が分かる
- 生活にルールがあることが分かり始める
- 友達と関わり、大人の仲介で、物の貸し借りや順番、交代を知り始める

片付けが楽しくなる環境を

こんなことばがけを

子どもには
子どもの遊びのイメージを保育者自身も楽しみ共有しながら、片付けも楽しくなるようなことばがけをしましょう。

環境のポイント
玩具の片付けも遊びの延長と捉え、子どもが分かりやすい片付け場所・方法を設定しましょう。

★ 遊びの延長の中で

●**現実に近い環境**
人形は布団に寝かせる、衣服はハンガーに掛けるまでを片付けにすれば、子どものイメージが広がって楽しくできます。

●**色別に分ける**
ブロックや色鉛筆は、同系色別に入れ物を分けたり仕切ったりして、遊び感覚で片付けられるようにします。

★ 次に使いやすい工夫を

●**棚の位置**
棚は必ず子どもの手の届く低い位置に設置しましょう。子どもが片付けやすくなります。また、小分けで少量ずつ収納を。大量の玩具をひと箱に入れておくなどでは子どもには難しいので、同じ物でも分けるなどの工夫をしましょう。

●**カゴやフック**
カゴやフックを使って整理できるように、環境を整えましょう。写真やイラストを貼って、入れる物や場所を分かりやすくします。

保護者との共有

家族の絆
家庭での「お手伝い」を推奨することは、家族の絆をつくっていくことにつながります。片付けについて、園便りで各家庭の取り組みを知らせるなど、家庭への援助を行なっていきましょう。

1歳児保育のきほん　発達と生活／2歳

発達と遊び

発達の流れ｜遊び

1歳

- 大人のまねをし始める
- してほしいことや、したいことを声や言葉、指さしや動作で伝える
- 並行遊びをする

歩行も安定してきますが、いろいろな動きを経験することで筋力や体力もついてきます。積極的に体を動かす遊びを取り入れましょう。

保育のポイント｜環境・援助

一緒に同じことをするのが楽しい

こんなことばがけを

子どもには
大人や友達がやっていることが魅力的に見え、自分もしてみたくなります。子どもの気持ちをくみ、「○○ちゃんみたいだね」など、ことばがけをしましょう。

（おねえちゃんになったね／助かったよ／上手にできたね）

★ 一人遊びの充実を

● **十分なスペース**
一人ひとりがじっくりと自分の遊びをできるように、十分なスペースをとります。また、同じような玩具は幾つか用意しておきます。

● **みんなで遊ぶ**
子どもが一人で遊んでいたら、「○○ちゃんが楽しそうなことをしているね」など気付くような言葉を掛けてみます。

（入れてもらおうか）

★ ごっこ遊び

身近な大人の行動を見て、再現するごっこ遊びが楽しめるのは、子どもが「自分以外の人や物」に興味をもち始めたことを示します。いろいろな道具を用意し、保育者も参加しましょう。

保護者との共有

大人が率先して
子どもは、大人のふだんの様子をよく観察していて、まねをします。保育者や保護者は、朝の「おはよう」や、食べ終わったときの「ごちそうさま」など、率先して挨拶するようにしましょう。

（おはようございます）

★「一緒に同じこと」を楽しむ

誰かが友達と一緒に同じ遊びを始めたら、保育者も参加したり、他の子どもを誘ったりして、みんなで楽しく遊べる雰囲気にしていきましょう。

- 自分と他人の持ち物の区別に気付き始める
- 一人立ちをする
- 手を支えてもらい、歩き出す
- 一人歩きを始める

- 転びそうになると、両手を前に出すパラシュート反射が出る

- 「イヤイヤ」をしたり、自分の欲求を通そうとしたりするが、雰囲気で気が変わりやすい

感情を出そう

こんなことばがけを

子どもには
子どもの感情の原因を考えたことばがけをしましょう。

環境構成のポイント
保育室を「小さなおうち」(家庭)のような雰囲気にしましょう。

保護者には
子どもがどのような言葉や動きで感情を伝えようとしていたのか、情報交換をするようにしましょう。

★「イヤイヤ」には

子どもが怒る、泣くなどの感情表現を表したときには、「そんなに嫌だったのね」と気持ちをしっかりと受け止め、子どものメッセージには言葉で返しましょう。

★ スキンシップを

スキンシップなど、一対一の関わりを増やして、子どもが安心して感情を表出できるよう働き掛けましょう。

★ 感情と指さしの意味を結び付ける

食べ物の絵本を読んでいるときなど、子どもが絵を指さしたら、「おいしそうだね」など子どもの思いを代弁してみます。口を動かすなどをしたら、「おいしい?」「どんな味がするかな?」などイメージが広がるような言葉を掛けます。

★ おとなしい子どもの感情表現を見逃さないように

感情表現が穏やかな子どもは、それに気付いてあげられないと、感情を外に出さなくなってしまうことがあります。快・不快などの小さな感情表現を見逃さないように注意しましょう。

援助のポイント
ちょっとした表情の変化が見つけられたら、「これ好きなの?」「良かったね」など、声を掛けましょう。

1歳児保育のきほん　発達と遊び/1歳

発達の流れ / 遊び

1歳

- 手の細かいコントロールが進む
- 指さしをする

- 手すりを持って階段を上り下りする

- クレヨンでなぐり描きをする
- 歌や音楽に合わせて体を動かす

保育のポイント / 環境・援助

表現活動への興味を広げよう

🔊 こんなことばがけを

子どもには
保育者も一緒に行ない、楽しそうな雰囲気づくりを心掛けます。子どもの様子を見守りながら、声を掛けましょう。

「パチパチ上手だねー」

保護者には
子どもが楽しんでいる様子を伝えると、家庭での遊びのヒントにもなります。

「〜ちゃんは○○の歌が大好きで、今日もすごく楽しそうでした。」
「いつも楽しそうにパチパチしています。」

★ いろいろな素材や画材に触れよう

● **紙（新聞紙・フラワーペーパー など）**
丸めたり、ちぎったり破ったりして遊びます。

● **小麦粉粘土**
伸ばす、つつくなど形を変化させたり、柔らかい感触を楽しんだりします。

● **パス・ペンなど**
思い掛けず描けた線や塗りを楽しみます。

★ リズムに合わせて体を動かすことを楽しむ

● **音楽を流す**
童謡などの音楽を流します。音楽に反応して揺れるなど体を動かしていたら「楽しいね」などと保育者も共感しながら一緒に体を動かします。

● **いろいろな動きを楽しむ**
いろいろな動きを子どもたちが自由にできるヒントになるように、保育者がいろいろな動きを試してみましょう。子どもが手などを動かしていたら、「〜みたい。上手だね」などとことばがけをしながら続けます。

1歳半

- 「ママ」「ブーブー」など、意味のある言葉を言うようになる
- 意味がある言葉を話したり、「ワンワンはどこ？」など簡単な問い掛けに指さしなどで応じたりする
- 小走りや後ずさりをする
- 押す、つまむ、めくるという動作ができる

細かい動作に挑戦

🔊 **こんなことばがけを**

子どもには
うまくできたら拍手をして褒め、達成した喜びを子どもと共有します。

援助のポイント
ひも通しをするときには、ひもの先をテープで巻くなどして、穴に入りやすいようにします。

「見せて見せて！」
「すごい！できたね！」

援助のポイント
大きな穴にひもを通します。だんだん小さな穴にしていきましょう。集中力も養われます。

★ いろいろな感触や動作を取り入れて遊ぶ

● **積み木**
どれだけ積み上げられるか、保育者が助けながら取り組んでみましょう。積み上げられたら褒めましょう。

● **ニギニギ**
靴下に、お米やプチプチシート、押し笛を順番に入れ、それぞれを縫い留めます。持つ場所で感触や音が変わります。

● **ティッシュ出し**
布をティッシュペーパーと同じように重ね、ティッシュペーパーの空き箱に入れて引っ張り出します。フェルトやスカーフ、サテンの布などの手触りが違う物を使いましょう。

● **プレート落とし**
蓋に穴をあけた箱に、小さなプレートをつまみ、差したり押したりして入れます。

保護者との共有
手指遊びで楽しく！
『一本橋こちょこちょ』などの手指遊びをしましょう。目と手の協応も促します。家庭でも積極的に取り入れてもらいましょう。

1歳児保育のきほん　発達と遊び／1歳〜1歳半

発達の流れ｜遊び

1歳半

- 片手でボールを持って投げる
- 「いや」「だめ」「しない」など否定の言葉をよく使うようになる
- 「○○がしたい」「○○が欲しい」と思ったことがかなえられなかったときに、泣いたりかんしゃくを起こしたりする

保育のポイント｜環境・援助

意思表示が強くなる

🔊 こんなことばがけを

子どもには
自分のことを自分でやったり、保育者や友達を手伝ったりしたときは、子どもの「したい」が次につながるようなことばがけをします。

援助のポイント
時間がかかっても、保育者は見守りつつ、できるだけ自分でやらせてみましょう。

★ 駄々をこねるときは

● 「〜したいんだね」
まず子どもの気持ちを受け止めます。

↓

● 「〜が終わったら…」
「〜が終わったら〜しようか」と見通しを示し、子どもの不安を取り除きます。

★ いざこざには

● かみつき
いざこざの中でかんだ子どもには、「○○したかったのね」と気持ちを代弁したうえで、「今度はかまずに、『かして』って言おうね」と、かんではいけないことをしっかりと伝えます。

環境構成のポイント
どんな場面でかみつきが起こるか、ふだんの様子から考えてそのような状況をつくらないように工夫します。

● けんか
玩具の取り合いなどがあれば、両方の気持ちを代弁しつつ相手の気持ちが伝わるようにします。

環境構成のポイント
同じ玩具を2〜3個は用意し、仕切りを使ってスペースの使い方を工夫しましょう。

- 友達の玩具を取ったり、取り合いになるとかみついたりする
- 自立と依存の間で揺れることが多い
- 自分のイスなど自分の領域に人が座ると、侵害と感じてひどく怒る
- 簡単な歌をうたったり、リズム遊びをしたりする
- 物に名前があることに気付き始める
- 「お口はどこ？」「お鼻は？」などと聞かれると、自分の体の部分を指さすようになる

言葉を使うことを楽しめるように

🔊 こんなことばがけを

子どもには
ままごと遊びでは、日常生活に使う言葉をはっきりと分かりやすく伝えましょう。

環境構成のポイント
挨拶や決まり言葉を楽しく遊びの中に取り入れていくことで、言葉の使い方を学ぶこともできます。

保護者には
子どもの「これなに？」に答えることが大変だということを受け止めつつ、子どもにとって大事な時期であることを伝えます。

★ 言葉を知る、楽しむ

読み聞かせの中で、子どもの反応をよく見て、言葉を代弁します。例えば、リンゴを指さしたら「今日食べたリンゴ、おいしかったね」「赤いね」など、やり取りのきっかけにしましょう。

援助のポイント
言葉の繰り返しや楽しい響きのある言葉が出てくる絵本を選びましょう。

環境構成のポイント
表紙が見えるように棚に並べましょう。

★ 言葉を広げる

子どもが理解したり、発したりした単語に「大きいお山作ったね」「お砂、サラサラだね」など、共感しながら形容詞や副詞を付けて言葉を広げていきましょう。

援助のポイント
大きい←→小さいなどの概念も徐々に理解し始めます。比べる言葉を遊びの中で使っていきましょう。

1歳児保育のきほん　発達と遊び／1歳半

発達の流れ — 遊び

2歳

- 友達がしている遊びに興味をもつ
- 両足でジャンプする
- 障害物をまたぐ
- 水の中を歩く
- 言葉の指示で、止まる、歩くの調整ができるようになってくる
- 片足で少しの間、立てる
- 自分の気持ちを伝えようとする
- 自分の欲求をコントロールするのは難しいが、遊びや生活にルールがあることが分かり始める
- 自然や身近な物に興味が出てくる
- 積み木を見立てて、線路や家などを構成する
- クレヨンで意識的な線を描く
- ハサミやのりを使う

保育のポイント — 環境・援助

ダイナミックに伸び伸びと全身を動かす

 こんなことばがけを

子どもには
不安に思う気持ちを和らげるよう、「一緒にやろうね」と保護者が手伝うことを言葉にしましょう。

保護者には
家庭でも一緒にできそうな遊びを伝えましょう。

「ボールを追い掛けるのがすごく楽しいみたいです。公園でも遊べると良いですね」

★ 全身を動かす遊び

●**鬼ごっこ**
鬼に捕まらないで逃げるだけの、簡単なルールです。初めは保育者が鬼になりましょう。

●**三輪車**
三輪車がある程度こげるようになったら、緩やかな坂道を用意したり、地面に線路を描いたりして、コースをつくりましょう。

●**ボール遊び**
軽いゴムボールなどを使いましょう。キャッチする、当てるなどはまだできませんが、投げる動作を楽しみましょう。

●**縄跳びヘビ**
保育者が縄の端を持ち、床の上でヘビに見立ててうねらせます。「ヘビに捕まらないようにね」と言って、縄に触れないように跳んでみましょう。

●**鉄棒**
子どもの足が着くくらいの低い鉄棒に、膝を曲げてぶら下がります。初めは親指を下に回せないので、保育者が拳の形になるよう手伝います。

ポイント
園外では道路や公園の様子をあらかじめ確認します。目が行き届く広さで遊びましょう。安全面だけでなく、不審者などにも気を付けましょう。

- 赤・青・黄などの色が分かる
- 物の形を写し取るという抽象作業が可能となり、手本を見て直線が描ける
- 好きな物になり切る遊びや、見立て遊びをする
- 「これなに？」としきりに物の名前を知りたがる
- 「ワンワン きた」のように、ふたつの言葉をつないだ2語文が出始める
- 「きない」「いかない」など否定形を使う
- 「いっぱい」「ちょっと」など副詞を使い始める
- 気持ちを言葉で表現し始める
- 経験したことを言葉で表そうとする

表現したい意欲を引き出そう

🔊 こんなことばがけを

子どもには
子どもが楽しんで作っている姿を受け止め、一緒に遊びながら、表現が広がるようなヒントを出すなどします。

⭐ 自然の中での体験から

● **発見をしよう**
季節に応じて戸外に出て、匂いのする場所、光る石、土の感触、動物の鳴き声など、五感を刺激する新しい発見ができる機会を増やしましょう。

● **援助のポイント**
「これなに？」「なぜ○○なの？」と聞かれたら、「いい物見つけたね」「何だろうね」などと関心を広げ、先につながるようなことばがけをします。

● **顔葉っぱ**
拾った葉っぱを人や顔などに見立てて遊びます。自然の色や形を生かしながら行ないます。

● **援助のポイント**
「スカートみたいな葉っぱだね」などとイメージが広がる言葉を掛けます。

⭐ 小麦粉粘土で遊ぼう

● **粘土遊びの良さ**
感触を楽しみながら形を自由に変えることができるので、「○○みたい」「△△に似ている」など、何かに見立てて子どもの発想を広げることができます。

● **見立て遊び**
粘土を丸めて「ミカン」、細長くして「ヘビ」など分かりやすい物から始めます。子どもが独自のイメージで作った物には、「甘いかな？」「長いね」など、子どもが思い描いているイメージを広げたり補ったりする言葉を掛けましょう。

指導計画のきほん

指導計画の仕組みと、様々な項目の書き方・考え方について見ていきます。

指導計画ってなぜ必要？

　指導計画とは、保育が行き当たりばったりにならないようにするためのものです。ざっくりとした計画で偶然に任せるような保育では、子どもが育つために必要な経験を得る機会を保障していくことはできません。しかし反対に、育てたい思いだけを書き込んだとしても、子どもの主体的な活動を確保できる訳でもありません。

　一人ひとりの発達を保障する園生活をつくり出し、またそれが子どもの視点に立ったものであることを意識するために、指導計画は必要なのです。

カリキュラム・マネジメントって？

　カリキュラム・マネジメントとは、計画を作り、それをもとに保育を行ない、その後評価していく中で、保育の改善を重ねていく一連のサイクルのことです。

　園で目指す子どもの育ちに向けて、教職員全体で組織的に行なう必要があります。

　園全体で作る計画はもちろん、日々の月案・週案にも関わってくる話です。作った計画が実情に合っていたかどうか評価し、常に改善していくことは、園の保育の質の向上と共に、保育者の専門性の向上につながります。

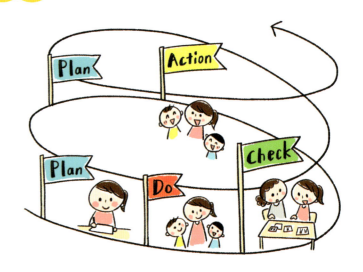

全体的な計画とは

　全体的な計画は、<u>子どもが園に在籍している期間の全体にわたって、保育の目標を達成するためにどのような道筋をたどり保育を進めていくか</u>を示すものです。発達過程に沿い、それぞれの時期の生活や遊びで、子どもがしていく体験とその際の援助を明らかにすることを目的とし、園全体で作成します。

各施設での仕組み

年間計画、月案、週案、など作成する指導計画は全て、この全体的な計画を基盤として考えていきましょう。

〈保育園〉

　乳児・1歳以上満3歳未満児にねらい・内容が示され、全年齢に内容の取扱いが示されたことから、あらためてこれらを組み入れながら全体的な計画を作成する必要があります。なお、これに基づいて毎月の指導計画、保健計画、食育計画を立てていきます。

〈幼保連携型認定こども園〉

認定こども園は教育及び保育を行なう学校としての機能と、児童福祉施設としての機能を併せもっており、さらに特色として、子育て支援の義務化が挙げられます。そのため、左の図のような計画に加え、一時預かり事業や延長・夜間・休日保育といった、子育て支援の計画も関連させながら作り上げる必要があります。

〈幼稚園〉

　登園してから預かり保育を受けて降園する子どもがいた場合、従来の教育課程だけでは、預かり保育の計画や食育、安全の計画をカバーしきれていない面があります。ですから、保健計画、食育計画、預かり保育の計画などと共により関連させて作成する必要があります。

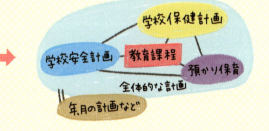

各計画とそのつながり

全体的な計画で考えられた1年間の教育内容をもとに、それぞれの時期に必要な子どもの経験を示します。

年間計画

それぞれの計画は歯車みたいに連動しているんだ！

長期の指導計画

月案

その月における子どもの生活の流れを見通して具体的なねらいや内容、環境の構成などを中心に作ります。

1週間の保育記録を読み返し、特によく見られる、またこれまで見られなかった子どもの姿から、「なぜこのような行動をとるのか」「何が育ちつつあるのか」「そのためにどうするのか」などについて検討します。

週案

短期の指導計画

それぞれの計画が毎日の保育とつながっているんだね！

日案

特に、前日の子どもの姿から、一人ひとりの行動への理解を深め、それをもとにその日の子どもの活動の姿を思い描きながら、場の作り方や必要な遊具・用具、その配置、保育者の関わりなどを最も具体的に記入します。

※本書の指導計画では…
1歳児の発達は緩やかな生活の流れで見ていくため、月の計画を中心に掲載しています。保育マップには週案的な要素を含んだ例も紹介しています。

毎日の保育

指導計画を書いてみよう

まずは…

　立案時にポイントになるのは「子どもの主体性」と「指導の計画性」です。まず子ども一人ひとり異なる発達への理解を深め、それに応じて考え「子どもの主体性」を尊重します。また一方で、「全体的な計画」でつくった教育内容を、子どもたちがどのような経験を重ねて育っていけばよいか考える、「指導の計画性」への思いも大切です。その上で、保育者が指導しすぎないように、子どもが主体性を発揮できるようにバランスも一緒に考えながら、具体的なねらいや内容、環境の構成、援助を考えていきましょう。

　子どもの育ちを考えて書いていくため、子どもの姿を肯定的に捉えたり、未来のことですが現在形で書いたりします。さらに、自分ひとりでなく、誰が読んでも理解できるように具体的に書くことも大切でしょう。

子どもの姿　よく見られる姿に注目して！

　これまでには見られない、今の時期に特に現れてきた姿を抜き出して、記載します。また、クラス全体を見渡し、よく見られる姿、あるいは共通に見られる姿などに絞って取り上げます。そういった姿こそが、子どもたちが「育とうとしている」姿です。前月末の子どもの生活する姿の記録を読み返してみましょう。子どもの「生活への取り組み方」、「興味・関心や遊びの傾向」、「人との関わり方」などを具体的な3つの視点として重点的に見ていくと、まとめやすいでしょう。

書き方のポイント

個人とクラス全体の両面から見て3つの視点から書いてみよう

 例文
- 誘われるとトイレに行くが、便器に座るのを嫌がる子どももいる。
- 泣いている子どもが抱っこされていると、「○○も」と保育者のそばに来る子もいる。
- 知っている歌やリズム曲が聞こえてくると、うれしそうに体を動かしている。

1歳児保育のきほん　指導計画のきほん

ねらい・内容

子どもの発達や興味・関心、季節の変化などを考えながら、
子どもがどういった思いでどういった経験をしていけばよいか、具体的に考えていきます。

ねらい　どのような育ちを期待する？

「子どもの姿」の中から分かる育ちつつあるもの（こと）を踏まえて、そこに保育者が育てたいもの（こと）を加え、ねらいとして記載します。子どもがどのような思いをもって成長していってほしいか、という方向性を書くため、「〜を楽しむ。」や「〜を感じながら」といった表現を用いるとすっきりするでしょう。

月案、週案、日案となるにつれ、具体性がより増していきます。

書き方のポイント

**保育者の願いもあるけれど、
子ども主体の表現で書こう**

例文 ● 一人ひとりが、安定感をもって過ごすようにする。

内容　ねらいに向かうために必要な経験は？

ねらいに書いた方向性に向けて育っていくためには、子どもがどのような経験を積み重ねていけばよいか、また、保育者が指導することについても書いていきます。子どもの生活の流れに沿って考えましょう。また、ねらいに対して、それを達成するための経験はひとつとは限らないため、複数の内容が出てくることもあります。

書き方のポイント

**ねらいひとつに対して、
幾つか思い浮かべて書いてみよう**

例文
● 保育者に見守られ、受け止めてもらうことで、安心して自分の気持ちを表そうとする。
● 保育者とふれあいながら、好きな玩具や遊具で遊ぶ。

環境・援助

立てたねらい・内容に対して、実際の保育でどのように関わっていくかを考えます。
保育が始まる前に場を整える「環境構成」と、
実際に保育をしていく中での関わりの「援助・配慮」から考えます。

環境　しぜんと関わっていけるように

　どのような環境があれば子どもが自分から関わって経験を重ね、育っていけるかを考えます。
・保育者や友達など、「ひと」の立ち位置をどうするか？
・玩具や素材などの「もの」はなにが今の発達に合っているか？
・時間や空間などの「ば」はどのように設定するか？
といった視点からだと考えやすいでしょう。

保育者の願いもあるけれど、子ども主体の表現で書こう

例文　●いろいろな玩具や絵本のコーナーをつくっておく。

援助　受容的、応答的な関わりを心掛けよう

　保育者の援助には、子どもがねらいの方向に向かうために、保育者がどのように関わっていけばよいかを記載します。子どもが自分からやってみようと思えるようにするために、見守ったり受け止めたり、思いに応えたりする受容と応答の関わりが基本となります。また、子どもの思いに応えていくときには、様々な心持ちに共感したり、十分に認めたりしていきましょう。

具体的にどのような場面で、どのように関わるかを書こう

例文　●子どもの声を十分に受け止め、暖かく見守る。

反省・評価　子どもの育ちと自らの振り返りから考えよう

反省・評価には、子どもがどのように育ったかの評価と、自らの保育の振り返りの2つがあります。

子どもの育ちは、一人ひとりが計画を立てる前と保育をした後、どのような良さを発揮してどのように育ったかを見る「個人内評価」が基本です。また、保育の振り返りは、自分の立てた計画（特にねらい）が目の前の子どもの興味・関心に沿っていたか、発達の流れに合っていたかなどを見ながら、次の計画を立てる際、より良くなるように努めます。

書き方のポイント
ねらいに立ち戻って考えてみよう

ねらい ▶ 一人ひとりが、安定感をもって過ごすようにする。

例文
- 連休明けにはぐずる姿もよく見られたが、一対一で特定の保育者が関わるよう心掛けたため、月の後半には落ち着いて保育者とふれあい遊びを楽しむ姿があった。友達への関心も出てきているので、膨らむように援助していきたい。

次の保育に生かそう

子どもの姿から指導計画を立てて保育を行ない、それを反省し、また子どもの姿と発達の道筋からねらいを立てていく、というサイクルを繰り返し行ないます。保育の計画や記録は、次の週、月、年の計画に反映されて、ますます子どもの姿に沿った保育を行なっていけるようになります。初めは難しくても次第に子どもの目の前の姿に合った保育を行なっていけるようになります。自らの保育を振り返り、より良くしていこうとする姿勢が大切です。

他の配慮も

ねらいなどだけでなく、様々なことに配慮して指導計画を作成することが求められます。

健康・食育・安全

その月の大切なことを具体的に書く

それぞれの園の年間の計画をもとに、その年齢・その月において特に大切なことを書きます。例えば季節の変わり目には衣服の調整を意識することや旬の食材にふれることなどが挙げられるでしょう。というように、健康・食育・安全それぞれに配慮することを具体的に思い浮かべながら書いていきます。

長時間保育

心身の疲れや午前中の保育との関連に留意

預かり保育や早朝・延長保育など、園で長時間にわたって保育を受ける子どものために考えます。基本的には、午前中の保育で疲れた心と体を休め、切り替えていけるように、家庭的な雰囲気でゆったりと過ごすことを中心に書いていきましょう。

保育士等のチームワーク

様々な職種とのチームワークを心掛けて

クラス担任間、預かり保育担当、特別支援担当、早朝保育や延長保育の担当、看護師や栄養士など、いろいろな立場の人が子どもに関わって行なわれる保育が、スムーズにできるよう、チームワークがうまく働くように大切にしたいことを記載します。

家庭・地域との連携

保護者に伝えることと、地域の子育て支援の拠点であることを考えて

保護者に伝える園で行なっていることや地域の子育て支援の拠点として家庭や地域との連携で特に留意することを記載します。家庭への連絡や図書館や公園などの地域環境を生かすこと、地域の老人会など人と関わることなど、幅広く考えましょう。

文章表現・文法チェック

指導計画など、文章を書いた後には、必ず読み返してチェックするようにしましょう。気を付けておきたいポイントを紹介します。

である調とですます調をそろえよう

一つの文章の中に、「である調」と「ですます調」を混在させると、統一感がなくなり、分かりづらくなります。しっかりとした固い印象を与える「である調」と優しい印象を与える「ですます調」を場面に応じて使い分けるようにしましょう。

例
- ✕ 自分のしたい遊びがはっきりとしてきましたが、物の取り合いが増えてきている。
- ◯ 「である調」 自分のしたい遊びがはっきりとしてきたが、物の取り合いが増えてきている。
  「ですます調」 自分のしたい遊びがはっきりとしてきましたが、物の取り合いが増えてきています。

並列で文章が続くときは…

同じ概念のものを並べて使うときには、「たり」や「や」を使います。そのとき、「〜たり、〜たり」と必ず2回以上使い、「や」も2回目以降は読点で区切るなどしておきましょう。

例
- ✕ 冬の冷たい風にふれたり、霜柱に触れて遊ぶ。
- ◯ 冬の冷たい風にふれたり、霜柱に触れたりして遊ぶ。

- ✕ ミカンやカキやクリなど〜
- ◯ ミカンやカキ、クリなど〜

「の」を置き換えよう

助詞の「の」が3回以上続くと文章が読みづらくなります。そこで使われている「の」にどのような意味があるか考え、置き換えられるものは置き換えることで、読みやすくしましょう。

例
- ✕ テラスの机の上の容器に、〜
- ◯ テラスの机に置いた容器に、〜

主語と述語

文章の中で、「何が（誰が）」を示す主語と、「どうする、どんなだ、何だ」にあたる述語が対応するようにしましょう。

例
- ✕ 保育者がそれぞれの話を聞いて受け止め、仲良く遊ぶ。
- ◯ 保育者がそれぞれの話を聞いて受け止め、仲良く遊べるように手助けをする。

1歳児保育のきほん　指導計画のきほん

48

この本の特長

1歳児の保育はこの1冊から!

特長 その1　保育のきほんが分かる!

保育者として、また1歳児の保育に携わる者として知っておきたい「きほん」を分かりやすく解説しています。指針、教育・保育要領はもちろん、子どもの発達もバッチリ!

特長 その2　クラス運営に必要なものが1冊に!

環境づくりやあそび、指導計画、連絡帳、おたより…など、クラス運営に役立つ内容を、季節や月に合わせて掲載しています。クラス担任の強い味方になること間違いナシ☆

特長 その3　お役立ちデータ収録の CD-ROMつき!

本書掲載の指導計画やおたよりはもちろんのこと、食育計画、避難訓練計画、保健計画…など、多様な資料をCD-ROMに収めています。あなたの保育をよりよいものにする一助にお役立てください。

収録データの詳細は、P.230をチェック!

この本の見方・使い方

環境とあそび

環境づくり・保育資料・手作り玩具・あそびのヒントを掲載！春・夏・秋・冬・早春の大まかな季節の区切りで紹介しています。子どもたちの姿、保育のねらいに合わせて、あなたの保育に取り入れてみてください。

環境づくり

季節ごとに大切にしたい保育の環境づくりを、写真たっぷりで具体的に紹介しています。「環境づくりって実際どうしたらいいのか分からない…」。そんなときに、ぜひ参考にしてください。

生活　あそび　家庭と　など

テーマをアイコンで示しているので、何の環境づくりなのかがひと目で分かります。

写真たっぷり！
保育現場の写真たっぷりでイメージしやすくなっています。

保育資料

その季節にふさわしい、おはなし・手あそび・うた・ふれあいあそび・自然を保育資料として紹介しています。日々の保育で、「何しよう？」と悩んだときにお役立てください。

先輩保育者のお墨付き！
季節・年齢にぴったり！先輩保育者がおすすめを紹介しています。

※情報は2017年12月現在のものです。

手作り玩具

身近な材料で簡単に作れる玩具を紹介しています。子どもたちの発達や関心に合わせた玩具作りの参考にしてください。

作り方
準備する物、作り方をイラスト付きで説明しています。

ポイント
遊びのコツ、作り方・準備物のポイント、子どもの発達についてなど、この手作り玩具で押さえておきたいポイントを解説しています。

あそび

その季節にぴったりの遊びをたっぷり紹介！ 子どもたちの興味に合うものを見つけて、繰り返し遊び込みましょう。

歌あそび / 身近な物で遊ぼう / ふれあいあそび / ダイナミックに遊ぼう
4つのジャンルに分けて様々な遊びを紹介しています。

あそびメモ
その遊びでの子どもの育ちについて解説しています。遊びのねらいを、しっかり念頭に置いて実践することが大切です。

あそびのコツ
遊びがうまくいく環境づくりや援助のコツを解説しています。

この本の見方・使い方

指導計画・連絡帳

年の計画と、4〜3月の12か月分の月の計画、連絡帳を掲載しています。
指導計画立案の際の手がかりに、また連絡帳を書くときの参考にしてください。

CD-ROM収録

年の計画

1年間の発達を見通し、I〜III期に分け、それぞれの時期にどのような保育内容を考えていくかについて、明らかにします。月の計画立案時のよりどころとなる重要な物なので、折にふれ参考にしましょう。

各項目について

A 子どもの姿

月齢ごとの具体的な子どもの姿を記載します。特に、発達の節となる部分は、忘れないように押さえますが、集団としての育ちも意識して書きます。

B ねらい

全体的な計画を念頭に置き、この時期に育てたいことを、子どもの実態を踏まえて具体的に示しています。

C 内容

ねらいをより具体的にし、子どもが生活や遊びの場面で経験してほしいことを記載しています。

※子どもの月齢は4月時点のものです。

月の計画

年の計画を踏まえ、その月における子どもの生活の流れを見通して作成するものです。子どもが充実した生活を送ることができるよう、具体的に考えていきます。月齢による発達差に考慮し、4〜9月は低・高月齢に分け、10月からは集団として捉えやすいよう分けずに掲載しています。また、3名分の個別の計画も、毎月掲載しています。

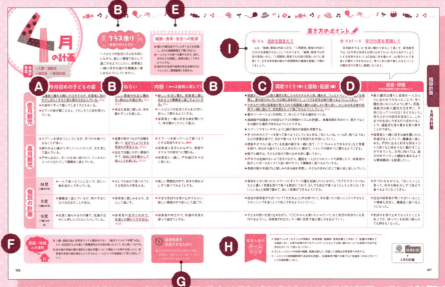

各項目について

A 前月末（今月初め）の子どもの姿
その時期、月齢ごとの具体的な子どもの姿を記載します。特に、発達の節となる部分は、忘れないように押さえますが、集団としての育ちも意識して書きます。

B クラス作り・ねらい・内容
子どもの姿から育ちつつあること（もの）と保育者が育てたいこと（もの）を記載しています。クラス作りはクラス全体としてどのようになってほしいかの方向性を養護の視点を含めて記入しています。ねらい・内容は一人ひとりの興味や関心に目を向けて設定しましょう。内容には、ねらいをより具体的にしたものを示し、食育に関する内容には🍴を付けています。

C 環境と援助・配慮
子どもが発達に必要な経験をしぜんに積み重ねるために適切な環境構成、援助・配慮などを記載しています。子どもが主体的に活動を展開できるような具体性が大切です。

D 家庭・地域との連携
保護者との「共育て」の観点から、個別の親子関係の援助や家庭・地域との連携について記載しています。

E 健康・食育・安全への配慮
健康・食育・安全それぞれについて、その月において大切な配慮を具体的に記載しています。

F 保育士等のチームワーク
保育者をはじめとする子どもに関わる様々な職種の人が、スムーズに保育できるように大切にしたいことを記載しています。

G 延長保育を充実させるために
延長保育が計画的・弾力的に運営できるように、通常保育との関連性や生活リズム、くつろげる保育環境、家庭との連携、そのほかの配慮について記載しています。

H 反省・評価
計画のねらいや援助などと、子どもの中に育っている姿とを付き合わせて、保育実践の振り返りを、保育終了後の文例として記載しています。

I 書き方のポイント
指導計画の書き方に関する理解がより深まるよう、「指針を踏まえて」「学びの芽を意識して」の2つの視点からの解説を記載しています。

※a、bといった記号を指導計画の表中に示して、リンクできるようにしています。

この本の見方・使い方

保育マップ

イラスト付きで保育の展開の様子を示しています。環境づくりや援助がイメージしやすくなっているので、具体的な立案にお役立てください。

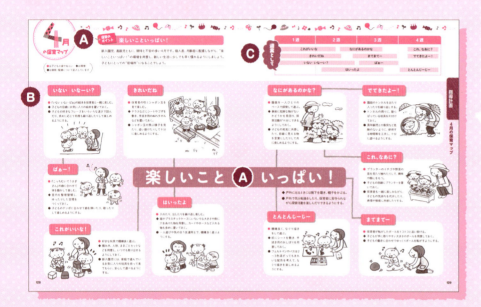

各項目について

A その月の「ねらい」「クラス作り」から
月の計画の「ねらい」「クラス作り」とつながった保育のポイントを示しています。

B 保育の内容
月の計画中に出てくる環境と援助・配慮の部分を取り出しつつ、それにまつわるねらいや内容についても示しています。

C 週案として
日々の保育の参考となるよう、保育の内容とリンクしながら、緩やかな生活の流れを週案として示しています。

連絡帳

連絡帳は、保護者と保育者の人間関係のパイプとなります。毎月2名ずつ、計24名の例を紹介しています。

各項目について

A 具体的なテーマ
保護者からの連絡したい概要です。こんなときにどう対応するかの参考になります。

B 家庭から
家庭の様子を保護者からの連絡事項として掲載しています。

C 園から
保護者からの連絡に対して、園での子どもの様子を伝える保育者からの応答例を示しています。

D 書き方のポイント
保育者からの応答について、書き方のポイントを詳しく解説しています。

E 発育・発達メモ
連絡帳の内容に関連しています。保育者が発育・発達を理解し、保護者に伝えていきましょう。

おたより

子どものことを家庭と共有・共感できるツールの一つです。イラストや文例など、おたよりの素材を12か月分たっぷり掲載しています。読みやすく、分かりやすいおたより作りにお役立てください。

 **CD-ROM収録**

レイアウト例
おたよりのレイアウト例を掲載しています。おたより作成時の参考にしてください。

保護者に伝わるポイント
保護者に伝わるおたより作りのポイントを示しています。

囲みイラスト付き文例
そのまま使える囲みイラスト付き文例です。CD-ROMにはイラストとテキストの両方が入っているので、「囲みイラスト付き文例」「囲みイラストだけ」「文例だけ」のどの方法でも使っていただけます。

イラスト
その月にぴったりの飾り枠、季節・子ども・行事に関するイラストカットをたくさん掲載しています。CD-ROMには画像データ（PNG）で入っています。ペイントソフトで色を付けることもできます。

書き出し文例
月のあいさつ文や行事のお知らせなどの書き出し文例を掲載しています。

文章の最後にチェック！
おたよりを書くときのポイントや気を付けたい漢字・文法などを記載しています。

55

1歳児の保育 もくじ

はじめに 2
この本の特長 49
この本の見方・使い方 50

✿ 保育のきほん ✿

環境を通した保育 5
3歳未満児の保育 6
5つの領域 7
養護 8
計画・評価 9
いろいろポイント 10

✿ 1歳児保育のきほん ✿

0～5歳児の発達を見通そう 18
発達と生活 20
発達と遊び 32
指導計画のきほん 40
・指導計画を書いてみよう 43

環境とあそび

春

環境づくり 64
保育資料 66
手作り玩具
✿ やっほ～コップ ✿ ぴょ～んと包帯 67
歌あそび
★ ぐるぐるパチン！ ★ あおむし　チョンチョン 68
★ ごろりんゴロリン ★ おウマでハイハイ 69

身近な物で遊ぼう
- ★ おはじきハンガー　★ さかながポチョン！ ……………………… 70
- ★ ギュ〜ッとツンツン！　★ ツム・どん！ ……………………… 71

ふれあいあそび
- ★ ゴロンでドスン！　★ とんで！　ぶんぶんはちさん ……………… 72
- ★ いつもニコニコ　★ 穴・あな ……………………………………… 73

ダイナミックに遊ぼう
- ★ 一本橋おっとっと〜　★ こいのぼりパクッ …………………… 74
- ★ 拾ってジャーッ！　★ ジャッ バーッ！ ………………………… 75

環境づくり …………………………………………………………… 76

保育資料 ……………………………………………………………… 78

手作り玩具
- ❋ ふきかべ　❋ 色合わせ棒 ………………………………………… 79

歌あそび
- ★ 『金魚のひるね』で水慣れあそび　★ らったったっ！ ……… 80
- ★ みんなでつくろう！　★ パン・ドン！ ………………………… 81

身近な物で遊ぼう
- ★ かる〜い　おも〜い　★ プクプクあわぶく …………………… 82
- ★ せのび〜！　★ ころころ　GO！GO！ ……………………… 83

ふれあいあそび
- ★ 砂の水あそび　★ 魚さんピュッ！ ……………………………… 84
- ★ ともだちイイッス〜！　★ 異年齢児と おててつないでお引っ越し ……… 85

ダイナミックに遊ぼう
- ★ ふりふり　あ・わ・わ　★ 流しそうめんごっこ ……………… 86
- ★ そ〜っと　そ〜っと　★ ぐるぐるかけっこ …………………… 87

57

1歳児の保育 もくじ

秋

環境づくり	88
保育資料	90
手作り玩具	
❋ ぽとぽとぽと〜ん　❋ ぽとん！ぱきパキストロー	91
歌あそび	
★ ぐるぐるパッ！　★ ひげじいさんでキョロキョロ	92
身近な物で遊ぼう	
★ たてて　たてて…？？　★ 段ボール箱でよいしょ！	93
ふれあいあそび	
★ あいさつタッチ！　★ 友達スリスリ	94
★ おはなであくしゅ？　★ ねむねむコチョコチョ	95
ダイナミックに遊ぼう	
★ はじまる！　たいそう	96
★ のぼって のぼって　★ トコトコわたって	97

冬

環境づくり	98
保育資料	100
手作り玩具	
❋ コロコロころころ棒　❋ ポコ〜ン！コップ	101
歌あそび	
★ みんな集まれ〜！　★ みんなで歩こう！	102
★ 手・足ぶらぶら体操　★ くっつきド〜ン！	103
身近な物で遊ぼう	
★ ヨイショ　たくはいびん　★ ぽとん！	104
★ ひっぱれ　ひっぱれ　★ ぎゅうにゅうジャ〜ッ	105

58

ふれあいあそび
★ パッチンぎゅ〜っ！！　★ だ〜るまさんが　こ〜ちょこちょ ……… 106
★ ひっつき電車 ……… 107

ダイナミックに遊ぼう
★ つかんでヨイショ！　★ あっちこっちジャンプ ……… 108
★ なわなわ・くねくね　★ すわってグイグイ ……… 109

環境づくり ……… 110

保育資料 ……… 112

手作り玩具
❀ バチャバチャぽんぽん　❀ ど〜こだ！？カード ……… 113

歌あそび
★ グーパーとんとん　★ ぴっぴっぴっ！ ……… 114
★ ひげじいさんで"よーいドン！" ……… 115

身近な物で遊ぼう
★ はがしてペッタン！　★ おおきい箱つみつみ ……… 116
★ カップンちょ　★ キックとダッシュ ……… 117

ふれあいあそび
★ 友達にオチタ！？　★ 卒園児と トンネルくぐり ……… 118
★ 卒園児と 一緒にシューン！　★ 卒園児と テクテクどんどん ……… 119

ダイナミックに遊ぼう
★ ぐるぐるサーキット　★ 一本橋　あ・れ・れ？？ ……… 120
★ ポコポコマットあそび ……… 121

1歳児の保育 もくじ

指導計画・連絡帳

✿ 指導計画 ✿

1歳児の年の計画 …………………………… 124

4月
4月の計画 …………………………………… 126
4月の保育マップ …………………………… 128

5月
5月の計画 …………………………………… 130
5月の保育マップ …………………………… 132

6月
6月の計画 …………………………………… 134
6月の保育マップ …………………………… 136

7月
7月の計画 …………………………………… 138
7月の保育マップ …………………………… 140

8月
8月の計画 …………………………………… 142
8月の保育マップ …………………………… 144

9月
9月の計画 …………………………………… 146
9月の保育マップ …………………………… 148

10月
10月の計画 ………………………………… 150
10月の保育マップ ………………………… 152

11月
11月の計画 ………………………………… 154
11月の保育マップ ………………………… 156

12月
12月の計画 ………………………………… 158
12月の保育マップ ………………………… 160

1月
1月の計画 …………………………………… 162
1月の保育マップ …………………………… 164

2月
2月の計画 …………………………………… 166
2月の保育マップ …………………………… 168

3月
3月の計画 …………………………………… 170
3月の保育マップ …………………………… 172

✿ 連絡帳 ✿

4月
- A児（1歳3か月）　夜泣きをしていました ……… 174
- B児（1歳11か月）　家では甘えん坊です ……… 175

5月
- C児（1歳11か月）　イヤイヤが多くなりました …… 176
- D児（1歳6か月）　1歳半健診でした ……… 177

6月
- E児（2歳3か月）　ひとりでトイレができました … 178
- F児（1歳9か月）　絵本を見ません ……… 179

7月
- G児（1歳5か月）　手づかみ食べが気になります … 180
- H児（2歳2か月）　ブロックが大好き！ ……… 181

8月
- I児（1歳11か月）　帰宅すると大泣きします …… 182
- J児（1歳9か月）　姉のすることをしたい！ …… 183

9月
- K児（2歳2か月）　トイレ、頑張ってます ……… 184
- L児（2歳1か月）　腹が立って叱ってしまいます … 185

10月
- M児（1歳7か月）　指吸いが気になります ……… 186
- N児（1歳10か月）　「Nちゃんの」と言い張ります ……… 187

11月
- O児（1歳11か月）　ごっこ遊びが上手になりました ……… 188
- P児（2歳6か月）　激しいイヤイヤ期 ……… 189

12月
- Q児（2歳1か月）　わざと野菜を落としてニヤニヤ… ……… 190
- R児（2歳5か月）　「お母さん、嫌い」と言われます… ……… 191

1月
- S児（2歳1か月）　お兄ちゃんになる実感がないようです ……… 192
- T児（2歳2か月）　着替えを手伝おうとすると怒ります ……… 193

2月
- U児（2歳2か月）　おしゃべりが上手になってきました ……… 194
- V児（2歳1か月）　つもり遊びが楽しいようです … 195

3月
- W児（2歳10か月）　できることがうれしいようです ……… 196
- X児（1歳11か月）　"ままごと"がお気に入り …… 197

1歳児の保育 もくじ

おたより

レイアウト例 …………………… 198

4月 …………………… 200
イラスト・囲みイラスト付き文例・書き出し文例
文章の最後にチェック! 読みやすい文章とは …………………… 201

5月 …………………… 202
イラスト・囲みイラスト付き文例・書き出し文例
文章の最後にチェック! 「ず」「づ」の使い分け① …………………… 203

6月 …………………… 204
イラスト・囲みイラスト付き文例・書き出し文例
文章の最後にチェック! 「じき」3通り …………………… 205

7月 …………………… 206
イラスト・囲みイラスト付き文例・書き出し文例
文章の最後にチェック! 文体を統一しよう …………………… 207

8月 …………………… 208
イラスト・囲みイラスト付き文例・書き出し文例
文章の最後にチェック! 重複表現 …………………… 209

9月 …………………… 210
イラスト・囲みイラスト付き文例・書き出し文例
文章の最後にチェック! 正しい漢字を …………………… 211

10月 …………………… 212
イラスト・囲みイラスト付き文例・書き出し文例
文章の最後にチェック! ひらがなと漢字を使い分けよう …………………… 213

11月 …………………… 214
イラスト・囲みイラスト付き文例・書き出し文例
文章の最後にチェック! 正しい送りがな …………………… 215

12月 …………………… 216
イラスト・囲みイラスト付き文例・書き出し文例
文章の最後にチェック! 「が」「の」の連続 …………………… 217

1月 …………………… 218
イラスト・囲みイラスト付き文例・書き出し文例
文章の最後にチェック! 正月のいろいろ …………………… 219

2月 …………………… 220
イラスト・囲みイラスト付き文例・書き出し文例
文章の最後にチェック! 敬語の「お」「ご」の使い分け …………………… 221

3月 …………………… 222
イラスト・囲みイラスト付き文例・書き出し文例
文章の最後にチェック! 「ず」「づ」の使い分け② …………………… 223

\ もっとサポート /
計画・資料データ集 …………………… 224
CD-ROMの使い方 …………………… 229

環境とあそび

保育のねらいに合わせた環境やあそびを紹介しています。
春・夏・秋・冬・早春それぞれの季節にピッタリ！

- ●環境づくり　執筆／塩谷 香（國學院大學特任教授、NPO法人「ぴあわらべ」理事）
- ●手作り玩具・あそび　執筆／小倉和人（KOBEこどものあそび研究所所長）

※本書掲載の『環境とあそび』の一部は、『月刊 保育とカリキュラム』2013〜2015年度の連載『写真でわかる 環境づくり』『0〜5歳児ふれあいあそび＆運動あそび』『こどものあそび0〜5歳児』に加筆・修正を加え、再編集したものです。

環境づくり

園の生活にまだ慣れずに泣いている子どもも、外に出て春の心地良い風に吹かれると遊びだしたくなるようです。新入園児は不安が大きく戸惑うことも多いので、生活や遊びをゆったりと過ごせるように柔軟に対応します。

あそび　春の自然にふれて探索活動を十分に楽しめるように

思い切り遊べるように

気持ちの良い戸外に出て、思い切り遊べるように様々な場をつくりましょう。砂場や固定遊具など乳児用のサイズのものが必要ですね。

自然にじっくりとふれて

区切られたスペースで

戸外で走り回れるような広い場所もよいですが、じっくりと落ち着いて遊ぶためには少し区切られたペースもあるとよいですね。もちろん砂場で使う用具も子どもたちが使いやすいサイズの小さな物を用意します。

生活　毎日の生活の仕方や動線を理解して、自分なりの見通しをもてる環境

子どもたちが自分の物や場所が分かるようなマークや写真を付けておきます。また、毎日繰り返す生活の仕方は混乱しないように同じ方法で進めます。自分で見通しをもって生活できるようになってきたら、声を掛け過ぎないように、よく様子を見て援助します。

イスやテーブルに個人マークを

靴箱やロッカーに顔写真を

環境とあそび ／ 春 ／ 環境づくり

生活 家庭とのつながりを感じて安心して生活できる環境

長時間家庭から離れて過ごす子どもたちは、家庭での安心感を思い出すことで落ち着いて園生活を送ることができます。いつでも家族を思い出せるように写真を掲示したり、保護者に協力してもらい、ふだん使っている玩具にひと工夫してみたりしましょう。園の生活は家庭の生活が基盤になって安定してくることを、保護者に十分に理解してもらえるように分かりやすく伝えていきます。

家族写真をいつでも見られる場所に

家族写真を貼った保護者特製携帯電話の玩具

あそび じっくりと１人あそびを楽しめるように

まだ個人差の大きい時期なので、一人ひとりの遊びが充実するような時間と場をつくりたいですね。遊びに集中できるよう、仕切りなどを使ってコーナーを設定しましょう。また欲しい物を巡ってトラブルも多発します。同じ物は多めに用意する、時期によって入れ替えるなど、遊びが充実するようにしていきます。

ママ、いってきま〜す

「チューチュー」とれんげをストローに見立てています。

チューチュー

これもおなべにいれて…

保育資料

📖 おはなし

もこ もこもこ
作：谷川俊太郎
絵：元永定正
文研出版

おひさま あはは
作：前川かずお
こぐま社

だるまさんが
作：かがくい ひろし
ブロンズ新社

とびだす いないいないばあ！
作・絵：いりやま さとし
学研

かお かお どんなかお
作：柳原良平
こぐま社

こわくない こわくない
文：内田麟太郎
絵：大島妙子
童心社

手あそび

- コロコロたまご
  作詞・作曲：不詳
- あたまかたひざポン
  作詞：不詳　イギリス民謡
- 三ツ矢サイダー
  作詞・作曲：不詳
- いっぴきのかえる
  作詞・作曲：不詳

♪ うた

- チューリップ
  作詞：近藤宮子　日本教育音楽協会
  作曲：井上武士
- こいのぼり
  作詞：近藤宮子
  作曲：不詳
- かたつむり
  文部省唱歌

♥ ふれあいあそび

- おへんじ ハイ
  作詞・作曲：則武昭彦
- こっちむいてうさぎさん
  作詞・作曲：阿部直美
- 小鳥のうた
  作詞：与田準一
  作曲：芥川也寸志
- とけいのうた
  作詞：筒井敬介
  作曲：村上太郎
- はをみがきましょう
  作詞・作曲：則武昭彦

自然

- サクラ
- シロツメクサ
- モンシロチョウ
- イチゴ
- テントウムシ
- カタツムリ

環境とあそび

春 保育資料／手作り玩具

🍀 やっほ〜コップ

口に当てて「あ〜っ」「お〜っ」などと声を出して、声が大きく聞こえたり振動したりするのを楽しみます。1人1つずつ準備しましょう。

ポイント
遊んでいるうちに声の大きさを調節するなどして楽しむようになります。

作り方

紙コップ、ポリ袋（半透明の物）

● 紙コップの底を切り落とし、底よりも少し大きめにカットしたポリ袋をピンと張って貼り付ける。

🍀 ぴょ〜んと包帯

包帯を引っ張って放し、ぴょ〜んと跳ねる様子を見て繰り返し遊びます。

作り方

包帯、カラー布テープ

● 包帯を50〜60cmの長さにカットして、持つ側にカラー布テープを貼る。
※持つ側の布テープの色を変えてもいいでしょう。

ポイント
包帯の様々な動きを楽しめるような、安心して探索行動ができる環境構成が大切です。

⭐ ぐるぐるパチン！

『ぶんぶんぶん』の替え歌で遊ぶ

❶ トントントン ぐるぐるパチン！

あそびのコツ 初めはゆっくり！

❷ ぐるぐるぐるぐる ぐるぐるぐるぐる

❸ トントントン ぐるぐるパチン！

両手をグーにしてトントンし、かいぐりして「パチン」で手拍子を1回する。

かいぐりし続ける。

❶と同様に。

 あそびメモ

動きは大きくゆっくりと
動きは大きく、ゆっくりとしましょう。「ぐるぐるぐるぐる～」のスピードが速くなってしまったら、その後の「トントントン」でまたゆっくりすれば最後のパチンも合わせやすいでしょう。

『ぶんぶんぶん』(ボヘミア民謡)のメロディーで 作詞／小倉和人

⭐ あおむし チョンチョン

『奈良の大仏さん』の替え歌で遊ぶ

❶ みんなのみんなの おなかに あおむしさん とまって

両手の人さし指をおなかに当てリズムをとる。

❷ おなかがすいたと ないてます

両手でおなかをさする。

❸ ちょんちょんちょん ちょんちょん

両手の人さし指を両脇からおへそに動かす。

❹ パクッ

おへそをつかむ。

あそびのコツ
おなかをさするときと、最後の「パクッ」は、少し動きを大きくしてみよう。

 あそびメモ

繰り返しの多い曲を
歌いやすく、繰り返しの多い曲を使うと、興味をもって取り組めます。「もう1回したい！」の芽生えが成長のあかしです。

『奈良の大仏さん』(作詞・作曲／アメリカ民謡)のメロディーで 作詞／小倉和人

⭐ ごろりんゴロリン

『かたつむり』の歌で遊ぶ

❶ でんでん むしむし かたつむり（ごろりん ゴロリン）

※（ ）内は保育者が言う。

腹ばいになって進み、体を横転させる。

❷ おまえの あたまは どこにある（ごろりん ゴロリン）

❶と同様に。

❸ つのだせ やりだせ あたまだせ（ごろりん たっち）

❶と同様に腹ばいになって進み、最後は転がってから立つ。

おなかを着け、膝を曲げて進む

手足を前に動かし、全身を動かす運動要素を含んでいます。しっかり手と足（特に膝）を曲げて前に進みましょう。その中で、「ゴロリン」と子どもたちが笑顔になれるアクションを入れることで、更に楽しみが増えます。

『かたつむり』（文部省唱歌）

⭐ おウマでハイハイ

1 『おうま』の歌で遊ぶ

❶ おうまのおやこは なかよしこよし

ハイハイでゆっくり歩く。

❷ いつでもいっしょに ポックリポックリ

ハイハイをやや速めに。

リズムに合わせてポーズ

リズムに合わせながら、最後の「く」の歌詞でトンネルポーズをするところが、今後の遊びの発展へとつながります。

❸ あるく

「く」で高ばいになってトンネルを作る。

『おうま』作詞／林柳波　作曲／松島つね

身近な物で遊ぼう

おはじきハンガー

指先で花はじきを動かす

保育室の壁などにハンガーをセットし、指先で右から左へ、左から右へと、花はじきを1つひとつ移動させて遊びます。

準備物

針金ハンガー、花はじき（またはひも通しの玩具など）、ひも、ビニールテープ

- 針金ハンガーを曲げて下部分に花はじきを通したひもを張る。

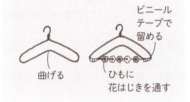

あそびメモ　指先を動かす

右から左へ、左から右へと花はじきを動かすことで、指先を上手に動かす運動を促します。また子どもの大好きな場所にハンガーを掛けることで、安心できるスペースになるでしょう。

さかながポチョン！

ペットボトルに入れて遊ぶ

指先を使ってしょう油入れをペットボトルに入れていきます。青い海で魚が泳いでいる様子を楽しみましょう。取り出して繰り返し遊べます。

※ペットボトルに水を入れて転がして遊んでもおもしろい！しょう油入れに色水を入れてもOK。

あそびのコツ

保育者が楽しそうに遊んで見せ、子どもが興味をもてるように！

準備物

500mlの丸型ペットボトル、魚型のしょう油入れ（5個）、青色のセロハン

- ペットボトルにセロハンを巻き、テープで留める。
- しょう油入れの口をビニールテープで留める。

あそびメモ　細かい指先の動き

親指や人さし指、中指をうまく使ってつまむことで、細かい指先の動きができるようになっていくでしょう。

⭐ ギュ〜ッとツンツン！

1 手を入れて遊ぶ
「〇〇ちゃん、取れるかな？」と声を掛けます。

のぞき込んで遊びます。

保育者が中にお手玉を入れ、子どもは手を入れてお手玉を取ります。

2 お手玉を落として遊ぶ
穴の手前にお手玉を置き、保育者がお手玉を穴から落として見せ、子どももチャレンジ。

指先を使ってお手玉を押し込みましょう。

あそびのコツ
落ちたときは「落ちたね」、落ちないときは「落ちないね」としっかり言葉にしよう。

準備物
底を切り抜いた牛乳パック2本、お手玉（または紅白玉やカラーボール　など）
- 牛乳パックを2本つなげて、中央辺りにお手玉より大きめの穴をあける。

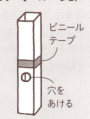

あった〜

あそびメモ　不思議に思い、興味をもつ
興味をもつと取り組むようになるのも早いでしょう。お手玉が落ちる動きを不思議に思うこと、なぜ落ちたのか興味をもつことも必要です。指先で押し込んで落とす活動も、手を伸ばす動きにつながります。

⭐ ツム・どん！

箱を積み上げて倒す
箱をどんどん積み上げていき、倒します。繰り返し楽しみましょう。

あそびメモ　集中する力、見通しをたてる力
形の違う物、重さの違う物を積んでいく活動が集中する力となり、倒すことへの期待感、見通しをたてる力へと展開できる要素を含んでいます。

準備物
ティッシュペーパーの空き箱、牛乳パック、新聞紙
- それぞれに新聞紙を詰めて、少し重くする。

あそびのコツ
箱は重すぎても軽すぎてもバランスがとりにくいので、調整しよう。

これも…

どーん！

環境とあそび　春　身近な物で遊ぼう

⭐ ゴロンでドスン！

1 『だるまさん』の歌で遊ぶ

保育者は長座で子どもは膝の上に座ります。「♪だるまさん　だるまさん〜」で膝を上下に揺らしながらリズムをとり、「あっぷっぷ」で子どもを後ろにゴロンと転がします。

子どもの手のひらに保育者の親指を入れて、包み込むようにして手を握る。

2 3回目で「ドスン」と落とす

「起きるよ〜」の合図でゆっくりと手を引きながら起こし、**1**を2回ほど繰り返します。3回目でゴロンと転がった後、保育者は足を広げて子どもを「ドスン」と落とします。

※4月は2回目で「ドスン」にしてもいいでしょう。

あそびメモ　見通しが立って楽しめるようになる

1歳児でも見通しが立つ簡単なルールのため、「ドスン！」の動きが待ち遠しく感じられます。子どもが自発的に遊びの中で「起きる」「膝に乗る」などを求めてくると、安心して園生活を過ごそうとしていると言えるでしょう。

『だるまさん』（わらべうた）

⭐ とんで！　ぶんぶんはちさん

『ぶんぶんぶん』の歌で遊ぶ

❶ ぶんぶんぶん　はちが

保育者は長座で、子どもは向かい合わせになって座る。子どもの脇を持ちながら、歌に合わせて膝を上下に動かす。

❷ とぶ　子どもを持ち上げる。

❸ おいけのまわりにのばらがさいたよ

指で体をツンツンしながらくすぐる。

❹ ぶんぶんぶん　はちが　とぶ

❶、❷を繰り返す。

あそびメモ　目を合わせて遊ぶ

テンポが良くなじみのある歌でふれあいを楽しんでいると、ずっと笑顔になります。ここでは、目を合わせながら遊んでいくことが大切です。

『ぶんぶんぶん』（作詞／村野四郎　ボヘミア民謡）

⭐ いつもニコニコ

『おはながわらった』を歌って遊ぶ

❶ おはなが わらった（ニコッ）

手拍子をする。

両手の人さし指を頬に当てて、ニコニコポーズ。

❷ おはなが わらった〜 みんな わらった

手拍子→ニコニコポーズを繰り返す。

❸ いちどに わらった

子どもは手拍子→ニコニコポーズ、保育者は子どもをくすぐる。

あそびのコツ
間合いを取り過ぎると遊びが流れてしまうので注意。

あそびメモ　流れが分かって楽しめる
ゆっくりと繰り返す中で、遊びの流れを理解していきます。すると、「自分もポーズをすることができた」という自信につながり、最後のコチョコチョに期待感を感じるようになります。

『おはながわらった』　作詞／保富庚午　作曲／湯山 昭

おはながわらった　おはながわらった　おはながわらった
おはながわらった　みーんなわらった　いちどにわらった

⭐ 穴・あな

穴をのぞいて遊ぶ

保育者は穴シートを持ち、1つの穴からのぞいて、子どもに「こんにちは！」と言います。子どもは興味をもって同じ穴からのぞいてくるので、今度は違う穴からのぞき、繰り返して遊びます。

準備物
厚紙や段ボール板など
● 厚紙にいろいろな大きさの穴をあける。

〈穴シート〉

あそびメモ　楽しい雰囲気をつくる
今から楽しいことをするよ！　と保育者自身が雰囲気づくりをすることが大切です。いろいろな穴から、顔や目、鼻や口などを出していくと、見えただけで大喜び。

環境とあそび

春　ふれあいあそび

ダイナミックに遊ぼう

一本橋おっとっと〜

一本橋を渡る
手をつないで、一本橋、巧技台、一本橋と渡り、最後は保育者が抱きしめます。繰り返し遊びましょう。

準備物
積み木、巧技台、マット
● 組み合わせて図のようなコースを作る。

あそびのコツ
最初の一本橋はマットなし、2つ目はマットを敷いて行なってもOK！

あそびメモ　子どもの自信へとつながる
渡れるかな？　のドキドキ感、保育者に手を取ってもらう安心感、渡り終えたときの達成感を得て、子どもの自信へとつながります。途中に巧技台などで広いスペースを作ること、渡り終えた所に保育者がいることで、子どもは目標や見通しをたてることができます。

こいのぼりパクッ

こいのぼりにおだんごをあげる
保育者はおだんご（お手玉）を一人ひとりに手渡し、子どもたちは数人ずつでこいのぼりの口へ入れてマットに戻ります。繰り返し遊んで楽しみましょう。

準備物
こいのぼり（ポリ袋を装飾した物でもOK）、お手玉（紅白玉でもOK）、マット、ひも
● こいのぼりの尾びれをひもなどで結ぶ。

あそびのコツ
こいのぼりがおいしそうに食べている様子を表現しよう。

あそびメモ　気持ちをくみ取って
お手玉をおだんごに見立ててこいのぼりにあげる遊びですが、「僕（私）もおだんごをあげたい」など、子どもたちの気持ちをくみ取りながら遊んでいきましょう。

⭐ 拾ってジャーッ！

玉を拾って入れる

紅白玉を床に置き、牛乳パックに玉を入れます。いっぱいになったら「ジャーッ」と言いながら大きな箱に入れていきます。

準備物

紅白玉、牛乳パック、玉を入れる大きめの箱

● 牛乳パックは上の部分を切る。

あそびメモ　楽しさを感じながら

自分が持っている入れ物に集める楽しさを感じ、1つの大きな箱へと繰り返し入れて遊ぶことが楽しさのポイントです。大きな箱に入れるとき、牛乳パックをどれくらい傾けたら紅白玉が落ちるのかなど、様々な気付きがあれば、奥の深い遊びへと発展していくでしょう。

⭐ ジャッ バーッ！

玉を拾って入れる

紅白玉を床に広げ、子どもたちは牛乳パックに入れていきます。いっぱいになったら、箱に「ジャッ」と入れ、下から「バーッ」と出てくるのを見て楽しみます。残っている玉を拾って入れ、玉がなくなれば、カゴから出して繰り返します。

準備物

紅白玉、牛乳パック、大きい段ボール箱、カゴ（箱）、ビニールテープなど

● 段ボール箱の中に坂を作り、玉が転がるようにする。

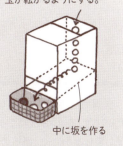

中に坂を作る

あそびメモ　一人ひとりが繰り返せるように

ここでのキーワードは、繰り返しです。一人ひとりが十分に繰り返して活動できる環境を整えてあげることが乳児期には必要です。手に取り、入れて、注ぐ、更に入れた物が出てくるという一連の遊びの流れを理解していくと1つの遊びの楽しさやおもしろさを体得していきます。

環境とあそび　春　ダイナミックに遊ぼう

夏

環境づくり

園生活にもすっかり慣れ、意欲的に遊ぶ姿が見られます。戸外でも室内でも自分の興味のあることには集中して取り組んでいきます。一人ひとりの要求にしっかりと応えながら、遊びが充実するような環境を工夫しましょう。夏ならではの水遊びや泥んこ遊びもきっと大喜びですね。

生活　生活の中で自分の力でできる喜びを感じられるような環境

毎日の生活でのルーティンワークでも自分からやろうとする意欲を育みたいものです。子どもたちがなるべく自分の力でできる環境の工夫が必要です。

台を用意する

パンツやズボンをはく際には少し高さのある台を用意する、靴の脱ぎ履きにはもう少し高い台にする、というように、子どもたちの様子を見て細かい配慮をしていきます。

写真を貼る

顔写真を貼って、子ども自身はもちろん、他児や保護者にも分かるような工夫をしましょう。

あそび　水あそびなど、夏ならではのあそびを十分に楽しめるように

保護者に協力してもらいながら、体調に注意して水遊びを思う存分に楽しみたいですね。小さなバケツ、じょうろ、カップやペットボトルなど、人数分は用意しましょう。水に抵抗のある子どもは、無理をせず、少しずつ慣れていけるように見守ります。日よけのテントの設置や帽子の着用などの配慮も大切ですね。

みんなが楽しめるようになってきたら、絵の具やせっけんの泡などを用意するとさらに楽しくなります。

ペットボトルないない

おみずじゃ〜

プールの水は少なめに。保育者は目を離さず、子どもの姿を見守ることが大切

あわわ〜！ぷ〜！

ネットを用意すると…石けんを泡立て、泡遊びを楽しみます。

環境とあそび　夏　環境づくり

あそび　手先、指先を使うあそびなどをじっくりと楽しめるように

夏は水遊びが楽しいですが、一方で体力を消耗します。疲れ気味のときや体調が悪いときは室内でゆっくり過ごすようにします。寝転がってゆったりできるスペースをつくったり、指先を使う遊びにじっくり取り組めるようにしたりするなど、場や教材を工夫しましょう。小麦粉粘土やたんぽなど、自由に素材に触れて感触を楽しめる遊びができるよう準備をします。

粘土などで

クニャクニャコロコロ

小麦粉粘土を伸ばしたり、ちぎったりして形の変化を楽しんでいます。

心地良い場所

マットの上で絵本を読んだり、寝転んだり。本棚の上に家族写真を掲示し、家庭を感じられる場所にしてもよいでしょう。

ふわふわきもちいいね

どこでもぺたぺた

大きな紙を机に広げ、自由にたんぽができるように。描かれる形の不思議さやおもしろさを楽しんでいます。

てんてん…

あそび　砂や泥の感触を楽しむなど、自然に触れながら遊べるように

形が変わる不思議さ、おもしろさを感じる

水遊びだけでなく、砂や泥など夏だからこそ楽しみたい遊びもあります。帽子をかぶるなど配慮して、戸外でも十分に遊びたいものです。砂場の遊びも時には水を使ってみるなど、変化をつけてみましょう。

探索活動を十分に楽しむ

草花の色や形、匂いを楽しんだら、ままごとや色水ごっこなどに取り入れるのもいいですね。虫の活動も活発になるので、あちこちで観察できるでしょう。

いいにおいー！

もういっかい！

砂が形になったり触れると壊れたりする不思議さを感じてほしいため、保育者が型抜きした物を並べておきました。

メダカ、いたよ！

池で泳いでいるメダカやオタマジャクシを探しています。

夏 保育資料

📖 おはなし

ぷちとまとちゃん
作：ひろかわさえこ
偕成社

あっぷっぷ
文：中川ひろたか
絵：村上康成
ひかりのくに

うちの　きんぎょ
文：谷口國博
絵：村上康成
世界文化社

**こぐまちゃんの
みずあそび**
作：わかやま けん
こぐま社

**ととけっこう
よが あけた**
案：こばやし えみこ
絵：ましま せつこ
こぐま社

おふろでちゃぷちゃぷ
文：松谷みよ子
絵：いわさき ちひろ
童心社

✋ 手あそび

- **あおむしでたよ**
  作詞・作曲：不詳
- **アイ・アイ**
  作曲：相田裕美　作曲：宇野誠一郎
- **むすんでひらいて**
  作詞：不詳　作曲：J.J.ルソー
- **ワニのうた**
  作詞：上坪マヤ　作曲：峯 陽

🎵 うた

- **たなばたさま**
  作詞：権藤はなよ
  補詞：林 柳波
  作曲：下総皖一
- **海**
  作詞：林 柳波
  作曲：井上武士
- **せみのうた**
  作詞：さとう・よしみ
  作曲：中田喜直

❤️ ふれあいあそび

- **せんたく**
  作詞：二階堂邦子
  作曲：町田浩志
- **かっぱっぱ音頭**
  作詞：川崎ちさと
  作曲：入江浩子
- **もったいない
  ばあさん音頭**
  作詞：真珠まりこ
  作曲：中川ひろたか
- **水あそび**
  作詞：東 くめ
  作曲：滝 廉太郎
- **バナナのおやこ**
  作詞：関 和男
  作曲：福田和禾子

🍃 自然

- アサガオ
- ヒマワリ
- カブトムシ
- バッタ
- ナス
- キュウリ

手作り玩具

環境とあそび / 夏 / 保育資料／手作り玩具

🍀 ふきかべ

ふきかべを立て、息を吹き掛けて倒します。

作り方

色紙
- 右図のように折っておく。

2cm幅で2回折る → 真ん中で折る → 広げる

フーッ / たおれた / ブーッ！

ポイント
吹く息を1点に集中させたり、腹筋を使って吹き続けたりと様々な動作が含まれます。

🍀 色合わせ棒

ラップ芯にペーパー芯を差し込んだり、色を合わせたりして遊びます。

作り方

ペーパー芯、ラップ芯、ペットボトル（500ml）

- ペットボトルに水を入れて蓋を閉め、キャップの部分にラップ芯を差し込み、テープで留める。
- ペーパー芯は縦半分にそれぞれ違う色を塗っておく（色の組み合わせを変えた2種類計6本を用意）。

ラップ芯 / テープで留める / ペットボトル / ペーパー芯 / 縦に半分ずつ違う色を塗る

❶ 好きな色の芯を差し込んでいき、繰り返し遊びます。

❷ 同じ種類の芯を差し込みます。

ポイント
この時期だけではなく、子どもの発達に合わせて。

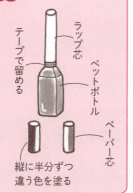

差し込んだら、クルクル回して下の芯と色を合わせます。

79

歌あそび

★ 『金魚のひるね』で水慣れあそび

『金魚のひるね』の歌で遊ぶ

❶ あかい　べべきた　かわいいきんぎょ

両手を合わせてプールの中に入れ、金魚の口のように指先を水面でパクパクさせる。

❷ おめめをさませば

両手をぐるぐる回し、水をかき混ぜる。

❸ ごちそうするぞ

両手に付いた水を顔に付ける。

❹ 「あ〜ちべた〜」

みんなで「あ〜ちべた〜」と言う。❶〜❹を繰り返す。

>
> **あそびメモ**
> **安心できる言葉を**
> 保育者が歌いながら遊ぶ姿を子どもが見れば、それだけで安心できます。また「あ〜ちべた〜」という言葉で更に安心します。水の中で自分の手を動かすことで、水に対する怖さが減るでしょう。

『金魚のひるね』　作詞／鹿島鳴秋　作曲／弘田竜太郎

あかい　べべきた　かわーいい　きんぎょ
おめめを　さませば　ごちそう　するーぞ

★ らったったっ！

『おもちゃのマーチ』の歌で遊ぶ

❶ やっとこやっとこくりだした　おもちゃのマーチが

みんなで歩く。

❷ ラッタッタ

足を閉じて2回跳び、開いて着地する。初めは全て足を閉じたまま跳んでもいいでしょう。

❸ にんぎょうの　へいたい〜

❶と❷を繰り返す。

> **あそびメモ**
> **リズミカルに歩いてジャンプ**
> 歌に合わせてリズム良く歩き、ジャンプする運動です。足をそろえたジャンプができない子もいますが、遊びの中で取り入れ、意識して跳ぶことができるように促すことも大切です。

『おもちゃのマーチ』作詞／海野厚　作曲／小田島樹人

やっ　とこやっ　とこ　くりだした　おもちゃの　マーチが　ラッタッ　タ
にん　ぎょうの　へいたい　せいぞろ　い　おうまも　こいぬも　ラッタッ　タ

環境とあそび　夏　歌あそび

⭐ みんなでつくろう！

『いとまきのうた』の替え歌で遊ぶ

❶ みんなでつくろう
　みんなでつくろう

手拍子を4回する。

❷ ちょきちょき　トントントン

人さし指と中指でハサミを作ってちょきちょきし、両手をグーにしてトントンする。

❸ できたできた

手拍子を8回する。

❹ せいたかのっぽの　おやま

頭の上で三角を作る。

❺ 「ヤッホ〜！」

みんなで声を出す。

※❹❺は、「お鼻の長いゾウさん　パオ〜ン」などアレンジができます。

『いとまきのうた』（デンマーク民謡）のメロディーで　作詞／小倉和人

> **あそびメモ　大きな声で遊ぶ**
> お山なら「ヤッホ〜」、ゾウさんなら「パオ〜ン」というように規則性のある遊びです。子どもがその規則性を理解できると、大きな声で遊ぶようになります。自信をもって取り組む力につながるでしょう。

⭐ パン・ドン！

『ごんべさんのあかちゃん』の替え歌で遊ぶ

❶ みんなで　みんなで
　てをならそう（パン）

リズムをとり、「パン」のところで手を鳴らす。

❷ みんなで　みんなで
　あしならそう（ドン）

「ドン」で片足（両足できる子どもは両足で）を鳴らす。

❸ こんどはいっしょに
　ならしましょう
　（パン／ドン）

手と足を一緒に鳴らす。

❹ さいごはそろえて
　ドンドンパッ

「ドンドン」で足をそろえてジャンプし、「パッ」で両手両足を広げる。

あそびのコツ
体を動かしている雰囲気が出ればOK！

> **あそびメモ　自信が楽しさにつながる**
> リズムをとりながら、「パン」「ドン」とタイミング良く音を鳴らすことができると自信にもつながります。最後の「ドンドンパッ」は遊びを深めていくと次第にできるようになってくるでしょう。「できた！」といううれしさが楽しさにつながります。

『ごんべさんのあかちゃん』（作詞／不詳　アメリカ民謡）のメロディーで　作詞／小倉和人

夏

身近な物で遊ぼう

★ かる〜い　おも〜い

重さを感じて遊ぶ

ペットボトルをプールの中に沈めます。

準備物
500mlのペットボトル
●水をいっぱいに入れる。

あそびのコツ
水中では浮力で軽く持ち上げることができますが、水面から出すと重く感じる不思議さを体験します。

あそびメモ　不思議を感じる
子どもには今まで感じたことがない「なんか不思議」という思いが広がります。このように子どもが感じる科学の芽生えを大切にしていきましょう。

★ プクプクあわぶく

泡を出して遊ぶ

汁わんを逆さにして水の中に入れ、泡が出てくる不思議さを感じて楽しみます。

※子どもは少量の水でも溺れる危険性があります。タライの高さや水の深さなどに注意しましょう。

準備物
発泡スチロールの汁わん（子どもの手に合う物）、タライ

穴をあける

●汁わんの底に竹串などで2か所ほど穴をあける。

泡が出た後、勢い良く汁わんを引き上げる姿も！

汁わんが崩れてしまうほど、楽しみました！

あそびメモ　水への恐怖心を取り除く
水中に手を入れたり水面に顔を近付けたりすることで、水への恐怖心を少しでも取り除くことができればいいでしょう。

あそびのコツ
初めは保育者が見本を見せ、子どものやってみたいという気持ちを促しましょう。

⭐ せのび〜！

玉を入れて落とす
紅白玉をいろいろな穴から入れます。

準備物
牛乳パックをつなげた物、紅白玉もしくはお手玉、布テープ

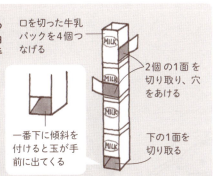

とどいた〜！ポトン…！

あそびのコツ
どの高さの穴まで届くか、一人ひとりチャレンジ！

保育室の壁などに固定しておくと、いつでも遊べます。

あそびメモ　いつでも遊べるように
意欲をもって繰り返し取り組むことが大切です。どの月齢の子どもでも遊べるよう、環境の一部として準備しておきましょう。

⭐ ころころ　GO！GO！

坂道の上から転がす
坂道の上に玩具を立てて転がし、取りに行って繰り返し遊びます。

あそびのコツ
初めは保育者が転がして見せよう。

ころころ〜　**あった！**

準備物
厚紙（直径8〜10cmの円）2枚、ボトルキャップ2個、坂道（積み木や踏切板など）
●厚紙の両端にボトルキャップを付け、もう1枚の厚紙をかぶせる。

あそびメモ　遊びの中で学び、根気良く遊ぶ
幅の広い物だと、置くだけで転がります。ここでは、自分で立てて転がすまでのバランスや力加減、転がし方などを遊びの中で学びながら進めていきます。夢中になって根気良く遊んでいけるといいですね。

環境とあそび　夏　身近な物で遊ぼう

ふれあいあそび

砂の水あそび

泥水を触って遊ぶ

子どもはタライの中に入り、手や足で触れて砂の感覚を楽しみます。

準備物

タライ、砂場の砂

- タライに砂を入れ、砂の高さよりも少し高い位置まで水を入れる。

> **あそびのコツ**
> 水や泥んこが苦手な子どもに最適。興味を示しそうな水遊び用玩具を入れてもOK！

あそびメモ 集中して遊ぶ

タライの中に1〜2人で入ると、少量の水と砂で驚くほど集中して遊べます。まだまだ1人で遊ぶことが大好きな時期なので、個々に合わせた設定も必要でしょう。

魚さんピュッ！

口から水を出して遊ぶ

しょう油入れに水を入れ、指先でつまんで水を出して遊びます。

準備物

魚型のしょう油入れ

> **あそびのコツ**
> 指先に力を入れて水を出すこと、水を入れる方法を子どもに伝えましょう。

あそびメモ 指先に力を入れる

親指、人さし指（中指）を使うことは、スプーンを持ったり、パスを持ったりなど、生活や遊びにおいて非常に重要な動きにつながります。指先に力を入れることを体得していけば、生活の中で自分のできることが増えていくきっかけにもなるでしょう。

⭐ ともだちイイッス～！

『ロンドン橋』の替え歌で遊ぶ

♪おイスにすわろ～　すわろ～　すわろ～
　おイスにすわろ～す～わ～りましょう！

マットで手拍子をする。

準備物
園児用イス（人数分）、マット
● マットから少し離れた位置にイスを1列に並べる。

イスの並べ方

イスを2グループ、3グループに分けて、最終的に2つ並べてランダムに配置した設定へと展開します。

歌い終わったのを合図にして、マットからイスに移動して座る。繰り返し楽しみましょう。

『ロンドン橋』(イギリス民謡)のメロディーで　作詞／小倉和人

あそびメモ　イスの並べ方を変える

マットからマットへ移動する遊びができていれば、イスへの移動もスムーズにできるでしょう。イスの並べ方を変えるという展開が、楽しさを増します。

環境とあそび　夏　ふれあいあそび

⭐ 異年齢児と おててつないでお引っ越し

マットからマットへ移動

マット2枚を離して並べ、異年齢児と1歳児に分かれて座ります（1歳児10人に対し、異年齢児5人程度）。保育者の合図で、年上の子どもが1歳児を迎えに行き、手をつないで、1歳児のスピードに合わせて移動します。

準備物
マット2枚

繰り返し遊んで慣れてきたら、マット間の距離を離して遊び、楽しみながら走れるようにしましょう。

あそびメモ　友達の様子をよく見る

初めは異年齢児も1歳児も互いにドキドキです。そのドキドキがワクワクに変わる瞬間を迎えるには、遊んでいる様子を見ていることが必要です。見ることにより相互に作用し合い、結果として楽しい遊びとなるでしょう。

85

ダイナミックに遊ぼう

⭐ ふりふり あ・わ・わ

泡を見て遊ぶ

プールの中にペットボトルを入れて、子どもが振ります。泡だらけになったペットボトルの中を見て、言葉のやり取りをしたり、友達の顔をのぞき込んだりします。

※しばらくすると泡と水の層に分かれます。その様子を見てまたペットボトルを振ったり動かしたりして遊ぶ姿が見られるでしょう。

あわあわだ～

準備物
1.5～2ℓのペットボトル、食器用洗剤またはシャボン玉液
● 少量の洗剤と水をペットボトルに入れ、蓋をしてビニールテープで固定する。

あそびメモ：水と洗剤の量を調節
水と洗剤の量で遊びの楽しさが変わります。子どもに与える環境として、保育者が必ず事前に試すことが大切です。大人の感覚で物事を進めるのではなく、子ども目線を忘れないように心掛けましょう。

⭐ 流しそうめんごっこ

毛糸をすくって遊ぶ

牛乳パックスライダーを固定してホースで水を流し、保育者は毛糸を次から次へと流し、子どもが水面に浮かんだ毛糸を手ですくって遊びます。

準備物
牛乳パック、太い毛糸（15～20cm）
● 底を切り抜いて1面を切り取った牛乳パックを数本つなげて、スライダーを作る。

いくよー

あそびのコツ
毛玉はある程度バラバラにして流しましょう。

きたー

あそびメモ：毛糸を手ですくって遊ぶ
毛糸は1本ずつ流すと、子どもは目で追えるので楽しめます。流れてくる毛糸を見て手ですくうことに集中することで、繰り返し喜びを感じられる遊びへと展開していきます。

環境とあそび　夏　ダイナミックに遊ぼう

⭐ そ〜っと そ〜っと

グラグラするマットを歩く

初めはまっすぐに置いたマットの上を歩きます。次にとび箱を下に並べたマットを渡り、繰り返し遊びます。

準備物
とび箱（2・3・4段目）、マット

あそびのコツ
グラグラするのを安心して楽しめるように！

※保育者は、子どもの姿を見ながら手を添えるなどの援助をしましょう。

あそびメモ　変化を伝えながら
とび箱をマットの下に並べたら、子どもが通るたびに「なんだかかわっているよ」などと、マットに変化があることを伝えていきます。後はバランスをとって遊んでいきましょう。

⭐ ぐるぐるかけっこ

マットからマットへ移動する

子どもは片側のマットに座り、保育者の合図でカラー標識を回って対面のマットまでかけっこし、次の合図で元のマットまでかけっこをします。繰り返して遊びます。

準備物
マット2枚、カラー標識数本

よーいドン

よーいドン

遊び込んでいくと、片側のマットを取り除き、ぐるりと1周回れるようになっていきます。その後、カラー標識でつくる円の大きさを変えるなどして楽しみましょう。

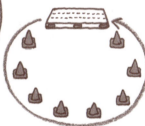

あそびメモ　1周回る満足感
繰り返し遊ぶと理解できるので、ぐるりと1周回ることができます。子どもは目標があれば進んで行くことができます。何度も遊んで、スタートとゴールが同じ所になるよう進むことができれば子どもたちの満足感も増すでしょう。

87

秋

環境づくり

歩く、走る、こぐ、跳び降りるなどいろいろな動きができるようになってきた子どもたち。遊びの中でも盛んに試そうとします。安全には注意して、できるだけ様々な動きを経験できるようにしたいですね。戸外ではもちろん、室内でも環境を工夫して楽しんで体が動かせるようにしましょう。

生活　生活に見通しをもって自分から行動できるように

戸外遊びに出掛けようとするときには、上着を着る、靴を出す・履く、などを保育者に声掛けされなくても自分で判断して行なおうとします。子どもの手の届く所に置く、出しやすく片付けしやすい場所にするなど、子どもたちが見通しをもって動いていることを確認しながら援助していきます。

戸外に出掛ける用意
遊んでいるときに引っ掛ける危険性があるため、フードの付いていない上着を用意してもらいましょう。

牛乳パックで作った靴入れには、個人のマークを貼っておきます。自分の靴を確認して取り出し、しまうことができます。

あそび　体を動かすあそびを十分に楽しめるように

簡単な追いかけっこやかけっこなどは、楽しみながら体を思い切り動かせます。戸外では公園の固定遊具に挑戦してみる、室内でもリズムに合わせて体を動かす体操やダンスを取り入れてみるなど、工夫をしてみましょう。運動会も少し意識して、ゴールを目指して走れるような工夫もよいですね。

保育者も一緒に体を動かします。危険のないように、事前に小石などが落ちていないか確認しておきましょう。

公園でみんなと一緒に

長い廊下で保育者や友達と一緒に、『おうま』の曲に合わせて、ハイハイをして楽しんでいます。

環境とあそび ｜ 秋 ｜ 環境づくり

あそび 秋の自然に触れながら戸外あそびを楽しめるように

　秋ならではの自然物は、子どもたちの興味をひく物ばかりです。葉っぱ集めやドングリ拾いも楽しいですね。ビニール袋や小さなカゴやバッグを個々に用意するなど、探索が楽しくなるような工夫をします。それらをままごとに使うなどして、秋を感じる体験を深めましょう。

散歩に出掛け、秋探し

子どもの歩調に合わせて歩きます。保育者のリュックには、救急セット、衣類（汚したときのため）、オムツ、タオル、ティッシュペーパー、携帯電話などを入れ、緊急時にも対応できるように。

ダンゴムシみっけ！

何かを発見したときの子どもの言葉や表情に注目し、喜びや驚きに共感していきましょう。

あそび 指先を動かすあそびを十分に楽しめる室内環境

　細かい指の動きができるようになってきて、玉さしやひも通し、シール貼りなどが楽しくなってきます。空きスペースをうまく利用し、素材によって感触が楽しめる物や、つまむ動作が楽しめる手作り玩具を用意するなど工夫してみてください。アイディア次第でいろいろな布地やボタン、ひも、プチプチシートなど様々な物が使えます。

ひも通し

最初は大きな穴にひもを通し、だんだん穴を小さくしていきます。

テープ貼り＆はがし

子どもの目線の高さに、切ったビニールテープを貼っておき、自由に貼ったりはがしたりできる場所をつくっておきます。

でんしゃがきたよ

はがして、外して

ケーキの土台や果物をフェルトで作り、果物に面ファスナーやスナップを付けておきます。はがしたり外したりするときの音や感触を楽しんでいます。

保育資料

📖 おはなし

とっとこ とっとこ
作：
まついのりこ
童心社

まて まて まて
案：
こばやし えみこ
絵：ましま せつこ
こぐま社

でんしゃにのって
作：
とよた かずひこ
アリス館

おべんとう
作・絵：
さとう めぐみ
ひかりのくに

おいもさんがね‥
作・絵：
とよた かずひこ
童心社

いろいろバス
作：
tupera tupera
大日本図書

✋ 手あそび

- くいしんぼゴリラのうた
  作詞：阿部直美
  作曲：おざわたつゆき
- やきいもグーチーパー
  作詞：阪田寛夫
  作曲：山本直純
- おいもごろごろ
  作詞：茂木好子　作曲：斉藤やよい
- 松ぼっくり
  作詞：広田孝夫　作曲：小林つや江
- 大きな栗の木の下で
  外国曲
- どんぐりころころ
  作詞：青木存義　作曲：梁田 貞

♪ うた

- おべんとう
  作詞：天野 蝶　作曲：一宮道子
- きのこ
  作詞：まど・みちお
  作曲：くらかけ昭二
- とんぼのめがね
  作詞：額賀誠志　作曲：平井康三郎

♥ ふれあいあそび

- ぽんぽこたぬき
  作詞：天野 蝶
  作曲：一宮道子
- だんごだんご
  わらべうた
- くまさんくまさん
  わらべうた
- バスごっこ
  作詞：香山美子
  作曲：湯山 昭
- 大きなたいこ
  作詞：小林純一
  作曲：中田喜直

🍃 自然

- ドングリ
- 落ち葉
- マツボックリ
- コオロギ
- トンボ
- サツマイモ
- クリ
- キノコ

手作り玩具

🍀 ぽとぽとぽと〜ん

作り方

ティッシュペーパーの空き箱、クリアフォルダー、プチプチシート、ピンポン玉（10個）

- 箱の上面を大きく切り取り、クリアフォルダーを貼り付ける。底に直径7cmの穴をあけ、穴よりも大きいプチプチシートを外側から貼り付け、十字に切っておく。

穴をあけ、プチプチシートを貼って十字に切る

底の穴から保育者がピンポン玉を入れ、子どもが左右に振ります。

穴から落ちたら子どもが拾い、再び入れて振ります。

その後は子どもたちが振って遊びましょう。

ポイント
ぽとぽと落ちる玉を見て「何だろう？」と興味をもち、拾って何度も繰り返し遊びます。

環境とあそび／秋／保育資料／手作り玩具

🍀 ぽとん！ ぱきパキストロー

作り方

◆ ぽとん！ ストロー
ペットボトル（350ml）、ストロー20本程度（太めの物、長さ10cm程度）、ストローを入れる筒（紙コップなど）

◆ ぱきパキストロー
曲がるストロー10〜20本

- ジャバラの部分から4〜5cm下でカットする。

ここを使う
4〜5cm

◆ ぽとん！ ストロー
ストローを、1本ずつペットボトルに入れていきます。全て入ったらペットボトルを反対にしてストローを取り出し、繰り返し遊びます。

ポイント
指先を使ってストローを曲げたり、小さな穴に入れることで手指の動きを促します。

◆ ぱきパキストロー
保育者はストローを持ち、パキパキと曲げます。子どもが興味を示したらストローを渡し、子どもが曲げて遊びます。全て曲げ終えたら、真っすぐに伸ばして戻しておきます。

★ ぐるぐるパッ！

『どんぐりころころ』の歌で遊ぶ

❶ どんぐり ころころ

両手をグーにして、下線部で1回ずつリズムを打つ。

❷ どんぶりこ

両手でかいぐりして「こ」で両手を頭に置く。

❸ おいけに はまって

❶と同様に。

❹ さあたいへん

両手でかいぐりして「へん」で両手を肩に置く。

❺ どじょうが でてきて

❶と同様に。

❻ こんにちは

両手でかいぐりして「は」で両手を膝に置く。

❼ ぼっちゃん いっしょに

❶と同様に。

❽ あそびましょう

両手でかいぐりして「しょう」で両手両足を広げる。

> **あそびメモ　テンポを速くして**
> 子ども自身が「できた！」と感じることができ、また、「もう1回したい！」という気持ちになることが大切です。慣れてきたらテンポを速くするなど工夫してみましょう。

『どんぐりころころ』（作詞／青木存義　作曲／梁田貞）

★ ひげじいさんでキョロキョロ

『とんとんとんとんひげじいさん』の歌で遊ぶ

準備物　カラーマット、カラー標識　など

❶ とんとんとんとん　ひげじいさん

マットで手遊びした後、ひげじいさんのポーズで「ひげひげ」と言って辺りをキョロキョロします。保育者の合図に合わせて移動します。

❷ とんとんとんとん　こぶじいさん

❶と同様に、「こぶこぶ」と言ってこぶじいさんのポーズでキョロキョロし、保育者の合図「○○色のカラー標識！」で移動します。

※移動先は、各園に備え付けている物や、他の保育者の名前を出してもおもしろいでしょう。

❸ ～キラキラキラ～てはおひざ

「てんぐさん」「めがねさん」も同様に繰り返し、最後は「てはおひざ」で終わります。

『とんとんとんとんひげじいさん』（作詞／不詳　作曲／玉山英光）

> **あそびメモ　移動先を明確に**
> 移動する場所を明確にしましょう。「ひげひげ」などと辺りを見渡して次の場所を探す動きをするところにおもしろさがあります。

身近な物で遊ぼう

環境とあそび

秋　歌あそび／身近な物で遊ぼう

★ たてて　たてて…？？

準備物
ペットボトル（たくさん）
※大きさは何でもOK。

ペットボトルを一斉に倒して遊ぶ

ペットボトルを立てて、手で一斉に倒して遊びます。これを繰り返し、最後は「まだよ～」と声を掛けて期待感を高めてから「せーの」の合図で倒します。

あそびのコツ
初めは、保育者が「よいしょ、よいしょ」と言いながら立てていきましょう。

あそびメモ　気持ちや喜びを大切に

初めは、ペットボトルを立てることに夢中になりますが、立てたら倒すことを理解してくると、今度は、倒したくて仕方がなくなります。そして最後、一斉に倒すときの子どもの気持ちや喜びを大切にしながら遊んでいきましょう。

待ってから倒すことで喜びが増していました！

★ 段ボール箱でよいしょ！

準備物
いろいろな大きさの段ボール箱
（60～160サイズ）

段ボール箱を押して遊ぶ

ランダムに置いた段ボール箱を自由に押して遊びます。積み重ねて、「ド～ン」と倒してもおもしろいでしょう。

あそびメモ　いろいろな箱を用意して

箱の中を見たり、たたいてみたりと興味をもつことが大切です。また、様々なサイズを用意し、子どもの体に合った大きさの段ボール箱を選べる環境を整えます。思いっ切り全身を使って遊びましょう。

★ あいさつタッチ！

『はじまるよ　はじまるよ』の替え歌で遊ぶ

❶ はじまるよ　はじまるよ
　はじまるよったら　はじまるよ

手拍子でリズムをとる。

❷ おはようあいさつ

お辞儀をする。

❸ てはタッチ

子どもと「タッチ」で両手を合わせ、「タッチタッチ…」と次々に子どもたち全員とタッチをしていき、子ども同士もタッチし合います。

※繰り返し遊び、最後に❸を「♪すわりましょう」にして全員で座ってもいいでしょう。

あそびメモ　流れを楽しむ
タッチをするタイミングは、繰り返すうちに覚えていくでしょう。始まりがあり、歌があり、最後はみんなとふれあう、というように遊びに流れを付けることで、より子どもたちの楽しさも増すことでしょう。

『はじまるよ　はじまるよ』(作詞・作曲／不詳)のメロディーで　一部作詞／小倉和人

★ 友達スリスリ

準備物
園児用イス
●円形にイスを並べ、イスに座る子どもとイスの後ろで立つ子どもに分かれる。

『げんこつやまのたぬきさん』の替え歌で遊ぶ

❶ ともだちスリスリ　さすりましょう
　やさしくやさしく　さすりましょう

立っている子が座っている子の頭や肩、背中などを両手でさすってスキンシップ。

❷ スリスリスリスリ　はいこうたい

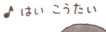

同様にスキンシップをとり、歌い終わってから役割を交代。

あそびメモ　役割があるから楽しい
「座る子ども」「後ろでスリスリする子ども」と役割がきちんとあることがポイントです。役割を持つということは、今後の行事である発表会などにつながります。子どもたちが「次、僕も（私も）する！」という気持ちをもって取り組めるように進めましょう。

『げんこつやまのたぬきさん』(わらべうた)のメロディーで　作詞／小倉和人

⭐ おはなであくしゅ？

『ぞうさん』の歌で遊ぶ

❶ ぞうさん　ぞうさん　おはながながいのね

子どもと一緒にゾウのまねをする。

❷ そうよかあさんも

手拍子をする。

❸ ながいのよ

ゾウの鼻で子どもたち全員と握手する。

> **あそびのコツ**
> 楽しい雰囲気の中でふれあいを楽しみましょう。

> **あそびメモ　大好きな先生と握手でふれあい**
> 握手は簡単なコミュニケーションの方法ですが、子どもたちには握手の意図がなかなか分かりにくいと思います。大好きな保護者とふれあう機会をもつことが、1つのきっかけとなるでしょう。目を見てしっかり握手をして触れ合ってください。

『ぞうさん』(作詞／まど・みちお　作曲／團 伊玖磨)

⭐ ねむねむコチョコチョ

『山ごやいっけん』の替え歌で遊ぶ

寝ている子どもの周りに集まります。

準備物　マットなど

❶ やまごやいっけんありました　まどからみている○○ぐみさん

❷ かわいい○○ちゃんねています　みんなでおこしましょう

みんなで眠るポーズ。

❸ おきてよおきてよ○○ちゃん

両手を上げる。

❹ おやつのじかんよおきましょう

手拍子する。

❺ さぁさぁみんなでおこすわよ！

腕まくりポーズをする。

❻ よういはいいですか？

少し待ち、その後くすぐる。

> **あそびのコツ**
> 友達や保育者とふれあう機会をたくさんつくろう！

> **あそびメモ　生活と結び付ける**
> 午睡後など生活の中で遊ぶ機会をつくっていくといいでしょう。子どもにとって生活と遊びは切り離せないもの。生活の一部を楽しいものにして気持ちよく目覚め、生活リズムを整えていくのも1つの方法でしょう。

『山ごやいっけん』(アメリカ民謡)のメロディーで　一部作詞／小倉和人

⭐ はじまる！ たいそう

『はじまるよ はじまるよ』の替え歌で遊ぶ

❶ はじまるよ　はじまるよ
　はじまるよったら
　はじまるよ

手拍子しながら歩く。

❷ 1・2・3・4で　トンネルだ！

「トンネルだ！」

あそびのコツ
「1・2・3・4で」をゆっくり歌うと、次のアクションをよく聞く姿勢になります。

「1・2・3・4で」をみんなで言って（以下同じ）、トンネルのポーズをする。

❸ はじまるよ〜
❶と同じ。

❹ 1・2・3・4で　さんりんしゃ！

「さんりんしゃ！」
寝転び、足を上げてこぐ。

❺ はじまるよ〜
❶と同じ。

❻ 1・2・3・4で　だんごむし！

「だんごむし！」
丸くなる。

❼ はじまるよ〜
❶と同じ。

❽ 1・2・3・4で　はいポーズ！

好きなポーズをする。

『はじまるよはじまるよ』（作詞・作曲／不詳）のメロディーで　一部作詞／小倉和人

あそびメモ　簡単な活動で自信をもつ
一つひとつの活動が簡単で覚えやすいので、自信をもって活動できるでしょう。その中で「できるよ！」というアピールに「できたね！」と声を掛けて、活動量を増やしていけるといいですね。

⭐ のぼって のぼって

マットの上を1人ずつ歩く

とび箱の1段分、2段分を階段状に並べ、その上にマットを掛けます。低い方から慎重に上っていき、端まで来たら、ジャンプで下りる、座って下りるなどします。保育者は手を添えるなどの配慮もしましょう。

準備物
とび箱の下から3段分、マット

「よいしょ、よいしょ…」

あそびメモ｜前傾姿勢で進む
遊びを深めていくうちに子どもがしぜんに前傾姿勢で臨む姿が見られます。このように、のけ反って後ろに倒れることなく、前傾姿勢で進む動きは大切です。

環境とあそび
秋　ダイナミックに遊ぼう

⭐ トコトコわたって

線の上を歩いて遊ぶ

「そーっと」

あそびのコツ
線はシンプルに。

準備物
ビニールテープ
・ビニールテープで保育室や廊下などに線を引く。
※始まりはどこでもOK。

あそびメモ｜理解して自分で選択する
初めは、線などを気にせず自由に動くでしょう。次第に理解する姿が見え、自分で線を選択する活動に移っていきます。

「遊び込んでいくうちに、線から落ちないように『そーっ』と歩いて楽しんでいました。」

環境づくり

寒い冬でも元気な子どもたち。室内ばかりではなく、冷たい空気を感じながら外で元気に走り回ることも必要ですね。冬の自然に気付くような遊びもぜひ取り入れてください。また、友達と一緒が楽しくなってきて遊びもにぎやかになります。ごっこ遊びなども楽しくなりますね。

生活　寒くても、手洗いを十分にできるように

水が冷たくて、なかなか手を洗おうとしない子も出てきます。手をせっけんで十分に洗ったら、洗面器などにお湯を溜めておき、そこで一度すすぐようにします。仕上げに、保育者と一緒に流水でさっと流しましょう。

あそび　冬の自然に触れて物の変化や不思議さに気付けるように

雪が降ったり氷ができたりと、冬の自然はいろいろな姿を見せてくれます。子どもたちは冷たさも忘れて、触ったり沈めたりを繰り返します。前日から水を入れた容器を置いておくなど、工夫をしてみてください。終わったら、お湯で手洗いを忘れずに。その温度の違いにも改めて気付くことでしょう。

ふだんの戸外遊びの場に氷ができるように、前日から洗面器などに水を張って置いておきました。シャベルやお皿も用意。

環境とあそび　冬　環境づくり

あそび 空気の冷たさを感じながら、楽しく体を動かせるように

室内から外へ出たときの空気の冷たさは冬ならでは。これも子どもたちには大切な体験です。日なたに出て体を動かすことで体温も上がります。簡単な鬼ごっこなどをしながら思い切り走り回ってみましょう。友達と一緒だとより楽しくなります。簡単なルールなら理解できるので、かくれんぼなどもきっと盛り上がりますね。

保育者や異年齢児と一緒にかけっこを楽しんでいます。

み〜つけた

保育者の後を追い掛けたり、木の影に隠れた保育者を探したり…。

あそび 友達と一緒を感じながら、楽しんで遊べるように

寒いと室内遊びが多くなりますが、様々なバリエーションで遊びたいですね。特に友達と一緒が楽しいと感じられる体験を多くしていきましょう。戸外ではおにごっこや『あぶくたった』など、室内では電車ごっこやままごとなど、いろいろな場づくりを工夫します。

カンカンカンカン　踏み切りで〜す

子どもの人数分の乗り物を用意。しま模様の棒を踏み切りに見立てて、運転士になり切って遊んでいます。

あそび ごっこあそびを楽しみ、自分のイメージを広げられる環境

一人ひとりの子どもの中に様々なイメージが生まれています。特に生活の中で体験することは、遊びで再現することで、認識を深めているようです。代表的なものはままごとです。遊びながら場にふさわしい言葉や行動の仕方を学ぶ大事な場なので、子どもたちが自由にイメージを楽しんで遊べるように環境を工夫してみましょう。

仕切りを使って落ち着いた空間に

ウサちゃんねますよ〜

お母さんになり切って

玩具を片付けやすいように写真やイラストで表示し、決められた場所に片付ける習慣づけを。

保育資料

📖 おはなし

0・1・2さいのずかん はたらくのりものだいすき！
監修・写真：小賀野 実
ひかりのくに

おしくら・まんじゅう
作：かがくい ひろし
ブロンズ新社

しろくまちゃんのほっとけーき
作：わかやま けん
こぐま社

14ひきのもちつき
作・絵：いわむら かずお
童心社

おめんです
作：いしかわこうじ
偕成社

おいしいおと！なんのおと？
作・絵：ふくざわ ゆみこ
ひかりのくに

手あそび

- とんとんとんとんひげじいさん
  作詞：不詳　作曲：玉山英光
- ゆきダルマのチャチャチャ
  作詞・作曲：多志賀 明
- もちつき
  補詞：二階堂邦子　わらべうた
- げんこつやまのたぬきさん
  わらべうた

うた

- きらきら星　訳詞：武鹿悦子　フランス民謡
- おもちゃのチャチャチャ
  作詞：野坂昭如　補詞：吉岡 治　作曲：越部信義
- お正月　作詞：東 くめ　作曲：滝 廉太郎

💗 ふれあいあそび

- じろりんこ
  作詞・作曲：キャンディ．
- こんこんクシャンのうた
  作詞：香山美子
  作詞：湯山 昭
- 雪のこぼうず
  訳詞：村山寿子
  外国曲
- こまこままわれ
  作詞・作曲：増田裕子
- ペンギンさんのやまのぼり
  作詞・作曲：阿部直美
- おふねがぎっちらこ
  わらべうた

🍃 自然

- 雪、氷
- 落ち葉
- ダイコン
- ハクサイ
- レンコン
- 春の七草
  （セリ、ナズナ、ゴギョウ、ハコベラ、ホトケノザ、スズナ、スズシロ）

手作り玩具

🍀 コロコロころころ棒

テーブル上で、両端に両手を置いてラップ芯を前後に転がし、キラキラする部分を見て遊びます。

作り方

ラップ芯、ビニールテープ、キラキラテープ（シールでもOK）

- ラップ芯の両端にビニールテープを5cmずつ巻き付け、キラキラテープなどを貼り付ける。

ビニールテープを5cmほど巻く

ポイント
転がしながらキラキラの動きを見ることで、短い時間ですが集中して遊べます。

🍀 ポコ〜ン！コップ

つまみを引っ張って放し、音が鳴ったりコーンが弾けたりする様子を楽しみます。

ポイント
弾けるコーンがおもしろくて、引っ張って放すという少し難しい動きを理解することができます。

作り方

紙コップ、輪ゴム、コピー用紙（A6サイズを⅛に折る）、乾燥コーン（ポップコーン用トウモロコシ）20個程度…アズキ・ダイズでもよい、ビニール袋（ラップでもよい）

- 紙コップの側面に図のような切り込みを入れ、輪ゴムを掛けてテープで留める。
- コピー用紙を折った物を輪ゴムに挟み、ビニールテープで巻いてつまみにする（厚めにすると引きやすくなる）。
- 乾燥コーンを入れて、ビニール袋をかぶせて留める。

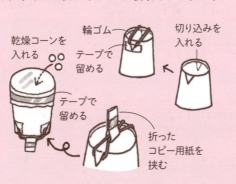

乾燥コーンを入れる
輪ゴム
切り込みを入れる
テープで留める
折ったコピー用紙を挟む

環境とあそび

冬　保育資料／手作り玩具

みんな集まれ～！

準備物 カラーマット数枚（カラー標識でも可）

1 『ロンドン橋』の替え歌で遊ぶ
カラーマットを数枚置き、中央に集まったら、「♪○○にすわろう すわろう すわろう　○○にすわろう すわりましょう」と歌います（○○はバナナ、リンゴ　など）。歌い終わったら、「バナナ」なら黄色のマット、「リンゴ」なら赤のマットに移動します。

2 マットでやり取り
マットに着いたら座り、「バナナおいしいね、次はどんな果物かな？」などと話し掛け、子どもが自分から楽しめるように配慮しながら繰り返し遊びます。マットをいろいろな所に置いて遊んでみましょう。

あそびメモ　移動遊びを楽しく展開
この時期の子どもたちは、ある程度の見立て遊びができます。ただ単に移動するだけではなく、日頃の保育での生活をベースにした遊びの展開が見られるといいでしょう。

『ロンドン橋』（イギリス民謡）のメロディーで　作詞／小倉和人

みんなで歩こう！

『七匹の子やぎ』の替え歌で遊ぶ

❶ さあ　みんなで　あるきましょう×2

腕を振って元気良く歩く。

❷ こんなこと　できるかな

保育者がいろいろな動きで歩く。
（例：どっしんどっしん歩き、カニさん歩き）

❸ さあ　みんなで　あるきましょう×2

みんなで❷の保育者と同じ動きをする。

あそびメモ　リズムに乗って楽しむ
リズムに乗ってみんなで楽しむことが大切です。細かく説明しなくても、子どもたちは保育者の動きをまねることを楽しめるでしょう。

『七匹の子やぎ』（外国曲）のメロディーで　作詞／小倉和人

⭐ 手・足ぶらぶら体操

『グーチョキパーでなにつくろう』の替え歌で遊ぶ

❶ みぎてをあげて　ひだりてをあげて
右手を上げ、その後左手を上げる。

❷ おどろう　おどろう
上半身を揺らす。

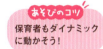

あそびのコツ
保育者もダイナミックに動かそう！

❸ みぎあしあげて　ひだりあしあげて
右足を上げ、下ろしてから左足を上げる。

❹ おどろう　おどろう
手・足をぶらぶら動かす。

あそびメモ　楽しみながら体を動かす

手と足をぶらぶら動かす際、「1・2・3・4…」と数えながらするより、歌に乗せていろいろな動きをするほうが子どもは楽しいものです。楽しみながら体を動かすという基本的なことを思い返しながら、遊んでみましょう。

『グーチョキパーでなにつくろう』(作詞/不詳　外国曲)
のメロディーで　作詞/小倉和人

⭐ くっつきド〜ン！

『ごんべさんのあかちゃん』の替え歌で遊ぶ

❶ ○○さんの　おしりが　くっついた　ド〜ン
その場に立って手拍子をし、「ド〜ン」で座る。

❷ ○○さんの　せなかが　くっついた　ごろーん
座っている状態から手拍子をし、「ごろーん」で寝転ぶ。

あそびのコツ
「ド〜ン」などの言葉を子どもと一緒に言うと楽しさアップ！

❸ ○○さんの　おへそが　くっついた　ペタ〜ン
寝転んだ状態から手拍子をし、「ペタ〜ン」で寝返りをしてうつ伏せ寝になる。

❹ さぁさぁ　みなさん　おきましょう！
うつ伏せ寝から手拍子をし、最後に立つ。

あそびメモ　メリハリをつけて遊ぼう

座る、寝る、寝返りをしてうつ伏せ寝、立つなどの姿勢は、生活の中で必ずするものばかり。子どもたちも慣れているので、すぐに遊ぶことができます。俊敏に動く、合図で動くといったことを伝えて楽しみながら、メリハリのある時間を過ごしてみましょう。

『ごんべさんのあかちゃん』(作詞/不詳　アメリカ民謡)
のメロディーで　作詞/小倉和人

環境とあそび　冬　歌あそび

身近な物で遊ぼう

★ ヨイショ　たくはいびん

段ボールトラックを引っ張る

ペットボトルを段ボールトラックに載せ、子どもが引っ張って運びます。いろいろな重さを楽しみましょう。保育者が積み込んでみて「運べるかな？」と子どもとやり取りをします。「よし、やってみよう！」という気持ちになればどんどん引っ張っていくでしょう。

準備物

段ボール箱、短縄、ペットボトル数本（水を入れ、重さを変える）
- 段ボール箱に短縄を付けて段ボールトラックを作る。

段ボール箱に穴をあけて短縄を通し結ぶ

20cm程度

おとどけもので〜す！

あそびメモ　見ながら運べるのが楽しい

子どもは引っ張って歩くことが大好きです。ペットボトルが箱から見えて、自分が運んでいる物を確認できるところがポイントです。また、引っ張る様子を見ていた他の子どもたちも、「やってみよう！」とチャレンジする姿が見られるといいですね。

★ ぽとん！

透明カップにボトルキャップを1つずつ入れて遊ぶ

透明カップを床に置き、ボトルキャップを1つずつ入れ、落ちる様子を楽しみます。カップを上げてキャップを取り出し、繰り返し遊びます。

※ボトルキャップを誤飲しないように、保育者が見守りましょう。

あそびのコツ
音を聞いたり、落ちてくるのを見たり、感覚を感じて！

準備物

透明カップ（420ml）、キッチンペーパーの芯（ペーパー芯を2本つなげてもOK）、ボトルキャップ（たくさん）
- 透明カップの底を芯の直径に合わせて放射線状に切る。
- 芯を1.5cm程度はめ込み、放射線状に切った底と芯をビニールテープで固定する。

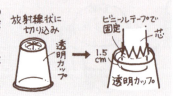

放射線状に切り込み　ビニールテープで固定　芯　1.5cm　透明カップ

あそびメモ　繰り返しの遊びで成長する

落ちたキャップが見え、音も鳴り、更に入れることに夢中になる。1つの遊びで様々なことが起こるので、楽しくなり、集中力も増してくるのです。簡単な繰り返しが子どもにとってはいいようです。

⭐ ひっぱれ　ひっぱれ

縄を引っ張って遊ぶ

同じ位置で手を交互にしながら縄を引っ張ります。遊び込んでいくにつれ、縄を長くして遊べるようにしましょう。

「ひっぱれ～！」

あそびのコツ
縄を引っ張るところを見せることが大切です。

準備物
長縄（短縄でもOK）、巧技台（とび箱でもOK）

●巧技台（高さは子どもに合わせる）の四方の穴から縄を出して、玉結び（穴より大きい結び目）にして中に入り込まないようにする。

「伸びたね～！」

あそびのコツ
「お～っ、伸びたね～」と声掛けすることを忘れずに。

縄が伸びるたびに笑う子、真剣な表情で引っ張る子など、それぞれに楽しむ姿がありました。

あそびメモ　遊びを理解し活動に変化を
初めは片手で引っ張ってもいいですが、交互に手を入れ替えながら遊ぶとおもしろみも増します。両手を使って上手に体を動かせるようにしましょう。

環境とあそび

冬　身近な物で遊ぼう

⭐ ぎゅうにゅうジャ～ッ

ボトルキャップを出し入れして遊ぶ

牛乳パックの口を自分で開けて、中のキャップを「ジャ～！」と出します。中にキャップを入れては、蓋を開けてまた出し、これを繰り返し楽しみます。

準備物
牛乳パック（またはジュースの紙パックなど）、白色のボトルキャップ

●牛乳パックの片方の口をホッチキスで留め、ビニールテープで保護しておく（注ぎ口を保護する場合は、色を変えておく）

ホッチキス留めしてビニールテープで保護

あそびのコツ
口を開ける、中身を出すなどを子どもの前でやってみよう。

あそびメモ　手指の巧緻性を養う
注ぎ口を両手で開き指先でつまみ引き出す動きは、非常に難しい動きですが、開いたら中からキャップが出てくることを知っているので何とかして開けようとします。遊びながら、指先の調整力がつくといいですね。

105

ふれあいあそび

★ パッチンぎゅ〜っ！！

準備物
園児用イス（乳児用）
● イスを向かい合わせに置く。

『グーチョキパーでなにつくろう』の替え歌で遊ぶ

❶ グーチョキパーで　グーチョキパーで　なにつくろう　なにつくろう
手遊びをします。

♪グーチョキパーで〜
♪なにつくろう

あそびのコツ
イスは互いの膝同士が付くぐらいの距離に。

❷ おててをパッチン　おててをパッチン

「パッチン」で友達とタッチする。

❸ ぎゅ〜っ ぎゅ〜っ！ ぎゅ〜っ ぎゅ〜っ！

♪ぎゅ〜っ！

お互い手を握り合う。
※遊び込んできたら、ペアを替えて更にふれあいを深めてもいいでしょう。

ペアを替えていくと大喜びで何度も楽しめました。

『グーチョキパーでなにつくろう』（作詞／不詳　外国曲）のメロディーで　一部作詞／小倉和人

あそびメモ　たくさんの友達と関わる楽しさ
この年齢ではふれあい遊びは難しいと考えずに、内容が簡単なものであれば繰り返すことでふれあい遊びを経験することができます。たくさんの友達と関わりをもつ楽しさを感じられるといいですね。

★ だ〜るまさんが　こ〜ちょこちょ

❶ だるまさんがころんだをする
保育者はゆっくり言いながら振り返ります。

だーるまさんが……
こーろんだ

ごろんと転がりうつ伏せになります。

❷ くすぐる
うつ伏せになっていない子どもに、保育者はくすぐります。また座り直して、繰り返します。

あそびメモ　しぜんに笑顔が出る
遊ぶうちに、子どもの心の中に期待感が存在することが分かると思います。不安よりも楽しみがいっぱいで、しぜんに笑顔が出てきます。笑顔を生み出す遊びをたくさんして、心も体も大きく成長してほしいですね。

⭐ ひっつき電車

『線路はつづくよどこまでも』の後半部分を替え歌で遊ぶ

準備物
大型積み木や園児用イス（人数分）
●積み木を円形に2組ずつ並べる。

1 子どもたちは積み木に座り、保育者の「それではひっつきでんしゃ、しゅっぱーつ！」の合図で電車になって進みます。「♪すすみましょう すすみましょう ○○でんしゃ ゴーゴーゴー！」と歌います（「ゴーゴーゴー！」はエイエイオーのように手を上げる）。○○には、「ほっぺた」「おでこの」「おはなの」が入ります。このフレーズを2回繰り返します。

2 「間もなく駅に着きます」と保育者が言い、「♪すわりましょう すわりましょう ○○でんしゃ ゴーゴーゴー！」を2回繰り返したら、子どもたちはイスに座ります。どこに座ってもOK。「○○でんしゃ、ガッチャンコ！」と言って「ほっぺた電車」の場合は頬と頬を合わせてスキンシップ（おでこ、おはなもそれぞれの部位を合わせて）。繰り返し遊びます。

おでこ電車のガッチャンコ

ガッチャンコ

あそびメモ　みんなで一緒に楽しむ
友達と簡単なふれあいを楽しみましょう。同じ友達と繰り返す子どももいれば、違う友達と座ろうとする子どももいるので、個々の気持ちに任せることが大切です。みんなで一緒に「ひっつき電車」を楽しむことが、この遊びのおもしろさです。

『線路はつづくよどこまでも』（アメリカ民謡）のメロディーで　一部作詞／小倉和人

環境とあそび　冬　ふれあいあそび

ダイナミックに遊ぼう

⭐ つかんでヨイショ！

フープにつかまって坂道を上る

保育者が差し出すフープにつかまり、しゃがまずに足をしっかり前に動かして上りましょう。上ったら、ジャンプもしくはゆっくり下りて、繰り返し遊びます。

準備物

巧技台、斜面板、マット2枚、フープ

● 巧技台に斜面板を掛け、マットを上からかぶせる。

ヨイショ、ヨイショ…

あそびのコツ
初めは、角度を下げて遊びます。ここでコツをつかみましょう。

あそびのコツ
腰を引かず、膝を曲げて上りましょう。

あそびメモ — 遊びや生活に生かせる運動要素

前傾姿勢で坂道を上ることができるきっかけになると思います。保育者の援助でゆっくり進み、上り切ることができたらうれしくて繰り返し遊ぶことでしょう。坂道を上る運動要素を含むことで、これからの生活や遊びで生きてきます。

⭐ あっちこっちジャンプ

上ってジャンプして下りる

自分ができそうな所から上り、ジャンプして下ります。スタートはどこからでも。次の場所を自分で選んで、繰り返し遊んでいきましょう。

準備物

巧技台、とび箱、積み木、ビニールテープ など

● 子どもの動線を考えながらランダムに置く。上る方の床に丸印などをビニールテープで貼ると分かりやすい。

あそびのコツ
ジャンプしたら次の台がすぐ見えるように設置しよう！

あそびのコツ
台の数を人数やクラスの状況に合わせ、場所を広くとろう。

あそびメモ — シンプルなルールで次々と遊ぶ

ルールは、丸印から上る、それだけです。ぶつからないようにするための配慮です。ジャンプした後、子どもの見える範囲に次の遊びが映ります。同じ内容ですから次から次へと取り組んでいけます。また、巧技台などの高さは子どもの運動発達に即した設置を心掛けましょう。

★ なわなわ・くねくね

準備物: 短縄、大型積み木（子どもが乗る台）

1 縄を左右・上下・前後に動かして遊ぶ

保育者二人が縄の両端を持ち、子どもは3人くらいで縄を持ちます。初めはゆっくりと、保育者が縄を左右に動かします。次第に子どもたちも自分から縄を動かそうと左右に振り出します。頃合いを見て、今度は上下・前後にゆっくり動かします。

2 台に乗って踏ん張る

慣れてきたら、子どもは大型積み木などに乗り、同じように縄を動かして、落ちないように踏ん張る運動を楽しみます。

あそびメモ ・ 保育者が動かすのが楽しい

保育者が縄をいろいろな方向に動かすことにより、子どもたちは縄を持つ楽しみが増していきます。保育者は一人ひとりの姿を見て、無理なくチャレンジできるようにして楽しみましょう。

環境とあそび ・ 冬 ダイナミックに遊ぼう

★ すわってグイグイ

ラップ芯の縄を引っ張ったり緩めたり、上下に動かしたりして遊ぶ

輪にした縄の周りに座り、両手でラップ芯を持ちます。持ったらすぐに引っ張ったり緩めたり、上げたり下ろしたりと様々な動きをして楽しみます。

準備物: 短縄、ラップ芯
- 短縄に、ラップ芯5本程度を通し、端同士を結んでおく。

あそびのコツ: 子どもの様子を見ながら、保育者も輪の中に入ろう！

あそびメモ ・ いつもとは違う感覚を楽しもう

縄やフープだけを持つときとは違い、引っ張っても縄だけ伸びたり、友達の力に引かれてしまったり…。子どもたちがいつもと違う感覚に楽しさを感じながら、たくさん遊べるようになっています。時間を決めながら遊んでみましょう。

環境づくり

春が近付いて暖かくなると、戸外にも様々な変化があります。子どもたちのほうがいち早く気付いて、保育者に教えてくれることもあります。新年度に向けて戸外や室内の環境を整備していきましょう。

あそび・家庭と：進級へ向けて、保護者と子どもの成長を確認し合い、喜びを共有するために

子どもたちが自由に描いたり作ったりした物を作品にして、その過程の様子を保護者に伝えています。

しゅ〜…
しゅ〜…

なぐり描きした紙を切り取ってチョウチョウに

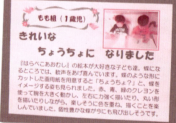

作品と共にポートフォリオを掲示

あそび：戸外で興味をもったあそびに意欲的に取り組めるように

幼児クラスの子どもたちとも安全に遊べるように

園庭でも自分の好きな遊びを存分に展開していますが、年上の子どもたちの動きにも大いに関心があります。砂場道具を並べたり、砂場の横にベンチを置いたりして、動線が混同せず、関わりが適度に生まれる環境を工夫します。

砂場でのあそび

物の置き場や用具の扱い方などが分かるように掲示したり、適切な数をそろえておいたり入れ替えたりなど、整備をしながら子どもたちの活動に合わせていきましょう。

ありがとう

ごはんをどうぞ

環境とあそび

早春　環境づくり

あそび　様々な素材に触れて自分なりに表現できるように

　指先の動きが巧みになり、細かい動きもできるようになってきます。自分のイメージで小麦粉粘土を使って作品を作ったり、のりを使って貼ったり…。1回切りならハサミも使えるようになってきますね。新聞紙をちぎったり丸めたりなど、様々な素材に触れて自分なりの表現活動ができるように工夫をしてください。

広告紙を用意し、ちぎりやすいように少し切り込みを入れておきます。ちぎった紙はプールに入れて遊んでも楽しいですね。

あそび　自分なりのイメージで生活の再現やごっこあそびを楽しめるように

　ますます盛んになってくるまねっこ遊びやままごと遊びです。子どもたちの遊びの様子をよく見て、再現したいイメージを探ってより遊びが深まる物を用意していきましょう。小さな段ボール箱のおうちを用意したり、押し入れの下のスペースを使ったりするなど、きっと大喜びで遊びが盛り上がることでしょう。

押し入れハウス

狭い場所が大好きな子どもたち。安心して自分の思いを表現しやすくなります。

段ボール箱のおうち

段ボール箱でおうちを作り、玩具を取り出しやすいように引き出しに入れておきます。人形もベッドで眠らせるなどして片付け、子どもたちが遊び始めやすいようにします。

保育資料

📖 おはなし

つち どすん
作：新井 洋行
童心社

まてまて ももんちゃん
作・絵：とよた かずひこ
童心社

ショコラちゃんの おでかけドライブ
文：中川ひろたか
絵：はた こうしろう
講談社

はらぺこあおむし
作・絵：エリック・カール
訳：もり ひさし
偕成社

ごめんやさーい
作：わたなべ あや
ひかりのくに

いっしょにさわって みーんなにっこり
作・絵：山岡 ひかる
ひかりのくに

✋ 手あそび

- 手をつなごう
  作詞：中川李枝子
  作曲：諸井 誠
- ねこの子
  作詞・作曲：出口 力
- だるまさん
  わらべうた
- いとまき
  作詞・作曲：不詳

♪ うた

- 豆まき
  日本教育音楽協会
- 雪
  文部省唱歌

💗 ふれあいあそび

- おにのパンツ
  訳詞：不詳
  作曲：L.デンツァ
- ふしぎなポケット
  作詞：まど・みちお
  作曲：渡辺 茂
- 三びきの小ぶた
  作詞：岩瀬菊夫
  作曲：石桁真礼生
- ぎっこんばったん
  作詞・作曲：不詳
- むっくり熊さん
  訳詞：志摩 桂
  スウェーデン民謡

🌿 自然

- チューリップ
- ツクシ
- ナノハナ
- ネコヤナギ
- タンポポ
- ダンゴムシ

🍀 バチャバチャぽんぽん

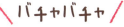

子ども4人でポリ袋の四隅を持ち、上下に揺らして遊びます。慣れてきたらピンポン球大に丸めた新聞紙の玉を乗せ、飛ばして遊びます。落ちた玉を拾って、繰り返し遊びましょう。

作り方

45ℓのポリ袋、クラフトテープ、ひも、新聞紙

● ポリ袋の四隅にクラフトテープを貼り、テープの上からパンチで穴をあけ、ひもを通して持ち手を作る。

ポイント
新聞紙の玉は、大きすぎないように、1歳児の力でポンポン飛ばせるくらいにしましょう。

🍀 ど〜こだ！？カード

カードをバラバラに並べ、保育者が言ったカードを探して遊びます。「〇〇はど〜こだ！？」から始めて、頭文字だけでも連想できるようになるといいですね。

ポイント
なかなか取れない子どもには、その子の目の前にあるカードを言ってみましょう。

作り方

牛乳パック、動物・果物・乗り物のマーク

● 牛乳パック1片を½の大きさに切り、子どもたちになじみのある動物・果物・乗り物のマークをそれぞれ貼り付ける。

環境とあそび / 早春 保育資料／手作り玩具

★ グーパーとんとん

『ちょちちょちあわわ』の替え歌で遊ぶ

❶ グーパーグーパー　とんとんとん
両手でグーパーを交互に出し、グーでとんとんする。

❷ ぐるぐるぐるぐる
グーのまま、かいぐりをする。

❸ ぶたのはな
人さし指を自分の鼻に当ててブタの鼻にする。

♪ぶたのはな

❹ ブヒブヒブヒブヒ　ブーブーブー
みんなでブヒブヒ言う。
※他の動物でも遊んでみましょう。

> **あそびメモ　表現しやすい動物に**
> グー・パー、かいぐりなど子どもたちが大好きな動きに、興味をもって表現しやすい動物を組み合わせることで遊びが盛り上がります。

『ちょちちょちあわわ』（作詞・作曲／不詳）のメロディーで　作詞／小倉和人

★ ぴっぴっぴっ！

『十人のインディアン』の替え歌で遊ぶ

❶ みぎてだして　いっぽんゆび
右手の人さし指を出す。

❷ ひだりてだしていっぽんゆび
左手の人さし指も出す。

❸ チャッチャッ　チャッチャッ　どこにむこう
リズムに合わせて指を左右に動かす。

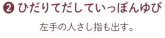

❹ さぁ　うえはどこだ　ぴっ！

「ぴっ！」と言って指を上に向ける。

ぴっ！　　〇〇ちゃん

※「うえ・した・ひだり・みぎ」とランダムに遊んでみましょう。「〇〇せんせい」「〇〇ちゃん」「ピアノ」「とけい」などにしてもおもしろいでしょう。

> **あそびメモ　楽しく方向を覚える**
> 方向はおおよそで十分です。「右はこっち！」「違うよ！」と間違いを指摘するのではなく、「あら～、残念。こちらでした～」と言って覚えていくようにすると、子どもたちも楽しんで遊べるでしょう。

『十人のインディアン』（アメリカ民謡）のメロディーで　作詞／小倉和人

★ ひげじいさんで〝よーい ドン！〟

『とんとんとんとんひげじいさん』の替え歌で遊ぶ

準備物
園児用イス、マット
●イスを一列に並べ、反対側にマットを敷く。

1 イスに座った状態で

♪トントントントン　ひげじいさん

両手をグーにして、上下交互にたたく（他も同じ）。

右手をグーにして、顎の下に付ける。

左手もグーにして右手のグーに付ける。

「よーい、ドン！」でマットへ移る。

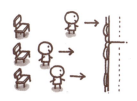

あそびのコツ
子どもから見える位置で遊びを一緒に楽しもう。

2 マットに座って

♪トントントントン　こぶじいさん

右手をグーにして右頬に付ける。

左手をグーにして左頬に付ける。

「よーい、ドン！」でイスへ移る。

3 イスに座って

♪トントントントン　てんぐさん

 → マットへ移る。

右手をグーにして、鼻に付ける。

右手のグーに左手のグーを付ける。

4 マットに座って

♪トントントントン　めがねさん

 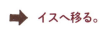 イスへ移る。

右手の人さし指と親指で輪をつくり、右目に当てる。

左手の人さし指と親指で輪をつくり、左目に当てる。

5 イスに座って

♪トントントントン　てはうえに

 右手を上げる。

 左手を上げる。

6 イスに座って

♪きらきらきらきら　てはおひざ

 手のひらを小刻みに振りながら、腕を下ろす。

 手のひらを膝に置く。

あそびのコツ
座れていない子どもには、別の保育者が寄り添うことも必要です。

早く移動したい！そんな姿がかわいいです。

あそびメモ　気持ちと体をコントロールする姿
スタートのタイミングを理解できていれば、遊び全体の見通しをたてることができていることになります。「早く動きたい…でもまだだ…」と、子ども自身が気持ちと体をコントロールしようとする姿が見られます。

『とんとんとんとんひげじいさん』（作詞／不詳　作曲／玉山英光）のメロディーで　一部作詞／小倉和人

環境とあそび　早春　歌あそび

身近な物で遊ぼう

⭐ はがしてペッタン！

準備物 養生テープ ●5〜6cmに切った養生テープの端を5mm程度折り返し、テーブルの上に貼る。

1 テープをはがして、貼り付ける
テーブルの養生テープをはがし、向かい側の壁（窓）に貼り付けて遊びます。テーブルのテープがなくなったら、壁からテーブルへ戻します。

あそびのコツ
初めは、上から下へはがせるように設定しましょう。

2 しゃがんだり、背伸びをしたりして剥がす
初めから少し高低差をつけて壁（窓）に貼っておきます。しゃがんだり、背伸びをしたりしてはがします。

あそびのコツ
慣れてきたら、剥がす方向を変えてみましょう。

あそびメモ　頭と体を使う
はがすだけでも楽しく、違う場所に貼ることで更に楽しくなります。テープをはがす方向が変われば、はがし方を変えたり体の向きを変えたりと、頭も体も使って遊べます。

⭐ おおきい箱つみつみ

準備物 段ボール箱（子どもが両手で持てる大きさ）

段ボール箱を積み上げて倒す
子どもが段ボール箱を積み上げ、それを倒します。
※複数の場所に積み上げていくのがいいでしょう。

あそびのコツ
倒れてくる段ボール箱に当たらないように援助しましょう。

あそびのコツ
積み方、高さなど子どもが自由に遊んでもいいでしょう。

あそびメモ　大きな箱を持ち上げコントロールする
両手を使って箱を持ち上げ、背伸びをして積み上げようとする姿などが見られます。自分の体よりも大きな箱を持ち上げることや箱の方向転換を遊びの中で覚え、進めていると言えるでしょう。

⭐ カップンちょ

様々な所に付けて遊ぶ

ペーパー芯を広げて手に着けたり、イスの持ち手に付けたり、机に付けたり…。いろいろな所で「つくかな?」とくっつけて試していこう。

準備物
ペーパー芯
● 縦に切り込みを入れておく。

あそびのコツ
保育者が「カプッ!」と言いながらくっつきそうな所に付けてみよう!

あそびメモ／たくさん試してみよう
何気なく手にして、手にくっつけてみると「ついた〜!」と喜びます。保育室の様々な所に付けて遊んでいきましょう。こんな所にも? ここにもあったね…など様々な場所を見つけ、楽しめると良いですね。

⭐ キックとダッシュ

ボールを蹴って取りに行く

リングバトンの中にゴムボールを置きます。自分のタイミングでキックし、転がったボールを走って取りに行きます。繰り返し遊びます。

準備物
リングバトン(新聞紙で作った輪でもよい)、ゴムボール

あそびメモ／バランスをとって
リングバトンの中にボールを置くだけで、蹴りやすくなります。後はバランスをどうとるかです。保育者が手を添えることや、手を置くことのできるロッカーや巧技台があることで、上手に蹴ることができます。繰り返し遊ぶことで、運動量を増やしてみてください。

環境とあそび

早春 身近な物で遊ぼう

117

ふれあいあそび

★ 友達にオチタ！？

『おちた おちた』の替え歌で遊ぶ

❶ おちたおちた（おちたおちた）
なにがおちた（なにがおちた）

1人が座り、もう1人は後ろにくっついて座って歌う。

❷ かみなり

前に座っている子どものおへそを隠す。

あそびのコツ
初めは自分のおへそを隠してみよう。

❸ おほしさま

頭を隠す。

繰り返し遊んだら、最後に「おしり」と言います。後ろの子どもは、前の子どもの前に座ります。前後を交代して繰り返します。

あそびメモ 遊びを展開して
「隣のお友達のおへそを隠せるかな？」と遊びを展開していきましょう。遊びが少しずつ変化していくことで子どもは対応しやすくなります。

『おちたおちた』（わらべうた）のメロディーで 一部作詞／小倉和人

★ 卒園児と トンネルくぐり

『あくしゅでこんにちは』の歌で遊ぶ

❶ てくてくてくてく あるいてきて

1歳児クラスと卒園児クラスそれぞれ半分ずつの2グループをつくり、1グループが手をつないで歩く。もう1つのグループは手拍子をしながら待つ。

あそびメモ トンネルの位置をランダムに
トンネルづくりは、卒園児に1歳児を連れて行ってもらうようにすると、スムーズに進められるでしょう。トンネルがランダムに広がっていなければ「ん〜、まだみたい」と歌をうたって、トンネルづくりを促してもいいでしょう。

❷ あくしゅで こんにちは

向かい合わせで両手をつなぎ、お辞儀する。

❸ ごきげんいかが

トンネルをつくる。卒園児は膝立ちでもOK。

❹ てくてく〜 ごきげんいかが

1番を歌いながら他グループがトンネルをくぐり「ごきげんいかが」で戻って交代します。

『あくしゅでこんにちは』（作詞／まど・みちお　作曲／渡辺茂）

⭐ 卒園児と 一緒にシューン！

準備物
長縄、フープ　●フープに長縄を結ぶ。

背中に乗って、引っ張ってもらう

卒園児は腹ばいになってフープをつかみ、1歳児は背中に座ります。反対側から別の卒園児が縄を引っ張って遊びます。

すすんだー

シューン！

あそびメモ　バランスを保って
卒園児には、ゆっくりと引っ張るように声を掛けましょう。1歳児は卒園児の肩や体、服を上手につかみ、バランスを保ちながら進めるようにしましょう。

環境とあそび

早春　ふれあいあそび

⭐ 卒園児と テクテクどんどん

『あたまかたひざポン』の替え歌で遊ぶ

❶ 1・2・3・4あるこう
　あるこうあるこう
　1・2・3・4あるこう

子どもたちはリズムをとりながらランダムに歩く。

❷ すわりましょう！

ぎゅ〜っ！

歌が終わったら、卒園児は長座になり、その上に1歳児が座り抱きしめます。これを繰り返し遊びます。

あそびのコツ
保育者は卒園児の膝の上に座る楽しさを伝えてあげましょう。

あそびメモ　遊びの楽しさを体得する
1歳児は最後のハグを楽しみに遊びに入り込んでくるようになってきます。つまり、コツをつかんでいるということです。遊びの楽しさを子ども自ら体得する活動をできるといいですね。

※卒園児の膝の上には、1歳児が複数乗ってもいいです。

『あたまかたひざポン』（作詞／不詳　イギリス民謡）のメロディーで　作詞／小倉和人

⭐ ぐるぐるサーキット

ジャンプして、お山にチャレンジ

巧技台からジャンプしてスタートし、次は、お山にチャレンジします。次の巧技台からまたジャンプ、またお山へ、と遊びます。

準備物
マット、園児用イス、巧技台　など
●巧技台からジャンプし、お山に上れるコースをつくる。

あそびのコツ
それぞれの場所で保育者が見守りましょう。

えいっ

あそびメモ　自分たちで進めるように
繰り返し遊ぶうちに、子どもたちも遊び方を学びます。初めはもちろん保育者の援助が必要です。一人ひとりを見て、少しずつ子どもたちが自分の意志と力で進めるように配慮することが大切です。

⭐ 一本橋　あ・れ・れ？？

準備物
大型積み木、とび箱、マット
●大型積み木で一本橋を作り（長い物4～5本程度）その先にとび箱を置く。

1 橋を渡って、とび箱からジャンプ

一本橋を渡って、とび箱からジャンプして下ります。これを繰り返し遊びます。

2 ジグザグ橋を渡って、とび箱からジャンプ

ジグザグ橋に変えて、同様に渡って遊びます。

そーっと…

ジャンプッ！

ジグザグ橋に変わると、子どもたちはキラキラした目で喜んでいました！

あそびのコツ
初めは積み木2本程度から始めてもいいでしょう。

あそびのコツ
目標となるとび箱が子どもの目で確認できる距離に。

あそびメモ　変化の経験がこれからの糧に
真っすぐの橋では積極的にどんどん取り組みますが、変化を加えると慎重に足を運ぶようになります。達成できれば、自分でバランスをとりながら次々に遊んでいきます。

⭐ ポコポコマットあそび

マットでいろいろな遊びを楽しむ

準備物
大判の布（テーブルクロスまたはシーツ）、マット、ボール
- マットを縦に並べ、上から布をかぶせてマットの持ち手に結び付ける。
- 布とマットの間にボールを入れておく。

触る

「なにかはいってる！」
上からボールを触ります。

たたく

「ポンポン！」
ボールを軽くたたきます。

取り出す

「がさごそ…」
→

「とれたー！！」
中のボールを取り出します。

あそびのコツ
遊び方の順序、内容が異なってもOK！子どもの興味・関心を大切に。

動かす

「こっちにうごかしたよ」
ボールを中で動かします。

くぐる

「とおれた～！」
シーツの下をくぐります。

「シーツのトンネルだ！」とうれしそうにくぐっていました。

あそびメモ　全身を使うとしぜんに笑顔！
「何だろう？」「触ってみたいな～」という気持ちに駆られ、布の上から触ってみてボールと分かれば子どもたちの活動のスピードは増します。出したり潜ってみたり、全身を使って取り組みましょう。

環境とあそび　早春　ダイナミックに遊ぼう

指導計画・連絡帳

年の計画と、4月から3月まで12か月分の指導計画、連絡帳を掲載しています。これで、立案・作成はバッチリ！

● 年の計画、月の計画、保育マップ、連絡帳
執筆／『保育とカリキュラム』1歳児研究グループ
〈チーフ〉藤本員子（元・大阪樟蔭女子大学講師）
東谷由美子（富田林市・梅の里保育園）、海老澄代（堺市・とみなみこども園）、川東真弓（茨木市・認定こども園たちばな保育園）、斎藤三枝（堺市・あかつき保育園）、境 万輝（豊中市・白鳩チルドレンセンター南丘）、田中ゆかり（和歌山市・みちる保育園）、筒井智子（堺市・サン子ども園福泉園）、西本佐代子（和歌山市・のぞみ保育園）、花咲宣子（堺市・かなおか保育園）、前田典子（和歌山市・つくし幼保園）、前田美智子（堺市・五ヶ荘保育園）、松山利加（橋本市・あやの台チルドレンセンター）、山田有美（堺市・かなおか保育園）、李 霞（滋賀短期大学）
※所属は2017年12月現在

● 月の計画
書き方のポイント
・指針を踏まえて　執筆／清水益治（帝塚山大学教授）
・学びの芽を意識して　執筆／寺見陽子（神戸松蔭女子学院大学大学院教授）
● 連絡帳
・書き方のポイント　執筆／藤本員子（元・大阪樟蔭女子大学講師）、花咲宣子（堺市・かなおか保育園園長）
・発育・発達メモ　執筆／川原佐公（元・大阪府立大学教授）、寺見陽子（神戸松蔭女子学院大学大学院教授）、藤本員子（元・大阪樟蔭女子大学講師）

※本書掲載の指導計画、連絡帳は、『月刊 保育とカリキュラム』2016〜2017年度の掲載分に加筆・修正を加えたものです。

1歳児の年の計画

期	Ⅰ期〜Ⅲ期（4〜3月）
子どもの姿（低月齢 1歳前半）	●一人で立ち上がって歩き始め、身近な人や身の回りの物に関心をもち触れたり試したりする。 ●手づかみやスプーンを使って一人で食べようとしたり、コップを使って飲もうとしたりする。 ●促されてオマルや便器に座り、タイミングが合うと排せつすることもある。 ●午前中に眠くなる子どももいるが、午睡は午後1回になり、次第に一人で眠れるようになる。
子どもの姿（高月齢 1歳後半）	●歩行が安定し、でこぼこ道を歩いたり、低い段を登り降りしたり、またぐ、くぐる、しゃがむなどの全身運動を活発にする。 ●いろいろな味が分かり、食べ物の好き嫌いが出始める。 ●排せつを保育者に知らせたり、自分からトイレに行こうとしたりするが、個人差も大きい。 ●清潔なときの気持ち良さと不潔さが分かり、汚れると「バッチイ」などと言って知らせ、きれいにしてもらうと満足する。

期	Ⅰ期（4〜8月）
ねらい	●園生活に慣れ、1日の保育の流れに沿って生活活動を保育者と一緒にする。 ●自然物や身近な用具や玩具に興味をもち、進んで触れたり試したりして遊ぶことを楽しむ。
内容（低月齢 1歳前半）	●新しい生活の場に慣れ、保育者に親しみ、安心して自分の気持ちを表そうとする。 ●食べさせてもらったり、手づかみやスプーンで食べようとしたりする。 ●他人の物と自分の物が分かる。 ●自然物や身近な物に好奇心や興味をもち、見たり触れたりして機嫌良く遊ぶ。 ●保育者と一緒に親しみのある言葉に合わせ体を揺らす。
内容（高月齢 1歳後半）	●オムツをぬらすときが多いが、オマルや便器での排せつに慣れていく。 ●保育者についてもらい、安心して眠る。 ●衣服の脱ぎ着に興味をもち、一人でパンツやズボンを脱ごうとする。 ●屋外で好きな所を歩き回ったり、砂場や水たまりを歩いたりする。 ●したいこと、してほしいことを、表情や指さし、動作、一語文などで表す。 ●絵本を見たり、お話や快い音・音楽を喜んで聞いたりする。

124

子どもの月齢は4月時点のものです。

- 身の回りのことを自分でしたがり、「イヤ」「ジブンデ」などと言い、簡単な衣服の脱ぎ着を保育者の介助でできるようになる。
- 大人の言うことが分かるようになり、呼び掛けたり、拒否を表す片言を盛んに使うようになったり、一語文が始まったりする。
- 「待っててね」で待ったり「やめようね」で行動を止めたりするようになる。

- 感覚運動・探索活動が盛んになり、押したり引いたり、出したり入れたりなどを繰り返ししている。
- つまむ、握る、こねるなどの手指を使った遊びを喜び、手首を使ってスコップで砂を入れるなど簡単な道具を使おうとする。
- つもり、見立てなどの象徴機能が出始め、人や物との関わりが強まる。
- 指さしや身ぶり、片言などで思いを伝えたい欲求が次第に高まり、二語文を話し始める。

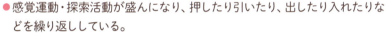

Ⅱ期（9〜12月）	Ⅲ期（1〜3月）
●歩行が完成し、安全で活動しやすい環境の中で、自分なりに活動範囲を広げる。 ●保育者に親しみ、感情を素直に表出して機嫌良く遊び、友達にも関心を示す。 ●保育者と関わる中で言葉を覚え、要求や自分の気持ちを簡単な言葉で伝えようとする。 ●見立てやつもり遊びを楽しむ。	
●少しずつスプーンに慣れ、手助けされながら一人で食べようとする。 ●排尿、排便の時間が大体決まり、誘われるとトイレに行こうとする。 ●午前中、眠らなくなる。 ●好きな絵本を読んでもらうことを喜ぶ。 ●保育者と一緒に歌ったり、簡単な手遊びをしたり、体を動かしたりして楽しむ。	●機嫌良く、進んで園に来る。 ●食べ物に興味をもち、スプーンを使って自分で食べようとする。 ●自分で手を洗ったり顔を拭いたりして、きれいになることを喜ぶ。 ●遊びを通して友達との関わりをもつ。 ●決められた所へ物を入れたり、出したりする。
●1日の生活の流れが分かり、園の生活リズムに合わせて行動しようとする。 ●一人でパンツをはこうとする。 ●介助してもらい、せっけん液を使って手洗い場で手を洗う。 ●階段を上ったり下りたり、坂道をひとりで登ったりする。 ●玩具やいろいろな道具を使って、見立て遊びやつもり遊びを楽しむ。 ●太いパスやフェルトペンでなぐり描きを楽しむ。	●食前、食後の挨拶を動作や言葉で表す。 ●排せつしたいときは、保育者に知らせたり、自分からトイレに行って排せつしたりする。 ●パンツを一人で脱ぎ着したり、衣服を自分で着ようとしたりする。 ●またいだり、くぐったり、低い段から飛び降りたりする。 ●二語文を話し出し、生活や遊びの中で簡単なやり取りができる。 ●粘土を使って、指先の遊びを楽しみ、作った物で見立て遊びをする。

（1歳児研究グループ）

4月の計画

今月の予定: ・入園・進級式 ・誕生会 ・身体計測

クラス作り ～養護の視点も含む～

一人ひとりの生活リズムを大切にしながら、新しい環境で安心して過ごせるようにしたい。保育者と一緒に好きな遊びを機嫌良く楽しめるようにしていきたい。

健康・食育・安全への配慮

- 個々の既往症やアレルギーなどを把握し、日々の健康観察を丁寧に行なう。
- 一人ひとりの食べる量や大きさ、固さ、好みなどを把握し、食事を楽しくできるようにする。
- 室内外の玩具や遊具の安全点検を行なうとともに、整理整頓にも努める。

	今月初めの子どもの姿	ねらい	内容（🍴は食育に関して）
低月齢児	・保護者と離れる際に大泣きするが、保育者に抱かれてしばらくすると落ち着き泣き止んでいる。※a ・午前中ぐずって眠ってしまう子どももいる。 ・ピアノの音が聞こえると、うれしそうに体を揺らしている。	・新しい環境や生活に慣れて、安心して過ごす。※a ※b1 ・身近な音楽に親しみ、体を動かすことを楽しむ。	・新しい生活に慣れ、保育者に親しみをもって機嫌良く過ごすようにする。※a ・一人ひとりの生活リズムを大切に、安心して眠れるようにする。 ・保育者と一緒に好きな曲を聞いたり、体を動かしたりして遊ぶ。
高月齢児	・スプーンを使おうとしているが、手づかみ食べになることが多い。 ・誘われると嫌がらずにトイレに行くが、水を流して遊んでいる。 ・戸外に出ると、ボールを追い掛けたり、トンネルに入ったり出たりして機嫌良く遊んでいる。	・食事や排せつなどの活動を通して、自分でしようとする気持ちが芽生える。※b2 ・安全で活動しやすい環境の中で、自由に体を動かして遊ぶことを楽しむ。※b3	・スプーンを使って一人で食べようとする気持ちをもつ。🍴 ・保育者に見守られながら、便器やオマルでの排せつに慣れる。 ・保育者と一緒に、戸外遊びを十分に楽しむ。
個別の計画 M児(1歳2か月)	・一人で食べようとしないで、欲しい物を指さして待っている。	・少しでも自分で食べようとする気持ちが芽生える。	・楽しい雰囲気の中で、好きな物を少しずつ食べてみようとする。
個別の計画 R児(1歳6か月)	・機嫌良く遊んでいるが、時々不安になり泣き出すことがある。	・保育者に親しみをもち、安心して過ごす。	・不安な気持ちを受け止めてもらい、新しい環境の中で安心して過ごす。
個別の計画 N児(1歳10か月)	・玩具に触れられるのが嫌で、友達が近付くと押したりたたいたりしている。	・保育者の見守りの中で、友達との関わり方を知る。※b4	・保育者の仲立ちで、共通の玩具を使って遊ぼうとする。

家庭・地域との連携

- 入園・進級式後に保育室でクラス懇談を行ない、1歳児クラスの"1年間"を話したり、自己紹介などを通して保護者同士の交流を図ったりして、安心感につなげる。
- 持ち物や荷物の置き場所など朝の用意について挿絵入りの冊子を配ったり、保育室の見取り図を掲示したりするなど、一人ひとりの保護者に丁寧に対応していく。

延長保育を充実させるために

★ 好きな絵本や玩具を保育室に用意し、保育者と一緒にゆったり過ごし、安心して迎えを待てるようにする。

書き方のポイント

❋ ※a 指針を踏まえて

aは、「健康」領域の内容①②⑤、「人間関係」領域の内容①②③⑤を経験させることにつながります。「健康」領域では内容の取扱いの①、「人間関係」領域でも内容の取扱いの①に留意して、まずは安定感の確立や信頼関係の構築を意識して関わりましょう。

❋ ※b1～4 学びの芽を意識して

低月齢児では、b1生活に慣れて安心して過ごす、高月齢児では、b3不安な気持ちを受け止めてもらいながら自分でしようとする気持ちをもつ、b2自由に体を動かす、b4見守られて友達との関わり方を知るなど、周りに安心感や親しみをもつことが園生活での育ちに基盤になります。

環境づくり(◆)と援助・配慮(●)	反省・評価 今月の保育終了後の文例として
◆家庭から預かった新入園児お気に入りのタオルや人形、積み木、フェルトペンやパスなどを用意し、身の回りのいろいろな物に目を向けて、いつでも好きな物で遊べるようにしておく。※a ●できるだけ同じ保育者が受け入れて保護者と離れる寂しさに寄り添い、なじみのある物や玩具で一緒に遊んで、安定感をもって過ごせるようにしていく。※a ◆畳やパーテーションを利用して、ゆったりできる場所をつくる。 ●連絡帳や保護者との会話などで24時間のリズムを把握し、食事時間を早めたり、眠そうなときは静かな場所で休めるようにしたりする。 ◆スプーンですくいやすいように縁が深めの食器を用意する。 ●手づかみやスプーンを使って食べようとしているときは、「おいしいね。いっぱい食べようね」などの言葉を掛けて、自分で食べようとする気持ちを大切にしていく。 ●便器やオマルに座っている友達の様子を一緒に見て、「○○ちゃんもできるかな」など言葉を掛け、自分から座ろうとしたときは大いに褒めて、トイレでの排せつに慣れるようにする。 ◆靴下と帽子は、子どもが自分で取り出せる所に置いておく。 ●戸外では危険のないよう見守りながら、園庭を一人ひとりのペースで探索したり、保育者の転がしたボールをトコトコ追い掛けたりして機嫌良く遊べるようにする。 ◆季節の歌や手遊びなど親しみのある曲を用意し、子どもの求めに応じて繰り返し楽しんでいく。	●新入園児は慣らし保育を一人ひとりに合わせて行なったことで、早く園生活になじんだように思う。反面、進級児は新入園児の泣き声に、不安になってつられ泣く子どももいた。持ち上がりの担任を担当にし、これまでの生活にできるだけ近付けることで、進級児も落ち着きを取り戻すことができた。 ●保育者と一緒に好きな曲を聞いたり、手遊びをしたりして、機嫌良く楽しめた。戸外に出ると好きな所をトコトコ歩くなど体を十分に動かすことができていた。次月に向けては、遊びの中でバランス機能を高めるような環境構成にも配慮したい。
●食材を小さく切ったり、スプーンにすくう一口量を加減したりしながら、「モグモグゴックンね」などと優しく言葉を掛けて食べる意欲につなげ、少しでも自分で食べようとしたときには、「おいしいね」と笑顔で褒めて、楽しく食事ができるようにする。	●手づかみながらも、「おいしい」と言って、好きな物を少しずつ自分で食べるようになってきた。
●担当の保育者がそばについて「大丈夫よ」と声を掛けたり、手を握ったり抱っこしたりするなど、スキンシップを多くとって安心できるようにしていく。	●担当の保育者が常にそばにいることで情緒も安定し、機嫌良く遊べるようになった。
●子どもの思いを受け止めながら、「○○ちゃんも使いたいんだって」など他児の気持ちにも気付けるようにし、保育者が仲立ちして一緒に玩具で遊ぶ楽しさを伝えていく。	●気持ちを受け止めてもらえたこともあってか、持っている玩具に触られても押さなくなった。

保育士等のチームワーク

★ 食物アレルギーの子どもの情報を、保育者間、看護師、管理栄養士と共有して、配膳の手順などを確認し合い、日常の保育の中でもアレルゲンとなるような物に触れないような保育の方法や生活の仕方について話し合っておく。

★ 子ども一人ひとりの体調や機嫌、健康状態など、把握した情報は保育者間で共有する。

★ 一人ひとりの登降園時間や送迎者を把握し、伝達事項や園での様子など保護者への伝え方について共通認識しておく。

4月の保育マップ

保育のポイント 楽しいこといっぱい！

新入園児、進級児ともに、期待と不安の多い4月です。個人差、月齢差に配慮しながら、"楽しいこといっぱい！"の環境を用意し、新しい生活に少しでも早く慣れるようにしましょう。子どもにとっての"居場所"になることでしょう。

●は子どもの姿やねらい　◆は環境
●は援助・配慮について記入しています

楽しいこと

いない いなーい？
- 『いない いない ばぁ』の絵本を保育者と一緒に楽しむ。
- ◆ 子どもの目線にお気に入りの絵本を置いておく。
- 子どもの好きなフレーズをいろいろな速さで読んだり、求めに応じて何度も繰り返したりして楽しめるようにする。

きれいだね
- 保育者の吹くシャボン玉を見て楽しむ。
- ◆ テラスなどにシートやゴザを敷き、手拭き用のぬれタオルなどを置いておく。
- シャボン玉の飛ぶ様子を見たり、追い掛けたりして十分に楽しめるようにする。

ばぁー！
- 『こっちむいてうさぎさん』の曲に合わせて体を動かして楽しむ。
- ◆ 室内を整理整頓し、ゆったりした空間をつくっておく。
- 子どものテンポに合わせて曲を弾いたり、歌ったりして楽しめるようにする。

はいったよ
- 入れたり、出したりを繰り返し楽しむ。
- ◆ 箱やプラスチックケースにいろいろな大きさや形に穴をあけた物を用意し、カードやホースなど入れる物も多めに置いておく。
- 一人遊びや気の合う友達同士で、機嫌良く遊ぶようにする。

これがいいな！
- 好きな玩具で機嫌良く遊ぶ。
- ◆ 積み木、人形、ままごとセットなどを用意し、いつでも取り出せるようにしておく。
- 新入園児には、家庭で遊んでいるお気に入りの玩具を持って来てもらい、安心して遊べるようにする。

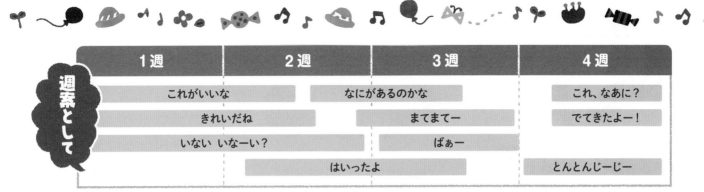

週案として

	1週	2週	3週	4週
	これがいいな		なにがあるのかな	これ、なあに？
	きれいだね		まてまてー	でてきたよー！
	いない いなーい？		ばぁー	
		はいったよ		とんとんじーじー

指導計画　4月の保育マップ

なにがあるのかな？

- 園庭を一人ひとりのペースで探索して遊ぶ。
- ◆ 事前に危険な物がないかどうかを見回り、探索活動が十分にできるようにしておく。
- 子どもの発見に共感したり、目線に見える物を言葉にしたりして共に楽しめるようにする。

でてきたよー！

- 園庭のトンネルを出たり入ったりを繰り返しする。
- ◆ トンネルの周りに、散らばっている玩具を片付けておく。
- 異年齢児との衝突など危険のないように、使用する時間帯を工夫し、十分に遊べるようにする。

いっぱい！

- ◆ 戸外に出るときには靴下を履き、帽子をかぶる。
- 戸外で気分転換をしたり、保育者に見守られながら探索活動を楽しんだりできるようにする。

これ、なあに？

- プランターのイチゴや野菜の苗を見たり触れたりして、興味や関心をもつ。
- ◆ 子どもの目線にプランターを置いておく。
- 保育者も一緒に楽しみながら、子どもの気持ちを代弁したり、表情や態度に共感したりする。

とんとんじーじー

- 機嫌良く、なぐり描きをして遊ぶ。
- ◆ 机にシートを敷き、手拭き用のおしぼりを用意しておく。
- フェルトペンやパスは2～3色混ざってもきれいな配色を考えて、なぐり描きを楽しめるようにする。

まてまてー

- 保育者が転がしたボールをトコトコと追い掛ける。
- ◆ 子どもが手に取りやすい大きさのボールを用意しておく。
- 子どもの動きに合わせてゆっくりボールを転がすようにする。

5月の計画

今月の予定
- こどもの日の集い
- 春の遠足
- 避難訓練

クラス作り
〜養護の視点も含む〜

少しずつ園生活に慣れ、自分の気持ちを安心して表すことができるようにしたい。また、春の自然にふれたり、身近な物で機嫌良く遊べるようにもしていきたい。

健康・食育・安全への配慮
- 活動内容に合わせて水分補給や休息を十分にとるとともに、個々の健康状態を丁寧に把握する。
- 栽培しているイチゴなどを見たり世話したりする中で、旬の野菜に興味をもつようにする。
- 散歩マップを活用して、道中や散歩先の下見をこまめに行ない、事故防止に努める。

	前月末の子どもの姿	ねらい	内容（🍴は食育に関して）
低月齢児	●登園時の一時は泣いても、保育者のそばで好きに遊んでいる。 ●食事中に居眠りすることもあるが、好きな物を指さして保育者に食べさせてもらうとニコニコしている。 ●保育者の作ったプリン型の砂を、繰り返し潰しては喜んでいる。	●保育者のそばで安心して過ごす。※b1 ●保育者に親しみ、※b2 好きな遊びをする。	●自分の気持ちを安心して表し、機嫌良く過ごせるようにする。 ●生活リズムを大切にしながら、楽しい雰囲気の中で好きな物を食べるようにする。🍴 ●保育者と一緒に砂や土に触れたり、よちよち歩きで好きな所へ行ったりして遊ぶ。
高月齢児	●「ない」と言ってすぐに便器から立ち上がる子どももいる。 ●保育者に誘われると、自分から布団に入ろうとしている。 ●摘んだ草や花を見せて喜んでいる。 ●呼ばれると返事をしたり、歌の語尾をうたおうとしたりしている。※a	●排せつや午睡時の活動の流れが分かる。※b3 ●身近な物に興味や関心をもち、※b4 保育者と一緒に好きな遊びを楽しむ。※a	●保育者に誘われてトイレでの排せつに徐々に慣れる。 ●特定の保育者に見守られながら安心して眠ろうとする。 ●身近な自然物などに自分から関わって十分に遊ぶ。 ●保育者とのやり取りや手遊びを楽しむ。※a
個別の計画 S児（1歳4か月）	●両手に積み木を持ってうろうろと室内を歩いている。	●保育者と一緒に積み木遊びを楽しむ。	●積み木を使ったいろいろな遊び方を知り、興味をもって関わろうとする。
個別の計画 H児（1歳6か月）	●迎えに来た他児の保護者を見て、泣き出すことがある。	●特定の保育者に気持ちを受け止めてもらい、安心して過ごす。	●保育者に気持ちを理解してもらい、安定感をもって過ごす。
個別の計画 K児（1歳11か月）	●保育者が着替えを手伝おうとすると、手を払いのけて怒っている。	●簡単な身の回りのことを自分でしようとする気持ちが芽生える。※b5	●ズボンの脱ぎ着に興味をもち、保育者に見守られながら自分でしようとする。

家庭・地域との連携
- 連休中の生活リズムの変化で疲れが出やすく体調不良になりやすいことを伝え、日々の健康状態について園と家庭との連絡を丁寧にしていく。
- 春の遠足に向けて、登園時間や持ち物、服装についてイラスト入りのプリントで分かりやすく伝え、保護者に周知する。
- 園庭開放や地域参加行事のお知らせを掲示・配布し、参加を呼び掛ける。

延長保育を充実させるために
★絵本を見たり、手指を使って遊んだりするコーナーにBGMを流すなどくつろげる雰囲気をつくって、安心して過ごせるようにする。

書き方のポイント

※a　指針を踏まえて

aは、「人間関係」領域の内容①と②、「言葉」領域の内容①～⑦、「表現」領域の内容②④を経験させることにつながります。援助にあるように絵本を絡めると、「環境」領域の内容②も経験させることができます。「言葉」領域の内容の取扱いに留意しましょう。

※b1～5　学びの芽を意識して

保育者のそばでb1安心して過ごし、b2親しみをもつ、b3活動の流れが分かる、b4身近な物に興味・関心をもつなど、保育者を安全基地にしてb5自分でしようとする気持ちが芽生えることが、自分から周りと関わり自分の存在に気付くきっかけになります。それが学びの芽をつくります。

指導計画　5月の計画

環境づくり（◆）と援助・配慮（●）	反省・評価 今月の保育終了後の文例として
●一人ひとりの体調や機嫌に気配りしながら、それぞれの気持ちや不安を受け止めてゆったり関わることで、安定感をもって過ごせるようにしていく。 ◆イスに座るときは、子どもの体格に合わせて足を置く台を用意する。 ●「おいしいね」「かみかみね」と言葉を掛けながら咀嚼（そしゃく）する様子を見守り、スプーンに一口量を載せるなど自分でも食べようとする気持ちを大切にしていく。また、一人ひとりの生活リズムに応じて適切な休息をとれるようにする。 ●一人ひとりの排尿間隔を把握して誘い掛けるが、嫌がるときは無理強いせずに気持ちに添うようにし、トイレでの排せつに少しずつ慣れるようにする。 ●「眠いね」と優しく言葉を掛けて布団に誘い、途中で目覚めたときは優しく手を握ったり、背中をそっとさすったりして安心して眠れるようにする。 ◆花壇や草むらの周りの安全を確認したり、砂場の砂を掘り起こして日光に当たりしておく。 ●自然物や身近な物に自分から関わろうとする様子を危険のないように見守りながら、子どもの気付きや驚きを見逃さないようにし、思いやつぶやきに共感していく。 ◆シールやテープ類、パスなど指先を使った遊びができる場や、箱、紙、机を十分に用意する。 ●語り掛けるようにゆっくりと絵本を読み聞かせるなど、手遊びを通して簡単なフレーズのやり取りを子どもと一緒に楽しむようにする。※a	●ほとんどの子どもが泣かなくなった中で、突然泣き出す子どもや体調が悪くなる子どもがいた。一人ひとりの気持ちを受け止めて気分転換を図れるように心掛け、ゆったりと過ごせるように努めた。次月も子どもの気持ちに寄り添いながら快適に過ごせるように関わり方を工夫し、健康面にも気配りしていきたい。 ●戸外に出る機会を増やし、探索活動を楽しめるようにした。草花や小石、虫など身近な物に関わろうとする姿が増えている。これからも子どもの驚きや指さしに応えながら、興味や関心をもてるようにしていきたい。
●保育者に見守られながら容器や箱に入れたり出したり、積んでは倒したりの繰り返しを一緒に楽しむなどして、遊びに興味をもてるように関わっていく。	●入れたり出したり、倒したりして楽しむ姿が増えた。今後も遊びを広げていきたい。
●不安な気持ちに寄り添うようにし、「もうすぐ来るね」と膝に乗せて読み聞かせをするなどスキンシップをとって気分転換を図るようにする。	●不安になって泣き出す様子が少なくなってきたので、引き続きスキンシップをとり見守りたい。
●自分でしようとする気持ちを受け止めてそばで褒めたり、ズボンがうまく下ろせず困っているときはさりげなく介助したりするなど、自分でできたという気持ちを大切にしていく。	●自分でパンツやズボンを脱ごうとすることが増えてきた。脱ぎ着しやすい環境を整えていきたい。

保育士等のチームワーク

★ 連休明けの一人ひとりの生活リズムや健康状態の把握に努め、得た情報を看護師とも連携をとり合って共有していく。
★ 散歩コースの見直しや危険箇所、散歩の手順や役割分担について話し合うとともに、避難車の組み立て方や扱い方、安全点検の仕方についても共通理解しておく。
★ 個人差、月齢差や休み明けの生活リズムの整え方など、個々のペースに合わせた保育の進め方を話し合う。

5月の保育マップ

● は子どもの姿やねらい　◆は環境
● は援助・配慮について記入しています

保育のポイント　機嫌良く過ごそう

園での生活に少しずつ慣れてきた子どもたちです。戸外や室内のいろいろな所を探索したり、指先を使った遊びを楽しもうとしたり、それぞれに好きな遊びを見つけられるようになってきました。やりたいことを伸び伸びとさせながら、興味の広がりを大切に機嫌良く過ごせるようにしましょう。

さわって

- 草花を摘んだり、砂を触ったりして機嫌良く遊ぶ。
- ◆ 砂場を掘り起こして、スコップやバケツなどの玩具を扱いやすいようにしておく。
- ● 子どもの気付きや驚きに共感しながら、一緒に見たり触ったりして楽しむようにする。

やってみたい

- 上り下りやぶら下がり、ボールを追い掛けるなど全身を十分に動かして遊ぶ。
- ◆ 三輪車や戸板、鉄棒、マットなどは、体に合った高さの物を用意しておく。
- ● 危険のないようにそばについて遊具の使い方を知らせ、楽しんで遊べるようにする。

機嫌良く

あれ〜なにかな

- 道草しながら、探索活動を楽しむ。
- ◆ 散歩マップを活用して、安全を確認しておく。
- ● 歩行者や自転車などに注意しながら歩き、探索活動を一緒に楽しむようにする。

リズムにのって

- 保育者と一緒に歌ったり、簡単な手遊びをしたりして楽しむ。
- ◆ なじみのある曲や手作りマラカスなどを用意しておく。
- ● 手遊びは、ゆっくりとしたテンポで伴奏し、手指の動きややり取りを一緒に楽しめるようにする。

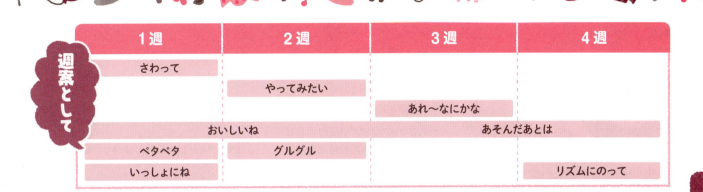

週案として

1週	2週	3週	4週
さわって			
	やってみたい		
		あれ〜なにかな	
おいしいね		あそんだあとは	
ペタペタ	グルグル		
いっしょにね			リズムにのって

ペタペタ

- シールやテープ類を貼って楽しむ。
- ◆ ビニールテープやマスキングテープなどを扱いやすい大きさに切り、台紙に貼っておく。
- ◆ 箱や紙、シール、ビニールテープを貼った台紙を人数分以上、用意しておく。
- ● 手を添えたり、シールの台紙の端を折ったりするなど一人ひとりの指先の発達に合わせて手助けする。

グルグル

- なぐり描きを楽しむ。
- ◆ シールの付いた箱や紙、握りやすい太めのパスを用意しておく。
- ● 箱や紙の配置を広めに取り、満足いくまで楽しめるようにする。

過ごそう

- ◆ 戸外に出るときには靴下を履き、帽子をかぶる。
- ● 戸外で気分転換をしたり、保育者に見守られながら探索活動を楽しんだりできるようにする。

あそんだあとは

- 手洗いや着替えなど清潔な状態にしたり、十分な水分補給をして、快適に過ごす。
- ◆ 手拭きタオルや着替え、湯茶やコップなどをすぐに使えるように用意しておく。
- ● 子どもが興味をもつように誘い、"自分で"の気持ちが芽生えるように関わっていく。

いっしょにね

- 保育者と一緒に、絵本を見たりわらべうた遊びをしたりして楽しむ。
- ◆ くつろげるスペースをつくり、クッションや絵本などを置いておく。
- ● 子どもの不安な気持ちを受け止めながら、スキンシップをとって安心して過ごせるようにする。

おいしいね

- 園での食事に慣れ、手づかみやスプーンを使って食べることを楽しむ。
- ◆ 足を置く台は、子どもに合った物を用意しておく。
- ● 食事中に眠くなる子どもがいるときは、口の中に食べ物がないか確認したり、湯茶を飲ませたりするなどして誤飲のないように気を付ける。

指導計画　5月の保育マップ

6月の計画

今月の予定: ・懇談会 ・身体計測 ・避難訓練

クラス作り ～養護の視点も含む～

一人ひとりの体調や活動に合わせて休息をとり、梅雨の時期を健康に過ごしたい。また、雨上がりに水たまりを見たり、小動物を探したりして、探索活動を楽しみたい。

健康・食育・安全への配慮

- 気温差や湿度に応じて衣服を調整したり、沐浴で肌を清潔にしたりし、十分な水分補給に努める。
- 年長児がしている土作りや田植えの様子を保育者と一緒に見て、米への関心をもつようにする。
- 室内で使う巧技台は、広い場所で組み合わせ方や配置に注意して危険のないようにする。

	前月末の子どもの姿	ねらい	内容（🍴は食育に関して）
低月齢児	●食べ物を手づかみし、こぼしながらも自分で食べようとしている。 ●一定時間、眠るようになり、目覚めても泣かずに布団の中にいる。 ●登園するとすぐに飼育ケースに近付き、カエルを見ている。 ●体を揺らしながら喜んで手遊びをし、何度も繰り返しを待っている。※b1	●食事や午睡などの活動を通して、自分でしようとする気持ちが芽生える。※b5 ●身近な小動物に興味や関心をもつ。 ●保育者や友達と一緒に機嫌良く遊ぶ。	●手づかみやスプーンでこぼしながらも一人で食べようとする。🍴 ●保育者に見守られて、安心して眠る。 ●保育者の世話する様子を見たり、触ったりする中で、小動物に関わろうとする。 ●保育者と一緒に歌ったり、手遊びをしたりして楽しく遊ぶ。
高月齢児	●手洗い場に行くが、手や腕に水が掛かると、じっとしている。※b2 ●園庭に出ると草むらを歩いたり、水たまりをのぞき込んだりしている。※a ※b3 ●巧技台のトンネルを何度もくぐったり、斜面を登り降りしたりしている。※b4 ●好きな絵本を保育者に持って行く。	●手洗いの仕方が分かり、少しずつ自分でしようとする。※b5 ●戸外の自然物に好奇心や関心をもつ。※a ●保育者と体を動かしたり、絵本を見たりして楽しむ。	●保育者と一緒に手を洗い、洗った後の気持ち良さに気付き、自分で洗おうとする。 ●身の回りにある様々な自然物に自分から関わり、十分に遊ぶ。※a ●くぐる、登る、跳ぶなど体を動かしたり、絵本を保育者と見ながら簡単な言葉を繰り返したり、模倣したりして遊ぶ。
個別の計画 A児 (2歳0か月)	●お気に入りの保育者の膝を独占し、「イヤ」と言って他児を寄せつけない。	●身近な大人や友達に関心をもつ。	●保育者を仲立ちとして友達に関心をもち、関わろうとする。
個別の計画 B児 (1歳4か月)	●キュウリやリンゴなど硬い物は、口の中にためて飲み込もうとしない。	●様々な食材や調理形態に慣れ、ゴックンと飲み込もうとする。	●保育者や友達と一緒に、楽しい雰囲気の中で一口ずつ、よくかんで食べようとする。
個別の計画 C児 (2歳1か月)	●容器がいっぱいになるまで箸ブロックを"入れては出して"を繰り返している。	●箸ブロックなどに興味をもって、それらを使った遊びを楽しむ。	●好きな玩具や素材を入れたり出したりして、手指を使って十分に遊ぶ。

家庭・地域との連携
- 汗をかきやすくなるので、調整しやすい衣服を多めに用意してもらう。
- 食中毒や感染症が流行しやすい時季なので、保健便りなどで梅雨期の生活について知らせ、家庭との連携を密にして一人ひとりの健康状態に気を配るようにする。
- クラス懇談会では、子どもの成長を伝え合うことで信頼関係を築いていくようにし、園への理解も深めてもらうようにする。

延長保育を充実させるために

★いろいろな種類のひも通しや型はめ、絵合わせなどを十分に用意し、室内でじっくり遊べるようにする。

書き方のポイント

※a 指針を踏まえて

aは、「環境」領域の内容①③⑤、「表現」領域の内容①③を経験させることにつながります。「環境」領域では内容の取扱いの②、「表現」領域では内容の取扱いの④に留意しましょう。保育マップを参考に、雨の日が多くても、また、雨の日も楽しみましょう。

※b1～5 学びの芽を意識して

b1繰り返しを待つ、b2水がかかるとじっとしている（じっと見る）、b3水たまりをのぞき込む、b4斜面を上がったり下りたりするなど、物を見つめ行為を繰り返すことを通して、物の変化と自分との関係に気付きます。また生活の仕方が分かるとb5自分でする意欲につながります。

指導計画　6月の計画

環境づくり（◆）と援助・配慮（●）	反省・評価 今月の保育終了後の文例として
●時には食べさせたり、手を添えてスプーンの持ち方を知らせたりして介助していくが、意欲的に食べている姿を温かく見守るようにする。 ◆室温や湿度に気配りしながら、眠りやすい環境を調えておく。 ●午睡の途中で起きた子どもには、目を合わせて見守っていることを知らせたり、そばについて手を握ったりして、安心できるようにする。 ◆手洗い場に泡せっけんとペーパータオルを置いておく。 ●自分で洗おうとする姿を褒めて、手洗いへの興味や関心が続くようにするとともに、保育者がモデルを示しながら優しく手の洗い方を伝えていく。 ●雨上がりに水たまりで遊んだり、カエルやカタツムリ、ザリガニなどの小動物を見つけたり触れたりしたときの子どもの驚きやつぶやきを楽しい気持ちで共有し、丁寧に関わっていく。※a ●絵本の内容を動作や言葉で表したり、歌をうたったりして楽しみながら、「もういっかい」と求められたときは、繰り返し応えてその思いを満たしていく。 ◆十分に体を動かせるように遊戯室などの広い場所を使用して、巧技台を組み合わせておく。 ●子どもの動きに合わせて一方通行にするなど、子ども同士がぶつからないように見守っていく。	●一人ひとりの健康観察を丁寧に行ない、体調を把握するとともに、汗をかくので肌の清潔に努めた。沐浴では準備不足があったので、担任間で手順を再度確認し、梅雨期を健康に過ごしたい。 ●雨上がりの散策では、水たまりで遊んだり、カエルやカタツムリを見つけて捕まえようとしたりするなど小動物にも十分に親しんだ。引き続き探索活動を楽しみたい。 ●戸外で遊べない日も多いので、ソフト素材の巧技台を組み合わせ、くぐる、登る、跳ぶなど、十分に体を動かして遊べるようにした。今後は組み合わせを工夫し、更に楽しめるようにしたい。
●独占したい気持ちを受け止めながら様子を見守り、「お友達と一緒に遊ぶ？」と誘い掛けたり、自分から他児に関わろうとするときは、仲立ちしたりして楽しめるようにする。	●気持ちを受け止めてもらうことで、少しずつ友達と関わろうとする姿が増えてきた。
●食べる量を把握して盛り付ける量を加減するとともに、保育者がおいしそうに食べながら「モグモグね」と口を動かして見せて、よくかんで食べることを伝えていく。	●盛り付ける量を減らすと、ゆっくりではあるが一口ずつかんで食べるようになってきた。
●一人で遊べる場所や時間を大切にしながら静かに見守り、「できたね」「いっぱい入ったね」など子どもの意欲を高める言葉を掛けて楽しんで遊べるようにする。	●繰り返し遊んで満足すると、次の遊びを自分から見つけるようになったので引き続き見守りたい。

保育士等のチームワーク

★ 沐浴をするときの動線や役割分担について確認し合い、スムーズに行なえるようにする。
★ 遊戯室を利用する日時を、他のクラスの保育者と話し合って決めておく。
★ クラス懇談会に向けて、当日の流れや保護者に伝える内容を共通理解し、役割分担しておく。また、保護者同士の交流の場となるように、話題にするテーマや時間配分についても話し合っておく。

CD-ROM 指導計画 ▼ 6月の計画

6月の保育マップ

●は子どもの姿やねらい　◆は環境
●は援助・配慮について記入しています

保育のポイント　雨の日が多くても楽しもう！

梅雨に入ったこの月は、いろいろな室内や屋外遊びを工夫しましょう。雨の音や匂い、庭にできた水たまり、雨上がりの散歩で見つけた小動物などが子どもたちの感覚器官をたくさん刺激します。雨の日が多くても楽しいことをいっぱい見つけて、機嫌良く過ごしましょう。

あっ！カエル

- ● 雨上がりに屋外に出て、草むらや池の周りの散策を楽しむ。
- ◆ 小動物を入れる小さめの飼育ケースを用意し、保育室に置いておく。
- ● 持ち帰った小動物を保育者と一緒に見ながら、興味や関心をもてるようにしていく。

雨だね～

- ● 軒下から雨の降っている様子を見たり、雨の歌を聞いたりして楽しむ。
- ● 雨の降る様子を「ザーザー」「シトシト」と言葉にしたり、音や匂い、感触を楽しんだりできるようにする。

雨の日が多く

水たまり

- ● 庭にできた水たまりを保育者と見たり、そっと指先で触れたりして好奇心や興味をもつ。
- ● 顔に泥水が掛からないよう水面にそっと触れるように伝え、十分な注意を払いながら見守っていく。

入れて出して

- ● 入れたり出したり挟んだりして、手や指を使う遊びを楽しむ。
- ◆ 洗濯バサミ、箸ブロック、ペットボトルキャップ、大小の空き箱や空き容器、ペットボトルなどを用意しておく。
- ● 一人や少人数で遊び込めるように時間や場所を工夫し、満足するまで繰り返し遊べるようにする。

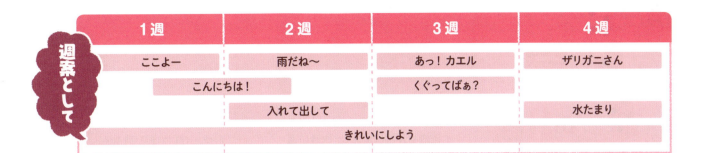

	1週	2週	3週	4週
週案として	ここよー	雨だね〜	あっ！カエル	ザリガニさん
	こんにちは！		くぐってばぁ？	
		入れて出して		水たまり
	きれいにしよう			

指導計画 6月の保育マップ

ても楽しもう！

こんにちは！
- 保育者と一緒に園舎内の散歩を楽しむ。
- グループ分けしておき、少人数で行動できるようにしていく。

くぐってばぁ？
- 登る、降りる、跳ぶ、くぐるなど、体を動かして十分に遊ぶ。
- 遊戯室にソフト素材の巧技台を用意し、子どもの遊びを見ながら組み合わせ方を変えていく。
- 子どもの動きを一方向に誘導するなど、子ども同士がぶつからないように見守る。

ザリガニさん
- 保育者と一緒に見たりエサやりをしたりして、ザリガニに興味や関心をもつ。
- 子どもが見やすいように、飼育ケースを座卓の上に置いておく。
- 触ろうとする子どもには、ザリガニのハサミが危険であることを知らせ、後ろからそっと捕まえるように伝えるなど十分な注意を払う。

ここよー
- 衣類カゴに自分で靴下を片付けようとする。
- 靴下を入れる場所が分かりやすいようにマークを貼っておく。
- 自分でしようとする気持ちを大切にさりげなく手伝い、ゆったり待つようにする。

きれいにしよう
- 保育者と一緒に手を洗い、きれいになった気持ち良さを感じる。
- 手洗い場に、泡せっけんとペーパータオルを置いておく。
- 保育者がモデルを示しながら、手の甲や指の間、手首も洗うように伝えていく。

7月の計画

今月の予定
- 七夕の集い
- 盆踊り大会
- 誕生会

クラス作り 〜養護の視点も含む〜

暑い日が続くので、一人ひとりの機嫌や体調に留意し、快適に過ごせるようにしたい。また、夏ならではの感触遊びや水遊びを十分に楽しめるようにしていきたい。

健康・食育・安全への配慮

- 活動の後には沐浴やシャワーをしたり、こまめに水分補給をしたりして、快適に過ごせるようにする。
- プランターで育てた夏野菜を収穫し、食べ物に興味をもてるようにする。
- 水を使った遊びが多くなるので、滑りやすい場所には転倒防止のためにマットなどを敷いておく。

	前月末の子どもの姿	ねらい	内容（🍴は食育に関して）
低月齢児	●スプーンを握りながらも、手づかみで食べている子どももいる。※a1 ●「ジブンデ」と言いながら、パンツやズボンを脱ごうとするが、※b1 うまく脱げずにいることも多い。 ●グーパーしながら、手に付いた絵の具を不思議そうに見ている。	●手づかみやスプーンを使って、一人で食べようとする。※a1 ●パンツやズボンを自分で脱ごうとする気持ちが芽生える。 ●いろいろな感触に気付き、※b3 保育者と一緒に楽しむ。	●スプーンやフォークに興味や関心をもって使おうとし、こぼしながらも自分で食べようとする。🍴※a1 ●保育者の優しいことばがけと介助で、一人でパンツやズボンを脱ぐことに興味をもつ。 ●保育者と一緒にいろいろな感触を楽しみながら、十分に遊ぶ。
高月齢児	●トイレに誘っても「イヤ」と言って、遊び続ける※b2 こともある。 ●午睡時に、タオルケットを持って保育室中をウロウロしている子どももいる。※a2 ●砂や泥を触ったり、容器の中に入れたり出したりを繰り返している。	●排せつなどの活動を通して、トイレに行こうとする。 ●気持ちを受け入れてもらい、安心して眠る。※a2 ●水、砂、土、泥などの感触を楽しむ。※b4	●誘われてトイレに行き、オマルや便器での排せつに慣れていく。 ●気持ちや生活リズムを大切にしてもらい、安心して眠ろうとする。※a2 ●保育者に見守られ、水、砂、土、泥、絵の具などに自分から関わり、十分に遊ぶ。
個別の計画 R児（1歳4か月）	●安心できる保育者がそばにいないと、泣きながら探していることもある。	●安心できる保育者に見守られながら、安定感をもって過ごす。	●自分の気持ちを安心して表し、周りの大人にも関心をもって関わろうとする。
S児（1歳6か月）	●友達が持っているブロックを無理やり取ろうとする。	●好きな遊びを見つけて楽しむ。	●保育者の仲立ちで、友達と共通の玩具を使って遊ぼうとする。
F児（2歳3か月）	●絵の具が手に付くことを嫌がり、何も触ろうとしないでじっとしている。	●絵の具に興味をもって、それを使った遊びを楽しむ。	●絵の具や他の素材に興味をもち、自分から関わって遊ぼうとする。

家庭・地域との連携

- 夏の感染症について掲示やお便りで知らせ、症状が見られたときには早期に対応してもらうようにする。
- 水遊びや沐浴を行なうにあたり、毎朝の健康状態や入水の実施の可否などを記入、捺印してもらうように伝える。
- 掲示板やフェンスにポスターを貼ったり案内文や手紙を配布したりして、地域や卒園児に盆踊り大会の開催を知らせ、参加を呼び掛ける。

延長保育を充実させるために

★ 日中の健康状態や様子などの引き継ぎを丁寧に行ない、ゴザや湯茶の用意をし、ゆったりと過ごせるようにする。

書き方のポイント

※a1〜2　指針を踏まえて

a1は、「健康」領域の内容②⑤、「環境」領域の内容①、「表現」領域の内容③を、また、a2は、「健康」領域の内容①②、「人間関係」領域の内容①②を経験させることにつながります。生活習慣については「健康」領域の内容の取扱い④に留意しましょう。

※b1〜4　学びの芽を意識して

b1身に着けた物を脱ごうとする、b2イヤと言って遊び続けるなど、自身の変化を自分の意志でし始めています。また、b3いろいろな感触に気付き、b4いろいろな物で楽しむなど、関わりを通して試し、知る行為が始まっています。こうした体験が自己存在感と周りの認知する学びの芽になります。

環境づくり（◆）と援助・配慮（●）	反省・評価 今月の保育終了後の文例として
◆収穫した野菜を見たり触れたりできるように、子どもの手の届く所に置いておく。 ●優しく手を添えてスプーンの持ち方を知らせたり、「おいしいね」と言葉を掛けたりするなど、一人ひとりに合った介助をしていく。 ◆トイレの壁面に子どもたちの好きな動物の飾りを貼って親しみのある雰囲気にしたり、涼しそうな飾り付けをしたりしておく。 ●遊んでいたいという子どもの気持ちを受け止めながらも、一人ひとりの排尿間隔を把握してトイレに誘い、そばについて「出るかな」など排せつに気が向くように言葉を掛けて見守っていく。 ◆午睡前にエアコンや扇風機などを使って、湿度や温度を調節しておく。 ●絵本を読んだり、子守歌をうたったりして落ち着くようにするとともに、そばに寄り添って優しく背中をなでるなど安心して眠れるようにする。 ●自分でしようとする気持ちを大切にしながら、脱ぎにくそうなときはさりげなく介助する。 ●汗などでまとわり付いて脱ぎにくそうなときはさりげなく介助するが、パンツやズボンを一人で脱ごうとしているときは温かく見守り、自分でしようとする気持ちを大切にしていく。 ◆オクラ、ピーマン、タマネギ、ジャガイモをむいた皮、ニンジンの切れ端などを使った野菜スタンプや、絵の具、タオル、筆やスポンジを多めに用意しておく。 ●口に入れないよう見守りながら保育者も一緒に遊び、感触遊びを十分に楽しめるようにする。 ●ヌルヌル、ベトベトなどの感触を嫌がる子どもには、筆やスポンジを渡して無理なく楽しめるようにしていく。	●暑い日が続いたので、室温の調節、沐浴、こまめな水分補給など、熱中症予防にも努めた。引き続き、一人ひとりの生活リズムに合わせてゆったりと関わり、快適に過ごせるようにしたい。 ●ヌルヌル、ベトベトの感触を嫌がる子どもや、不思議そうに見ている子どももいたが、機会を増やすことで遊びを楽しめるようになってきた。今後はもっといろいろな水遊びや感触遊びが広がるようにしていきたい。
●できるだけ同じ保育者がそばに寄り添い、安定感をもって過ごせるようにするとともに、他の保育者と過ごす時間を少しずつ増やして、周りの大人にも親しみをもてるようにする。	●泣かずに過ごし、他の保育者にも手を出すようになってきた。引き続き見守っていきたい。
●保育者が仲立ちをして、玩具の遊び方を知らせるなど、友達と一緒に遊ぶことのおもしろさに気付くようにしていく。	●保育者の仲立ちで、友達と一緒に好きな遊びを楽しめるようになってきた。
●保育者が絵の具を溶いているところや、友達の遊んでいる様子を見るなどして、少しずつ絵の具や他の素材遊びに慣れるようにしていく。	●少しずついろいろな素材の感触に慣れてきたので、無理のないように見守っていきたい。

指導計画／7月の計画

保育士等のチームワーク

★一人ひとりの健康状態を担任間で丁寧に伝え合うとともに、感染症への対応を共通理解しておく。
★水の事故について共通認識し、水遊びの準備や役割分担を決めるなど、危険防止に努める。
★収穫した夏野菜を使った給食提供に向けて、栄養士や調理師と連絡をとり合っておく。

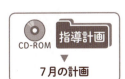
CD-ROM　指導計画　▼　7月の計画

7月の保育マップ

●は子どもの姿やねらい　◆は環境
●は援助・配慮について記入しています

保育のポイント　暑い夏を楽しもう！

「サラサラ、ドロドロ」「ヌルヌル、ベトベト」など、砂や泥、絵の具などの感触を思い切り味わって感覚器官をたくさん刺激しましょう。いっぱい遊んだ後はシャワーを浴びてさっぱりとし、ゆったりと体を休めましょう。静と動のバランスを上手に取り入れ、水分補給を十分に行ないながら、暑い夏を楽しみましょう。

サラサラ、ドロドロ

- 保育者と一緒に泥んこ遊びを楽しむ。
- ◆ 砂場に水をまき、そばに水を入れたタライやカップなどの空き容器を用意しておく。
- 少人数のグループに分けて、目が行き届くようにするとともに、時間配分に留意する。

大きくなったね！

- 栽培している夏野菜に保育者と一緒に水やりをしたり、収穫をしたりして楽しむ。
- ◆ バケツや、じょうろを用意しておく。
- 収穫するときには、支柱や害虫など危険のないように気を付けたり、子どもの表情や態度、声に共感したりする。

暑い夏を

"夏祭り"って楽しいね

- "夏祭り"の行事に喜んで参加する。
- ◆ 手作りのちょうちんをつったり音楽をかけたりして、祭りの雰囲気づくりをする。
- 事前案内状を配り、時間や持ち物、園内の配置図などを丁寧に知らせておくとともに、親子ゲームや手作り玩具への参加を呼び掛けておく。

さっぱりした〜

- シャワーを浴びて汗を流す。
- ◆ バスタオルや着替えなどを個人別に分かりやすく並べておく。
- 沐浴前に、検温したり健康カードで体調を確認したりして安全を守るように心掛ける。

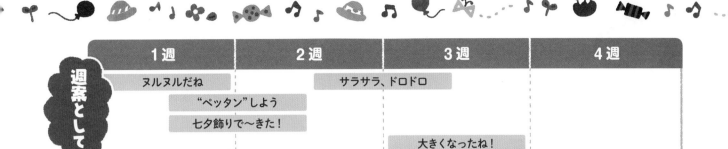

週案として

	1週	2週	3週	4週
	ヌルヌルだね	サラサラ、ドロドロ		
	"ペッタン"しよう			
	七夕飾りで〜きた！			
			大きくなったね！	
			"夏祭り"って楽しいね	
		さっぱりした〜	ほっと一息	

ヌルヌルだね

- ● 保育者と一緒に絵の具の感触を楽しむ。
- ◆ フィンガーペイント用の絵の具や手拭きタオル、筆やスポンジを多めに用意する。
- ● 遊ぶ様子を見守りながら「ベトベトだね」「ヌルヌルね」と言葉を掛けて一緒に楽しんだり、感触を嫌がる子どもには、筆やスポンジを渡したりして無理なく遊べるようにする。

"ペッタン"しよう

- ● フィンガースタンプや、野菜スタンプを楽しむ。
- ◆ 野菜の断面が見えるように輪切りにしておく。
- ◆ 野菜を嫌がる子ども用に、たんぽや綿棒などを用意しておく。

楽しもう！

- ● 室温・湿度に気配りしたり、手洗いを十分に行なったりして、感染症予防に努める。
- ● 熱中症予防に向けて、一人ひとりの体調に気を付けながらこまめに水分補給を行なっていく。

七夕飾りで〜きた！

- ● 保育者と一緒にササに七夕飾りを付けて楽しむ。
- ◆ スタンプをした画用紙を、スイカやキュウリなどの形に切っておく。

ほっと一息

- ● ゴロゴロしたり、好きな所でゆったりと体を休める。
- ◆ ゴザやカーペットなどを敷いて、くつろげるスペースをつくる。

指導計画　7月の保育マップ

8月の計画

今月の予定
・誕生会 ・身体計測
・避難訓練

クラス作り ～養護の視点も含む～

自分の気持ちを表情や言葉で表すようになってきたので、相手に"伝えたい"の思いを大切にしていきたい。水にも慣れてきたので、いろいろな水遊びを工夫したい。

健康・食育・安全への配慮

- 室温や湿度、水分補給、適切な休息などに注意しながら、一人ひとりの健康状態を把握していく。
- 収穫した夏野菜を触ったり、匂いを嗅いだりして食材に興味をもつようにする。
- プールの水位や水温、塩素濃度を適宜測定し、水遊びのときは子どもから目を離さない。

	前月末の子どもの姿	ねらい	内容（🍴は食育に関して）
低月齢児	●手づかみやスプーンを使って食べようとしているが、こぼすことも多い。 ●自分の布団に行くが、ゴロゴロしているか、なかなか寝付けずにいる。 ●じょうろで水を掛けてもらうと、「もういっかい」とニコニコしている。※a1	●食事や午睡などの習慣に気付き、自分でしてみようとする ※b1 気持ちが芽生える。 ●保育者と一緒に、いろいろな水遊びを楽しむ。※a1	●手づかみやスプーンを使って一人で食べようとする。🍴 ●親しみのある保育者のそばで安心して眠ろうとする。 ●保育者や友達と一緒に水、泥、絵の具などの素材に触れて楽しむ。※a1
高月齢児	●オマルで排せつできるとうれしそうに「でたーっ」と保育者に伝えている。 ●衣服がぬれると、「ぬれてる」と気持ち悪そうに脱ごうとしている。※a2 ●絵本の中で知っている物を指さしたり、「○○」と言ったりしている。	●排せつや汗の始末などの活動を通して、簡単な身の回りのことを自分でしようとする気持ちが育つ。※a2 ※b3 ●絵本に興味をもち、保育者と一緒にそれらを使って言葉のやり取りを楽しむ。	●排尿を知らせたり、オマルや便器で排せつすることに慣れたりしていく。 ●気持ち悪さが分かり、保育者に介助されながらも自分で脱ごうとする。※a2 ●絵本を楽しみ、知っている物を指さししたり、簡単な言葉を繰り返したりして遊ぶ。※b4
個別の計画 S児（1歳5か月）	●保育者が食べさせてくれるまで、いつまでも待っていることが多い。	●食べることに興味や関心をもち、自分で食べてみようとする気持ちが育つ。	●食事をすることの楽しさを知り、手づかみやスプーンを使って好きな物を食べようとする。
個別の計画 H児（1歳9か月）	●絵本を読んでもらっている輪の中に入らず、室内を歩き回っている。	●興味ある絵本を、保育者と一緒に見て楽しむ。	●保育者と一緒に好きな絵本を見ながら、それを使った遊びを楽しむ。
個別の計画 T児（2歳3か月）	●片付けの時間になると保育室の隅に行き、遊び続けている。	●満足するまで十分に遊ぶ。※b5	●保育者に気持ちを受け止めてもらい、一人遊びを十分に楽しむ。

家庭・地域との連携
- 暑さや寝不足で体調不良になりやすいので、園や家庭での様子をこまめに伝え合い、子どもの健康状態に気配りしていく。
- 汗をかいたり、水遊びで着替えたりすることが多くなるので、衣服を多めに用意してもらう。
- 水遊びの可否について、健康記録と共に提出してもらう。

延長保育を充実させるために
★ 水分補給を十分に行ない、異年齢児と一緒に絵本を見るなど、ゆったりと過ごせるようにする。

書き方のポイント

★ ※a1〜　指針を踏まえて

a1は、「人間関係」領域の内容③④、「環境」領域の内容①③、「表現」領域の内容①③を経験させることにつながります。保育マップを参考に遊びを広げましょう。a2は、「健康」領域の内容①⑤⑥⑦、「人間関係」領域の内容①②の経験につながります。

★ ※b1〜5　学びの芽を意識して

b1習慣に気付いて自分でしようとする、b2気持ち悪さが分かり、b3自分からしようとする、b4絵本などを介して言葉のやり取りを繰り返し楽しむ、b5満足するまで遊ぶなど、物との関わりや遊びの中で、自分の思いやつもりを言葉にしながら関わることを意識しましょう。

指導計画　8月の計画

環境づくり(◆)と援助・配慮(●)	反省・評価 今月の保育終了後の文例として
●食器に手を添えて食べることを伝えたり、スプーンですくいやすいように小さく刻んだりして、自分で食べる喜びや楽しさを感じられるようにする。 ●一人ひとりの排尿間隔を把握してトイレに誘い、タイミング良く出たときは「見て！　オシッコよ。気持ち良かったね」と喜びを共有し、オマルや便器での排せつに慣れるようにしていく。 ◆室温や湿度を調整し、扇風機を使って冷気をかくはんするなど、冷え過ぎないようにする。 ●体をさすったり子守歌をうたったりして、安心して眠れるようにする。 ◆着替えを子どもの手の届く所に置いておく。 ●衣服を一人で脱ごうとしている様子を見守りながら、やりにくそうなところをさりげなく手伝って、"自分でできた"満足感をもてるようにする。※a2 ◆子どもが好きな絵本や繰り返しのある絵本を用意しておく。 ●子どもの表情や態度に注意を払い、言葉で返したり、尋ねたりしてやり取りを楽しんでいく。 ◆よしずや遮光テントで十分な日陰を確保し、遊びに合わせて様々な空き容器、じょうご、乳児用水鉄砲、絵の具、スポンジ、透明のビニールシートなどを用意する。 ●水や砂、小麦粉粘土、絵の具などの感触を保育者も一緒に楽しみながら、一人ひとりのペースで十分に遊べるように見守っていくが、嫌がるときは無理強いしない。	●表情や態度で気持ちを伝えようとしているときは、子どもの思いを言葉にした関わりを心掛けたので、してほしいことがあると「やって」「〜してぇ」など片言で伝えようとすることが増えてきた。これからも簡単な言葉でのやり取りを楽しんでいきたい。 ●水や砂などに触れる活動を取り入れ、夏ならではの遊びを大いに楽しめた。いろいろな感触を嫌がる子どもには無理強いせず、回数を重ねると少しずつ自分から触るようになっている。これからも一人ひとりのペースを大切したい。
●「おいしいよ」と言葉を掛けたり、スプーンに一口量を載せて食べやすくしたりして、様子を温かく見守りながら楽しい雰囲気をつくり、自分から食べようとする意欲につなげていく。	●楽しい雰囲気の中で食事することを心掛けたからか、食べ物に手を伸ばすようになってきた。
●保育者と一緒に絵本を見ながら、知っている物を指さしたり、簡単な言葉をまねたり繰り返したりして、楽しむようにしていく。	●好きな絵本を指さして「あった」と喜ぶなど、少しずつ絵本に興味をもつようになっている。
●十分に遊べるように時間やスケジュールを考えて、T児のペースを大切にしていくとともに、「ここまでしたらおしまいね」など気持ちを切り替えるように言葉を掛けていく。	●見通しを立てやすいように言葉を掛けると、他児と同じペースで片付けることが多くなっている。

保育士等のチームワーク

★ 保護者からの情報や一人ひとりの健康状態を保育者間で共有し、子どもの体調に合った活動(室内遊び、プール遊び、木陰での水遊び など)を選び、事前に決めておいた担当者に引き継いでいく。

★ 暑さで食欲のない子どもが増えるので、食べやすい献立や食事の量について栄養士を交えて給食会議などで話し合う。

CD-ROM　指導計画　▼　8月の計画

8月の保育マップ

(●は子どもの姿やねらい ◆は環境)
(●は援助・配慮について記入しています)

保育のポイント　夏の遊びを楽しもう

いろいろな水遊びに慣れてきた子どもたちです。夏真っ盛りのこの月は、泥や砂、小麦粉粘土などの素材を通して「感触遊び」を楽しむとともに、道具を使って遊ぶことでのおもしろさも意識して取り入れるようにしましょう。

夏の遊びを

ドロドロー

- ● 泥や砂などの感触を楽しむ。
- ◆ 砂場に玩具や水を入れたバケツ、スコップ、型抜き、空き容器などを用意しておく。
- ● 砂や泥の感触を嫌がる子どもには保育者が手に取って見せたり、他児が遊んでいる様子を一緒に見たりして慣れるようにしていくが、無理強いしない。

読んで読んで

- ● 保育者と一緒に絵本を見て楽しむ。
- ◆ 子どもの好きな絵本を、表紙が見えるように本棚に並べておく。
- ● 絵本に出てくる簡単な言葉を繰り返したりまねたりして、楽しむようにする。

にゅるにゅる〜

- ● 小麦粉粘土の感触を楽しむ。
- ◆ 小麦粉に少量の塩と油を入れて水を少しずつ加え、耳たぶくらいの硬さにしたものと、シート、手拭き用のタオルを準備する。
- ● 小麦粉アレルギーの子どもがいないか確認しておくとともに、保育者も一緒に楽しむことで遊びに興味をもてるようにする。

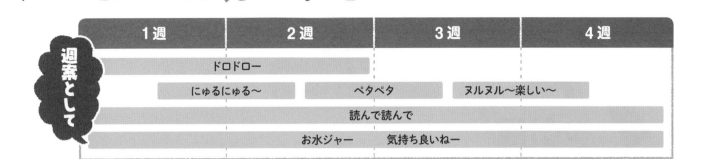

週案として

	1週	2週	3週	4週
	ドロドロー			
	にゅるにゅる〜		ペタペタ	ヌルヌル〜楽しい〜
	読んで読んで			
		お水ジャー	気持ち良いねー	

お水ジャー

- ビニールプールに浮かんだ玩具をすくったり、容器から容器に水を移し替えたり、ホースから出る水をトンネルのようにくぐったりして遊ぶことを楽しむ。
- ◆ 空き容器、ホース、水鉄砲、じょうろなどを多めに用意しておく。

気持ち良いねー

- シャワーを浴びたり、ぬれたタオルで拭いてもらったりして肌を清潔に保つようにする。
- ◆ 連絡ノートや健康記録を用意し、汗拭きタオルや着替えを手近な所に置いておく。
- 気温に応じて冷水や温水でタオルをぬらすようにし、「気持ち良いね」など声掛けしながら体を拭いて、さっぱりとした心地良さを感じられるようにする。

楽しもう

- 安全に水遊びができるように、子どもから目を離さないようにする。
- 木陰で遊んだり、水分補給をこまめにしたりして、熱中症に注意する。

ペタペタ

- スタンピングをして、絵の具遊びを楽しむ。
- ◆ いろいろな形のスタンプを用意しておく。
- ◆ そばに手を拭くタオルを用意しておく。
- ◆ 好きな色を自由に選んで遊び、楽しさを味わえるようにする。

ヌルヌル〜楽しい〜

- 手で絵の具を塗る感触を楽しむ。
- ◆ フィンガーペインティング用の絵の具を用意し、机に模造紙をテープで貼っておく。
- ◆ フィンガーペインティングして遊んだ物を壁面に一緒に飾って、少しでも絵の具に慣れるようにする。

指導計画 8月の保育マップ

9月の計画

今月の予定
- 防災訓練
- 誕生会
- 身体計測

クラス作り 〜養護の視点も含む〜

一人ひとりの生活リズムや体調の変化に気を付け、残暑の時季を健康に過ごしたい。また秋の訪れを感じたり、全身を使った遊びを十分に楽しんだりもしていきたい。

健康・食育・安全への配慮

- シャワーをしたり、こまめに着替えたりして肌を清潔に保つとともに、水分補給を十分にするなど熱中症予防に努める。
- 旬の食材を見たり、触れたり、歌ったりして給食に興味をもち、楽しんで食べられるようにする。
- 防災訓練に備え、避難場所の安全を確認する。

前月末の子どもの姿	ねらい	内容（🍴は食育に関して）
●「上手ね」と褒められている友達の姿を見て、自分も同じように ※b1 スプーンを使って食べようとしている。 ●保育者に誘われると便器に座り、タイミングが合うと排尿する子どももいる。 ●汗をかいて途中で目覚める子どももいる。 ●保育者が手を添えると、一緒にズボンを持って上げようとするがうまくいかず、足をドンドンさせて怒っている。	●食事、排せつなどの活動を通して、簡単な身の回りのことを自分でしようとする。	●スプーンを使い、一人で食べようとする。🍴 ●うまく排尿できたときは褒めてもらい、便器での排尿に慣れる。 ●保育者に見守られ、安心してぐっすり眠る。 ●保育者に手助けされながら、自分でズボンを脱いだり、はこうとしたりする。
●バッタなどの虫を見つけて「アッアッ」と手を伸ばしている。※a1 ●マットのトンネルをのぞき込み、「バァ〜」と顔を出したりくぐったりして喜んでいる。※a1 ※b2 ●ピアノの音や体操の曲が聞こえると、うれしそうに手をたたいたり体を揺らしたりしている。※a2 ※b3	●秋の自然物に好奇心や関心をもつ。※a3 ●保育者と一緒に歌やリズム遊びをしたり、自由に体を動かしたりして楽しむ。※a2 ※b4	●自然物に、自分から興味をもって関わろうとする。※a3 ●室内外でいろいろな運動を取り入れた遊びを楽しむ。※a1 ●保育者と一緒に、歌ったり、リズムに合わせて体を動かしたりして遊ぶ。※a2

個別の計画

	前月末の子どもの姿	ねらい	内容
M児 (1歳6か月)	●友達に抱き付いたり、顔を触りに行こうとしたりする。	●友達に関心をもち、関わろうとする。	●保育者の仲立ちで、友達と関わって遊ぼうとする。
T児 (1歳9か月)	●保育者の膝の上でお気に入りの絵本を何度も読んでもらいたがっている。	●絵本に興味をもって、保育者と一緒に楽しむ。	●気持ちを理解してもらい、興味がある絵本を保育者と一緒に見ながら楽しむ。
N児 (2歳3か月)	●手をつかずに転ぶことが多い。	●体全体を使って十分に遊ぶ。	●くぐったり、またいだりして、保育者と一緒に十分に体を動かして遊ぶことを楽しむ。

家庭・地域との連携

- 夏の疲れが出やすい時季なので、食欲や睡眠、機嫌などの健康状態を丁寧に伝え合い、一人ひとりの体調の変化を見逃さないようにする。
- 熱中症予防についての注意事項をプリントにまとめて再度配布したり、掲示したりして、家庭でも十分に気を付けてもらうようにする。
- 地域の防災訓練の"お知らせ"を掲示して参加を呼び掛けるとともに、避難時の協力を依頼するなど応援連携を呼び掛ける。

延長保育を充実させるために

★ 日中との気温差もあるため、室温・湿度調節を行ない、水分補給を十分にしながらゆったり快適に過ごせるようにする。

書き方のポイント

❀ ※a1〜3　指針を踏まえて

a1は、「健康」領域の内容③、「環境」領域の内容②、a2は、「表現」領域の内容②④、a3は、「環境」領域の内容①③⑤、「表現」領域の内容①③を経験させることにつながります。この月にしか経験できない自然物との関わりは大切にしたいものです。

❀ ※b1〜3　学びの芽を意識して

友達を見て、b1まねたりb2のぞき込んだりb3リズムに合わせて体を動かすことは、身体バランス感覚を通して自分の中心軸（体幹）を体感し、自分を基軸に周りの関係を認識する機会です。人を鏡に変化する自分を意識する学びの芽です。

環境づくり（◆）と援助・配慮（●）	反省・評価　今月の保育終了後の文例として
●「モグモグおいしいね」「上手にすくえたね」などスプーンを使って食べようとしている姿を褒めて、喜んで食べるようにしていく。 ●「出たね、気持ち良かったね」など一緒に喜び、便器での排尿に慣れるようにしていく。 ●冷え過ぎないよう、室温や湿度は温湿度計でも確かめながら注意していく。 ●汗で目覚めたときは着替えてさっぱりし、気持ち良く眠れるようにする。 ◆着脱スペースにマットや長イスを用意しておく。 ●パンツやズボンの着脱を一人でしようとしているときはそばでそっと見守り、できないところをさりげなく手助けしていく。 ◆スロープなどの傾斜は滑りやすいので、砂や落ち葉は事前に掃いておく。 ●自然物に触れたときの子どものつぶやきや発見を見逃さず受け止め、共感したり共に喜んだりして丁寧に関わっていく。※a3 ◆マットや巧技台、トンネル、ボールなど、子どもの興味や発達に合わせた遊具を用意する。※a1 ●保育者も一緒に遊びながら、けがのないように見守り、くぐったり、またいだり、遊具の組み合わせを工夫したりして、体全体を使って遊べるようにする。※a1 ●子どもの好きな曲を用意し、明るくはっきりした言葉で歌ったり、リズムに合わせて体を動かしたりして、遊ぶおもしろさを知らせていく。※a2	●一人ひとりの生活リズムや健康状態を、家庭と連携して丁寧に把握するよう努めたことで、体調の変化にも早めに気付くことができた。午睡途中に暑さで目覚める子どももいたが、室温・湿度調節、水分補給に十分に気を付けたことで、残暑の時期を健康に過ごすことができた。 ●戸外では、秋の自然にふれたり、体を動かしたりして十分に楽しむことができた。室内でも遊具を組み合わせて、子どもたちが興味をもって取り組めるようにした。引き続き、全身を使って遊べるように工夫していきたい。
●「○○ちゃんが好きなのね」「一緒に遊びたいね」とM児の気持ちをくみ取って代弁したり、保育者が仲立ちとなってじゃれ合い遊びをしたりして、玩具や好きな遊びで楽しめるようにしていく。	●友達と玩具をやり取りする姿も見られ、抱き付いたり顔を触ったりすることは減ってきている。
●T児の気持ちを受け止め、一対一で絵本を楽しめるようにすることで、満足感を味わえるようにする。	●一対一の関わりを大切にしたことで、保育者のそばで好きな遊びも楽しめるようになってきた。
●マットの山の登り降りやデコボコ道を歩くなど保育者も一緒に楽しみながら、遊びの中でしっかりと体を使えるようにしていく。	●体を使った遊びをたくさん行なったことで、転んでもけがをすることが少なくなった。

指導計画　9月の計画

保育士等のチームワーク

★ 一人ひとりの健康状態について得た情報を共有し、熱中症予防や水分補給の仕方などについても再度話し合っておく。
★「ジブンデ」の主張が出ているので担任間でこの時期の発達を共通理解し、一人ひとりの子どもの気持ちに寄り添い関われるようにしていく。
★ 園庭やホールの使用について、他クラスと時間帯が重ならないよう事前に話し合っておく。

CD-ROM　指導計画　▼　9月の計画

9月の保育マップ

●は子どもの姿やねらい　◆は環境
●は援助・配慮について記入しています

保育のポイント　元気いっぱい！

くぐったり、またいだり、坂道を登り降りしたりと、いろいろな動きができるようになりました。
残暑は厳しいものの秋の気配も感じられるこの月は、虫や葉、旬の食材など、子どもたちの五感に働き掛ける物がいっぱいです。好奇心を満たしながら、元気いっぱい過ごしましょう。

元気

おいしそう
- 見たり、触ったり、歌をうたったりして、旬の食材に興味や関心をもつ。
- ◆ 歌に出てくる旬の食材を用意し、子どもの手の届く所に置いておく。
- 保育者と一緒に見たり、触れたり、嗅いだり、歌をうたったりして、興味をもてるようにする。

♪おはなし、おはなし
- 保育者と一緒に絵本やお話などを楽しむ。
- ◆ 子どもたちの好きな絵本やエプロンシアターを用意しておく。
- ゆっくりと優しい口調で語り掛け、言葉のやり取りも楽しめるようにする。

体操大好き
- 歌ったり、体を動かしたりして十分に遊ぶ。
- ◆ 子どもの好きな曲を用意しておく。
- 動きを大きくしたり、明るくはっきりした言葉で歌ったりし、喜んでできるようにする。

もう一回！
- くぐったり、またいだりを楽しむ。
- ◆ マットや巧技台、トンネルなどを用意し、広いスペースを確保する。
- 遊具の組み合わせを工夫し、全身を使って遊べるようにする。

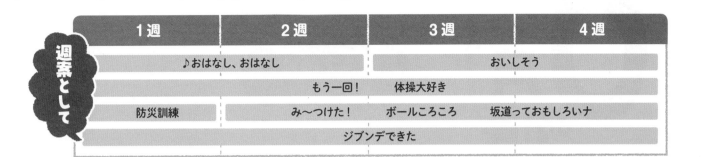

週案として

	1週	2週	3週	4週
	♪おはなし、おはなし		おいしそう	
		もう一回！	体操大好き	
	防災訓練	み〜つけた！	ボールころころ	坂道っておもしろいナ
	ジブンデできた			

指導計画　9月の保育マップ

み〜つけた！

- 虫や葉などに興味をもつ。
- ◆ 虫や葉を入れる袋やプリンカップなどを用意しておく。
- 子どもの気付きや興味に共感し、一緒に探したり、触れたりできるようにする。

ボールころころ

- 坂道でボールを転がして遊ぶ。
- ◆ ボールは多めに用意しておく。
- 保育者と一緒に転がしたり、追い掛けたりしてやり取りを楽しめるようにする。

いっぱい！

- 気温差に留意し、室温、湿度の調節や水分補給を十分に行なうようにする。

坂道っておもしろいナ

- 坂道を繰り返し登り降りする。
- ◆ 傾斜は滑りやすいので、事前に砂や葉を掃いておく。
- 転倒などのけがに気を付けながら、繰り返し遊びを楽しめるようにする。

ジブンデできた

- 一人でパンツやズボンをはこうとする。
- ◆ 着脱スペースに、マットや長イスを用意しておく。
- 自分でしようとしているときは、そばでそっと見守ったり、さりげなく手助けしたりして、「ジブンデできた」という気持ちを味わえるようにする。

防災訓練

- 地域の防災訓練に参加する。
- ◆ 避難車やおんぶひも、避難用頭巾、防災袋を用意する。
- 子どもたちが不安にならないように、優しい言葉を掛けながら、避難場所へ誘導していく。

10月の計画

今月の予定
- 運動会
- 秋の遠足
- 焼きイモ大会

クラス作り ～養護の視点も含む～

自分の思いや要求をしぐさや簡単な言葉で伝え、快適に過ごせるようにしたい。戸外遊びを十分にし、秋の自然の中で体を動かしたり探索活動を広げたりしていきたい。

健康・食育・安全への配慮

- 朝夕の温度差に留意し、水分補給や衣服の調節で、健康に過ごせるようにする。
- 秋の食材を見たり触れたりを通して、意欲的に食べようとする気持ちを育む。
- 散歩や遠足のコースを下見して危険な場所を把握し、当日の人数確認を怠らないなど安全面に気配りする。

前月末の子どもの姿	ねらい	内容（🍴は食育に関して）
● スプーンを使って、一人で食べようとしている。 ● トイレで排せつしたら、表情や言葉で保育者に「デター」と伝える子どももいる。 ● 自分の布団に行き、「ねんね」と言って一人で寝ようとしている。 ● 保育者に助けられながら簡単な衣服を一人で脱ごうとしているが、うまくいかずイライラしているときもある。	● 食事や排せつ、着脱などの生活活動を通して、少しずつ自分でしようとする。 ※a1 ※b1	● 一口量が分かり、自分で食べようとする。🍴 ● 尿意を知らせたときは繰り返し褒められて、便器での排せつに慣れる。 ● 簡単な生活の流れが分かり、安心して眠りにつこうとする。※b2 ● 簡単な衣服の脱ぎ着に興味をもち、パンツやズボンを一人で脱ごうとする。※b2
● 園庭や散歩でドングリや落ち葉などを見つけては、拾っている。 ● 保育者の動きをまねたり、異年齢児の運動会の練習をおもしろそうに見たりしている。 ● パズルや棒・ひも通し、なぐり描きなどの遊びをいつまでもしていたり、自分で棚やカゴの中に玩具を置いたり入れたりを繰り返している。	● 秋の自然にふれて、好奇心や関心をもつ。 ● 保育者や友達と一緒に手指を使ったり、体を動かしたりして楽しむ。	● 秋の自然物に興味をもち、見たり触れたりして十分に遊ぶ。 ● 保育者や異年齢児の動きをまねたり、全身を十分に動かしたりして遊ぶ。 ● 入れたり出したり、つまんだり、いじったりして、手指を使う遊びを楽しむ。※b3

個別の計画

		前月末の子どもの姿	ねらい	内容
	Y児（1歳10か月）	● 鼻水が出ていても遊び続けていて、保育者が拭こうとすると嫌がる。	● 鼻水が出ていることに気付き、自分で拭こうとする。	● 鼻水が出ている気持ち悪さに気付き、保育者に知らせたり、自分で拭こうとしたりする。
	M児（1歳2か月）	● 食べ物に好みが出てきて、苦手な物を食べようとしない。	● 好きな物をいっぱい食べて、楽しんで食事をする。	● 楽しい雰囲気のもと、自分で食べる中で嫌いな物でも少しずつ食べてみようとする。
	N児（2歳4か月）	● 友達と同じことをして遊びたがるが、物や場所の取り合いなどトラブルが多い。	● 少しずつ友達と関わって遊ぶ楽しさを味わう。	● 保育者の仲立ちで、共同の遊具などを使って遊ぶことを楽しむ。

家庭・地域との連携

- 脱ぎ着に興味が出てきていることを知らせるとともに、気温差や活動量に応じて調節しやすく、着脱しやすい衣服を用意してもらう。
- 秋の遠足について日時や持ち物をお便りで知らせ、弁当箱や食材の大きさ・量などが分かりやすいように写真を掲示して参考にしてもらう。
- 運動会に向けて親子体操のCDと振り付けのプリントを順番に貸し出したり、地域の未就園児にも案内を配布したりして参加を呼び掛ける。

延長保育を充実させるために

★ 日没が早いので衣服の調節をして、不安にならないように保育者や異年齢児と楽しい雰囲気の中で過ごせるようにする。

書き方のポイント

※a1 指針を踏まえて

「健康」領域の「ねらい」の③、「内容」の⑤⑥⑦に通じるところです。「内容の取扱い」の②③④に注意しましょう。なお、「内容の取扱い」の④は、平成20年告示の指針の第3章の2(3)3歳未満児の保育に関わる配慮事項のイに「家庭との連携」を加えたものです。

※b1～4 学びの芽を意識して

b1「自分で」が、自我の芽生えを促す視点です。b2 生活の流れ、着脱や排せつ、b3 繰り返しのある遊び、b4 片付け、保育者の動きをまねながら「方法」を知らせることが学びになります。周りと自分がある約束事で結び付くことが自立の基盤になります。

環境づくり(◆)と援助・配慮(●)	反省・評価 今月の保育終了後の文例として
◆食事やおやつを食べているときの姿勢を見直し、背もたれや足置きを用意して調節する。 ●一口量を知らせたり、すくいやすいように食べ物を集めたり、スプーンや食器の持ち方を伝えたりして、自分で食べようとする姿を大切に優しく見守っていく。 ●しぐさや言葉で尿意を知らせたり、うまく便器で排せつできたときは大いに褒めて喜びを共感するとともに、一人ひとりの間隔を把握してトイレに誘い、排尿のタイミングが合うようにして自信につなげていく。 ◆室温に気配りしたり、寝ている子どもの様子を見守ったりしながら、掛け布団の調節をする。 ●布団を掛けて「おやすみなさい」と伝え、落ち着いた雰囲気の中で、安心して眠れるようにする。 ●自分で脱ごうとしているときは見守り、できない所をさりげなく手助けしていくが、"一人でできた"の満足感をもてるようにしていく。 ●ドングリなどを口に入れないように注意しながら一人ひとりの探索行動を見守ったり、イモ掘りでイモや虫を見つけたときの驚きや喜びを受け止めて共感したりしながら、好奇心や興味を満たせるようにする。 ◆園庭を整備し、鉄棒など使用する遊具の安全点検を丁寧にする。 ◆棚やカゴに玩具の種類ごとの写真を貼っておき、片付け方に気付けるようにする。※b4 ●全身を使うような遊びや手指を使う遊びでは、子どもの自発的な動きを大切にしながら、時には保育者も一緒にするなど楽しんで遊べるようにする。	●したいことやしてほしいことを表情やしぐさ、簡単な言葉で伝えようとしているので、子どもの思いに耳を傾けていきたい。また、簡単な生活の流れが分かり、保育者に助けられながらも自分でしようとする行動が増えている。子どものやる気を大切に、温かく見守っていきたい。 ●散歩や園庭遊びを多く取り入れたので、秋の自然物に触れたり、保育者や異年齢児の動きをまねて体を動かしたりして、十分に遊ぶことができた。これからも子どもの好奇心や興味を満たせるように関わっていきたい。
●「気持ち悪いね」と鼻水が出ていることに気付くようにし、「気持ち良くなったね」「すっきりしたね」など清潔になったことも繰り返し言葉にして伝え、保育者に知らせたり、少しずつ自分で拭こうとしたりするようにしていく。	●時々、鼻を指さして「なー」と知らせに来て、保育者が鼻水を拭くのも嫌がらなくなった。
●苦手な物を把握して量を減らしたり、友達の食べている様子を見て「おいしいね」と楽しい雰囲気の中で共感したりし、少しでも食べたら「お兄ちゃんみたい」など大いに褒めていく。	●量を減らしたり、周りから励まされたりして、苦手な物も少しずつ食べるようになってきた。
●子ども同士のトラブルが多くなるので、双方の気持ちを受け止め、「いれて」「かして」など状況に応じた言葉を伝えながら仲立ちし、根気よく友達との関わり方を知らせていく。※b4	●繰り返し言葉を伝えていくことで、思いを言葉にして言えることが増え、トラブルも減ってきた。

保育士等のチームワーク

★「自我の育ち」について共通理解し、一人ひとりに応じた言葉の掛け方や援助の仕方について話し合い、共有しておく。
★運動会は子どもの興味や発達に合った内容を考えて話し合い、当日の役割分担や進行の仕方などを打ち合わせておく。

指導計画 10月の計画

CD-ROM 指導計画 ▼ 10月の計画

10月の保育マップ

（●は子どもの姿やねらい　◆は環境
●は援助・配慮について記入しています）

保育のポイント　秋っていいな 楽しいな

体を使っての活動がおもしろく、少しもじっとしていない子どもたちです。散歩やイモ掘り、鉄棒や棒のぶら下がりなど、いろいろなことを実際にやってみて自分の体で覚えていく時期です。子どもの好奇心ややりたい気持ちを大切に、秋本番を大いに楽しみましょう。

いいにおい

- ● "焼きイモ大会"に参加する。
- ◆ 火の周りに白線を引きカラー標識を立てておくなど、安全な場所を確保する。
- ● サツマイモをアルミホイルで包んだり、焼く様子を見たり、できあがりに触れたり匂いを嗅いだりして、食べる意欲につなげていく。

よいしょっ！

- ● 保育者と一緒にサツマイモ掘りを楽しむ。
- ◆ 掘りやすいように、土をほぐしておく。
- ● 収穫した喜びを共感し、見たり触れたりして興味をもてるようにする。

秋っていいな

じーじー ペタペタ

- ● なぐり描きやシール貼りを楽しむ。
- ◆ フェルトペンやパスは握りやすい物を選び、シールは十分に用意する。
- ● 一人ひとりの手指の操作を見守り、介助しやすいように少人数でゆったりと遊べるようにする。

おちゃ ちょうだい

- ● 活動の前後に、水分補給を十分にする。
- ● 飲み物（白湯、茶など）を用意しておき、こまめに水分補給を行なう。

でーきた

- ● 手指を使って、十分に遊ぶ。
- ◆ パズルや棒・ひも通し、机やイスなどを用意する。
- ● 一人ひとりの様子を見守りながら、時には保育者も一緒に遊び、使い終わった後の片付けも楽しんでできるようにしていく。

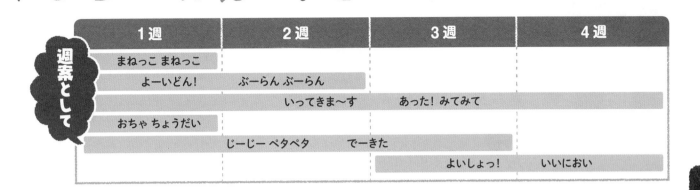

	1週	2週	3週	4週
週案として	まねっこ まねっこ			
	よーいどん！	ぶーらん ぶーらん		
		いってきま〜す	あった！みてみて	
	おちゃ ちょうだい			
		じーじー ペタペタ	でーきた	
			よいしょっ！	いいにおい

あった！みてみて

- 秋の自然物を見つけたり集めたりして楽しむ。
- ◆ ポリ袋や牛乳パックなどで作った散歩バッグを用意する。
- 子どもの動きを見守りながら、発見や驚きに共感していく。

いってきま〜す

- 保育者や友達と一緒に散歩を楽しむ。
- ◆ 救急セットや防犯ブザー・避難マップなどをまとめて散歩用リュックに入れておく。
- 道中や目的地では保育者同士が連携をとり、危険のないように見守っていく。

楽しいな

- 気温や活動に応じて衣服を調節する。

まねっこ まねっこ

- 保育者の動きをまねて楽しむ。
- ◆ 簡単な体操やわらべうたの曲を用意し、十分に体を動かせるよう広い場所を確保する。
- 跳ぶ・しゃがむ・はうなど全身を動かす遊びを、保育者も一緒に楽しんでいく。

ぶーらん ぶーらん

- 鉄棒や棒にぶら下がって遊ぶ。
- ◆ 低鉄棒、マット、頑丈な棒を用意しておく。
- 保育者二人で棒を持ち、子どもに合わせて高さを調節するなどぶら下がりやすいようにする。
- 危険なときはいつでも対応できるように子どものそばに寄り添い、遊ぶ様子を見守っていく。

よーいどん！

- かけっこなど異年齢児の動きをまねて楽しむ。
- ◆ 石などの危険な物を取り除き、園庭を整備しておく。
- 「よーいどん！」「マテマテ」など保育者も一緒に楽しむようにする。

11月の計画

今月の予定
- 参観週間
- 身体計測
- 誕生会

クラス作り ～養護の視点も含む～

身の回りのことに関心をもち、自分でやろうとする気持ちをもてるようにしたい。保育者や友達との関わりを広げながら、好きな遊びを十分に楽しみたい。

健康・食育・安全への配慮

- 冬の感染症予防に向けて、室温や湿度などの調整や換気に気配りし、丁寧な手洗いを心掛けていく。
- キノコの生長を見たり、収穫後に感触や匂いを嗅いだりして、食べ物に興味や関心をもてるようにする。
- 暖房器具や加湿器などの安全点検を行ない、いつでも使えるようにしておく。

前月末の子どもの姿	ねらい	内容（🍴は食育に関して）
●好きな物は自分から食べようとするが、苦手な物があると手が止まってしまう。 ●パンツでおもらしをすると気持ち悪そうな顔をして、「おしっこでた」と保育者に知らせに来る子どももいる。 ●パンツははけるが、長ズボンはうまく履けず「できない」と言って怒っている。 ●「お外よ」と言うと靴下を取りに行き、自分で履こうとする子どもが増えてきた。 ●フェルトペンやパスを使った後の手の汚れを、自分で洗おうとしている。 ●乳児用の丸太橋を渡ったり、縄ばしごを登ったりを繰り返しして喜んでいる。 ●玩具の皿や食べ物で、「どうぞ」「ありがとう」など片言でやり取りしている。※c1 ●お気に入りの絵本を保育者の所に「よんで」とうれしそうに持って来る。 ●保育者をまねて手遊びをしているが、終わると「もっかい（もう1回）」と催促している。※d	●簡単な身の回りのことを保育者に手伝ってもらいながら自分でしようとする。 ●好きな遊具を使って、体を十分に動かして遊ぶ。 ●絵本や手遊びに興味をもって片言で表現したり、それらを使った遊びを楽しんだりする。※b1、c2	●いろいろな食べ物に慣れ、苦手な物でも少しずつ食べようとする。🍴 ●尿意を保育者に知らせたり、誘われて便器で排尿しようとしたりする。 ●保育者の優しいことばがけと手助けで、自分でズボンや靴下を履こうとする。 ●戸外遊びへの簡単な流れが分かり、見通しをもって行動しようとする。 ●汚れに気付き、きれいになった心地良さを感じることができる。 ●渡ったり登ったり降りたり、好きな遊具に関わり全身を使って遊ぶことを楽しむ。 ●保育者とのやり取りの中で、自ら簡単な言葉を使おうとする。※c3 ●保育者と一緒に絵本を見たり手遊びをしたりしながら、簡単な言葉を繰り返したり模倣したりして遊ぶことを楽しむ。※b2、c4

個別の計画

E児 （1歳11か月）	●友達が近付くと大声を出したり、噛もうとしたりする。※a	●保育者に思いを受け止めてもらい、安心して過ごす。	●気持ちを理解し受け止めてもらい、安定感をもって過ごす。
S児 （2歳0か月）	●眠りが浅く、すぐに目覚めて布団から起きだしてくる。	●生活リズムに応じて、眠るなどの休息をとる。	●生活リズムに合わせて、安心して午睡などの休息ができる。
T児 （2歳5か月）	●口の中いっぱいに詰め込んで、なかなか飲み込めなかったり、えずいたりしている。	●一口量が分かり、よくかんで食べる。	●一口量を咀嚼し嚥下し終えてから、次のスプーンに盛られた物を口に運ぶことに気付く。

家庭・地域との連携

- 体調を崩しやすい時期なので家庭や園での様子を連絡帳や送迎時にこまめに伝え合い、健康管理に努める。
- 参観日程と人数調整のお便りを事前に配布し、できるだけ希望の日にふだんの子どもたちの様子を見てもらえるようにする。
- 園庭開放の日時や園見学の日程などをホームページや掲示板などで知らせ、気軽に来園できるよう呼び掛ける。

延長保育を充実させるために

★室温や湿度を調整し、昼間遊んだ物や興味をもてそうな玩具を用意して、ゆったりと過ごせるようにする。

書き方のポイント

※a、b1〜4　指針を踏まえて

aでは、「人間関係」の領域の内容③や④を経験させるチャンスです。「内容の取扱い」の②を意識して関わりましょう。b1〜4は、「環境」の領域の内容②、「言葉」の領域の内容④、「表現」の領域の内容②④につながるところです。一つの活動が多くの内容に関係します。

※c1〜4、d　学びの芽を意識して

c1片言でやり取りする、c2片言で遊びを楽しむ、c3自ら言葉を使おうとする、c4絵本や手遊びを介して言葉の繰り返しや模倣を楽しむなどは、言語コミュニケーションの学びを意識しています。それらの基盤には、d遊びを何度も催促するといった楽しさを引き出す関わりが大切です。

指導計画　11月の計画

環境づくり（◆）と援助・配慮（●）	反省・評価　今月の保育終了後の文例として
●苦手な食べ物を小さく切ったり量を加減したり、喜んで食べている友達の様子を見たりして、少しでも食べようという意欲につなげていく。 ◆着替え用に低めの台やベンチなどを用意し、一人で脱ぎ着しやすくしておく。 ●パンツのぬれた気持ち悪さを保育者に知らせたことを十分に褒め、「気持ち良くなったね」と着替えた後の心地良さを言葉にしていく。 ●長ズボンの裾を少し折るなどして転倒防止とはきやすさに気配りしたり、はきにくそうなところをさりげなく手伝ったりして、「自分でできた」という自信につなげていく。 ◆泡せっけんやペーパータオルなどを手の届く所に用意しておく。 ●保育者と一緒に、手洗いの歌をうたいながら洗い方を知らせていく。 ◆乳児用園庭の遊具や巧技台などの安全点検を丁寧に行なっておく。 ●自分でやってみようとする気持ちを大事にし、危険のないように遊びを見守っていく。 ◆簡単なままごと遊びや見立て遊びができるような素材や玩具を、十分に用意しておく。 ●友達と一緒に機嫌良くしているときはそばで見守り、必要に応じて保育者が一緒にやり取りしながら関わり方を知らせていく。 ◆絵本棚の絵本は、いつでも見ることができるように子どもの手の届く所に置いておく。※b3 ●絵本や手遊びは、子どもの求めに応じて繰り返し楽しめるようにする。※b4	●簡単な身の回りのことに興味をもち始め、自分でしようとする子どもが増えている。やりにくそうなところをさりげなく手伝ったり、やり方を繰り返し伝えたりしていくことで、「自分でしよう」とする意欲につなげていきたい。 ●お気に入りの玩具や遊びを十分に用意したり、保育者が仲立ちの中で物や言葉のやり取りを意識して取り入れたりすることで、個人差はあるものの、友達と関わって遊ぶことが増えた。今後は遊びだけでなく、生活のいろいろな"やり取り"の中でも働き掛けていきたい。
●興味をもてそうな玩具や遊びを用意し、保育者も一緒に遊びながら安心して過ごせるようにしていくとともに、保育者の仲立ちで友達と一緒に遊ぶ楽しさも経験できるようにしていく。	●保育者が一緒だと友達とのトラブルも減っている。信頼関係を一層築けるように努めたい。
●布団は保育者のそばに敷くようにし、目覚めたら優しく体をさすったり手を握ったりするなどして、安心して眠りにつけるようにしていく。	●保育者のそばで眠ることで安心したのか、途中で目覚めることが少なくなっている。
●食材を小さく切ったり、一口量をスプーンにのせて知らせたりしながら、「モグモグゴックンね」など言葉を掛けて食べる様子を見守っていく。また、友達の食べている様子を保育者と一緒に見て、ゆっくりよくかんで食べることに気付くようにする。	●一口量を上手にスプーンに入れて口に運んでいるが、飲み込む前に次を入れようとするので見守っていきたい。

保育士等のチームワーク

★ 寒くなり始めて体調を崩す子どもが多くなるため、一人ひとりの健康状態への目配りを怠らないようにし、得た情報を職員間で共有し合うようにする。

★ 動きが活発になり、行動範囲が広くなっているので、戸外遊びや散歩のときなどの役割分担や配置を明確にしておく。

★ 片言を使って保育者に話し掛けたいというこの時期の発達について共通理解し、子どもに分かりやすい言葉で接していくことの大切さについて認識し合う。

11月の保育マップ

（●は子どもの姿やねらい　◆は環境
　●は援助・配慮について記入しています）

保育のポイント　たのしいがいっぱい！

低い段差を上ったり下りたり、跳び下りたり、縄ばしごや丸太橋にも挑戦しようとしたりと、子どもたちの運動機能の伸びに驚かされることが多くなりました。片言でのやり取りも増え、秋の自然物や身近な周りのことにも興味津々。"たのしいがいっぱい"の子どもたちです。一人ひとりの気付きを大切に、豊かな感覚を一層育むようにしましょう。

たのしいが

ジャーンプ！

- ● 低めの台や段差を上ったり、下りたり、跳び下りたりして楽しむ。
- ◆ 低めの台を用意し、マットを敷いておく。
- ● 跳び下りようとする子どもには、そばで危険がないように見守りながら、楽しく遊べるようにする。

ゆっくり、ゆっくり

- ● 縄ばしごや丸太橋で遊ぶことを楽しむ。
- ◆ 遊具の安全点検を丁寧にしておく。
- ● 保育者が必ずそばについて安全面に気を配る。

これよんで

- ● お気に入りの絵本を保育者と一緒に楽しむ。
- ◆ 絵本をいつでも取り出せるように手の届く所に置いておき、ゆったり見ることができるスペースをつくっておく。
- ● 子どもの求めに応じて繰り返し読み、絵本に親しみをもてるようにする。

いらっしゃい、どうぞ

- ● 簡単な"お店屋さんごっこ"を楽しむ。
- ◆ 机、人形、ままごとセット、食べ物の玩具などを用意しておく。
- ● 保育者も一緒に遊ぶ中で、片言のやり取りを楽しめるようにしていく。

しゅっぱつでーす

- ● 『バスごっこ』などの曲に合わせて、体を動かして楽しむ。
- ◆ 大小様々なリングを人数分用意し、体を十分に動かせる空間をつくっておく。
- ● ピアノをゆっくり弾いたり、速めたり、止めたりして、運転手になったつもりで楽しめるようにする。

いらっしゃいませ

	1週	2週	3週	4週
週案として	カタンカタン、ジージー		できたよ	くっついたよ
	こんにちは！　みーつけた		しゅっぱつでーす	
	ゆっくり、ゆっくり　ジャーンプ！	これよんで	いらっしゃい、どうぞ	
	これ、なあに？			

指導計画　11月の保育マップ

みーつけた

- ドングリや落ち葉、いろいろな形の枝などを見つけたり集めたりして楽しむ。
- ジッパー付きのポリ袋を使った散歩バッグを用意し、安全に拾える場所を探しておく。
- 子どもたちと一緒に見つけたり探したりしながら、身近な自然に興味や関心をもてるようにする。

こんにちは！
- 散歩の途中や公園で出会った人たちに、保育者と一緒に挨拶する。
- 道路状況や公園内に危険な物がないかどうかの安全確認を事前にしておく。
- 地域の人に出会ったら保育者から声を掛けて挨拶し、子どもたちの良き見本となるようにしていく。

できたよ
- ドングリや木の枝を粘土に差したり、くっつけたりして楽しむ。
- ビニールシートを机の上に敷き、手拭き用タオルを用意する。
- ドングリは大きめの物を用意し、口や鼻などに入れないように気を付ける。

いっぱい！

- その日の気温に応じて衣服を調節し、体を十分に動かして遊べるようにする。遊んだ後は保育者と一緒に丁寧に手を洗っておく。
- 危険のないように見守りながら、子どもと一緒に遊びを楽しむようにする。

これ、なあに？

- キノコの生長を見たり収穫したりして楽しむ。
- 子どもの目線の高さにキノコ栽培のキットを置いておく。
- 保育者も一緒に見たり、触ったりしながら、子どもの興味や好奇心に共感していく。

くっついたよ

- くっつけたり、容器から出したり詰めたりして、手指を十分に使って遊ぶ。
- 緩衝材、色紙、ペットボトル、カプセル容器、両面テープを貼った段ボール板を用意する。
- 色紙や緩衝材などが散らばったらさりげなく片付け、落ち着いて遊べるようにしていく。

カタンカタン、ジージー

- フェルトペンやパスを使って、段ボールの質感となぐり描きを楽しむ。
- 床に敷いたシートの上に仕掛けのある段ボール箱を置いて動かないように固定し、手拭き用のおしぼりも用意しておく。
- 段ボール箱に自由に描いて良いことを知らせ、伸び伸びと楽しめるようにする。

12月の計画

今月の予定
- お楽しみ会
- 身体計測
- 避難訓練

クラス作り　～養護の視点も含む～

寒さに向かい、体調に留意しながら元気に過ごしていきたい。暖かい日には戸外に出て十分に体を動かすようにし、表現遊びやつもり遊びも楽しみたい。

健康・食育・安全への配慮

- 感染症が流行しやすい時季なので、玩具や子どもの手が触れる場所の消毒を丁寧に行なっていく。
- 異年齢児と一緒に冬野菜を収穫し、見たり触れたりして、食べ物に興味や関心をもてるようにする。
- 遊具やテラスに降りている露や霜を拭き取り、滑ったり転んだりしないよう安全面に気を配る。

前月末の子どもの姿	ねらい	内容（🍴は食育に関して）
● 苦手な物や食べ慣れない物を、スプーンで皿の端に寄せている。 ● 「ちっち」「でた」と言葉や身振りで尿意を伝えにくる子どももいる。 ● 戸外遊びから帰ってくると手洗い場に行き、自分で手を洗おうとしている。 ● 使い終えたおしぼりを、自分のロッカーに入れて、得意気にしている。 ● マットの坂道や巧技台を、何度も上ったり、下りたりして喜んでいる。 ● サンタの帽子をかぶせてもらうと、ニコニコしながら保育者や友達に玩具やブロックを渡そうとしている。 ● 砂で型抜きした物を「ケーキ」と言ったり、「どうぞ」「ありがとう」と簡単な言葉でやり取りしたりしている。※a1 ● お気に入りのクリスマス曲が流れると、手作り楽器を持ってうれしそうに体を揺らしている。	● 保育者に見守られながら食事や排せつ、手洗いなどの活動を通して、自分でしてみようとする気持ちが育つ。※b1 ● 保育者と一緒に片言でのやり取りやつもり遊びを楽しむ。※a2 ● 安全な環境の中で体を動かしたり、身近な音楽に親しんだりして十分に遊ぶ。	● 様々な食品や調理形態に慣れ、苦手な物も、少しずつ食べようとする。🍴 ● 尿意を保育者に知らせたり、自分からトイレに行き排尿しようとしたりする。 ● きれいになった心地良さが分かり、※b2　一人で手を洗おうとする。※b1 ● 保育者の見守りの中で、自分の持ち物が分かり、片付けようとする。※b3 ● 上る、下りる、跳ぶなど全身を使った遊びを楽しむ。 ● 保育者を仲立ちとして、友達との簡単な言葉のやり取りを楽しむ。※a3 ● 保育者と一緒に作った物を、様々な物に見立てて遊ぶ。 ● 音楽や簡単なリズムに合わせて手作り楽器を鳴らしたり、それに合わせて体を動かしたりすることを楽しむ。※b4

個別の計画

	前月末の子どもの姿	ねらい	内容
T児 （1歳5か月）	● よく動き回るが、ふらついたり、転んだりすることが多い。	● 保育者と一緒に、体を十分に動かして遊ぶ。	● 走る、跳ぶ、またぐなど、全身を使う遊びを楽しむ。
N児 （2歳2か月）	● 靴を履こうとするが、うまく履けず「できない！」と言って大泣きしている。	● 保育者に見守られながら、靴を自分で履こうとする。	● 保育者の助けを借りながら靴の履き方を知り、自分で履こうとする。
K児 （2歳5か月）	● 絵本を読んでもらうと、大きな声で繰り返しの言葉や簡単なせりふを言っている。	● 簡単な言葉遊びや、言葉で表現する楽しさを感じる。	● 絵本を楽しみながら、簡単な言葉を繰り返したり、模倣をしたりして遊ぶ。

家庭・地域との連携

- 冬の感染症の情報をプリントや掲示板で知らせるとともに、子どもの小さな体調の変化にも注意し、保護者と丁寧に連携しながら病気の早期発見に努める。
- 年末年始の慌ただしい時季は生活リズムが乱れやすいため、保護者に「早寝・早起き・朝ごはん」の大切さを改めて伝え、生活リズムの見直しにつなげていく。
- ホームページや園外の掲示板、市の子育てサイトを利用し、地域の親子にお楽しみ会への参加を呼び掛けていく。

延長保育を充実させるために

★ 室内を装飾したり、子どもたちの好きな曲を流したりなどして、楽しく温かな雰囲気の中で過ごせるようにする。

書き方のポイント

※a1〜4　指針を踏まえて

a1〜4は、「言葉」の領域の内容⑤⑥⑦につながるところです。「内容の取扱い」の①②③についても、これらを意識した関わりを目指しましょう。また、子どもの反応に応答的に関わることで、言葉でのやり取りが徐々に長続きするように遊びを続けましょう。

※b1〜4　学びの芽を意識して

b1自分からしてみようとする、b2きれいになった心地良さを知る、b3自分の持ち物が分かり片付けようとするは、生活習慣における構えの形成を意識したものです。また、b4リズムに合わせて体を動かすことは、周りと自分を調整して合わせる経験を意識しています。

環境づくり(◆)と援助・配慮(●)	反省・評価 今月の保育終了後の文例として
● 苦手な物や食べ慣れない物を一口でも食べたときは共に喜び、少しでも多く食べようとする意欲へとつなげていく。 ● 一人ひとりの排尿間隔を把握してトイレへ誘ったり、尿意を示す子どものサインを見逃さず受け止めたりして、トイレでの排尿に慣れるようにする。 ◆ 手洗いせっけんの容器やペーパータオルとごみ箱を、子どもの手の届く所に置いておく。 ● おしぼりなど自分で片付けようとする姿を温かく見守り、目が合ったときには優しくほほえむなど、満足感が味わえるようにする。 ● 保育者も一緒に遊びながら、「おいしそうね」「一緒に食べようね」などのやり取りを多く取り入れ、喜びや楽しさを共有していく。※a4 ● クリスマスに関する絵本を読んだり、保育者がサンタ役をしたりすることで、子どもたちのイメージを膨らませ、つもり遊びを楽しめるようにする。 ◆ 石など危険な物がないか園庭を整備し、室内にマットや巧技台などを用意しておく。 ● 暖かい日は園庭に出て過ごしたり、室内にある大型遊具の組み合わせを工夫したりして、体を十分に動かして遊べるようにする。 ● クリスマスや冬の季節の曲などに合わせて保育者と一緒に歌ったり、手作り楽器を鳴らしたりして、リズムに合わせて体を動かして遊ぶ楽しさを感じられるようにしていく。	● こまめに消毒したり、家庭との連携を密に体調の変化を見逃さないようにしたりしたことで、感染症などの早期発見につながり、園内での流行を防ぐことができた。今後も体調管理に気を配り、冬を元気に過ごしていきたい。 ● 暖かい日は戸外で過ごすようにし、室内でも遊具の組み合わせを工夫したことで、十分に体を動かして遊ぶことができた。友達との関わりも増えて、言葉や物をやり取りして楽しむ姿が見られる。引き続き、見立てやつもり遊びを多く取り入れていきたい。
● マットや巧技台で自由に遊ぶ子どもの様子を見守ったり、時には保育者も一緒に遊んだりするなど体を十分に動かすようにしていく。	● 様々な運動遊びを楽しんだことが平衡感覚を育てたようで、ふらつきや転倒も減ってきている。
● やりにくそうなところはゆっくりと分かりやすく言葉を掛けたり手を添えたりして、"一人で履けた"という自信につなげ、自分でしようとする気持ちを大切にしていく。	● 思いを受け止めてもらって気持ちを切り替えられ、泣かずに自分でしようとする姿が見られる。
● 子どもの片言にゆっくりと耳を傾けて共感しながら、簡単な言葉を繰り返したり模倣したりして、絵本の内容を動作や言葉で表すことを楽しめるようにする。	● 片言に共感したり簡単な言葉のやり取りを楽しんだりして、語彙数がより増えたように思う。

保育士等のチームワーク

★ ノロウイルスやロタウイルスなどの感染症についての注意事項や、下痢便、おう吐物の処理方法について共通理解し、いつでも適切な対応が取れるようにしておく。
★ 一人ひとりの子どもの体調や発達の様子、生活リズムなどを共通認識し、保育者の役割分担についても再度話し合って、担当制のグループ編成の見直しにつなげていく。

指導計画　12月の計画

CD-ROM 指導計画 ▼ 12月の計画

12月の保育マップ

(●は子どもの姿やねらい ◆は環境
●は援助・配慮について記入しています)

保育のポイント　冬の始まり いっぱい遊ぼう！

クリスマス曲が、冬の始まりを告げているようです。個人差は大きいものの言葉数が増えてきた子どもたち。興味のある見立て・つもり遊びで簡単な言葉による伝達の楽しさを体験させましょう。足腰もしっかりしてきました。体をいっぱい動かして遊び、本格的な寒さに立ち向かいたいものです。

冬の始まり

つめた〜い
- 異年齢児と一緒にダイコン洗いに参加し、重みや水の冷たさを感じて、冬野菜に関心をもつ。
- ◆ 冷えた手をすぐに温められるように、湯や温めたタオルを用意しておく。
- 子どもの片言に耳を傾けながら、思いを受け止め共感していく。

うんとこしょ どっこいしょ
- 異年齢児と一緒にダイコンを収穫することを楽しむ。
- ◆ 引き抜きやすいように、土を掘り起こしておく。
- 収穫した喜びに共感し、見たり触れたりして興味をもつようにする。

はい どうぞ
- 砂場で型抜きした物をケーキなどに見立てて、保育者や友達とのやり取りを楽しむ。
- ◆ 砂場用のバケツや型抜き、空き容器、皿などを十分に用意しておく。
- 子どものつぶやきに共感しながら、保育者も一緒に簡単な言葉や物のやり取りを楽しむようにする。

のぼって おりて
- 保育者や友達と一緒に体を動かすことを楽しむ。
- ◆ マットや巧技台など、いろいろな遊具を用意する。
- 遊具の組み合わせを工夫し、全身を使って遊べるようにする。

ぽかぽかあったか
- 保育者や友達と一緒に、『おしくらまんじゅう』の歌に合わせて体を寄せ合って遊ぶ。
- ◆ 園庭に石など、危険な物が落ちていないか事前に確認しておく。
- 保育者も一緒に遊び、みんなで楽しめるようにする。

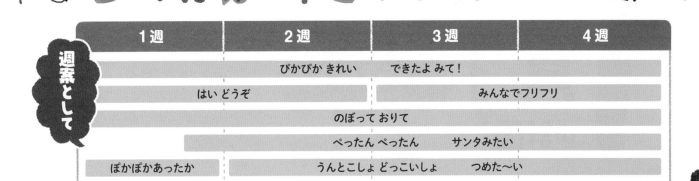

週案として

	1週	2週	3週	4週
		ぴかぴか きれい	できたよ みて！	
		はい どうぞ		みんなでフリフリ
		のぼって おりて		
		ぺったん ぺったん	サンタみたい	
	ぽかぽかあったか	うんとこしょ どっこいしょ	つめた〜い	

ぺったん ぺったん

- 手指を十分に使いながら、クリスマスのリース作りを楽しむ。
- ◆ いろいろな種類のシールや、両面テープを貼った紙片を準備しておく。
- できあがったリースを保育室に飾り、できた喜びを共有する。

サンタみたい

- サンタクロースになったつもり遊びを楽しむ。
- ◆ サンタの衣装や白い袋、空き箱で作ったプレゼントなどを用意しておく。
- 子どもたちのイメージが膨らむような言葉を掛けて、ワクワク感を盛り上げていく。

いっぱい遊ぼう！

ぴかぴか きれい

- 戸外から帰ったときや、食事の前には手洗いを行なう。
- ◆ 手洗いせっけんの容器は、子どもの手の届く所に置いておく。
- 保育者が手本となって、手のひら、手の甲、指の間、手首など手洗いの方法を丁寧に伝えていく。

みんなでフリフリ

- 『ジングルベル』などの曲に合わせて、歌をうたったり、手作りマラカスを振ったりして楽しむ。
- ◆ クリスマス曲など、季節の曲を用意しておく。
- 保育者も一緒にすることで、より一層、表現遊びを楽しめるようにする。

できたよ みて！

- 保育者に見守られながら、おしぼりを自分で片付けようとする。
- ◆ ロッカーの子どものマークを点検し、分かりやすいように大きく表示しておく。
- 自分でできたときには十分に認め、次への意欲につながるようにする。

指導計画　12月の保育マップ

1月の計画

今月の予定
- 正月遊び
- 身体計測
- 避難訓練

クラス作り 〜養護の視点も含む〜

年末年始の休み明けは体調や生活リズムに気を付け、寒い冬を健康に過ごしたい。保育者と簡単な歌や言葉遊びを楽しみ、友達との関わりを増やしていきたい。

健康・食育・安全への配慮

- 室内外の気温差や湿度に注意しながら手洗いやうがいを丁寧に行ない、感染症予防に努める。
- 餅や雑煮、七草がゆなどの正月ならではの伝統食に興味をもち、味わう。
- 避難経路や持ち物を確認し、毛布や紙パンツの備品一覧表を作成するなど、地震や火災に備える。

前月末の子どもの姿	ねらい	内容（🍴は食育に関して）
● 七草がゆをスプーンで、こぼしながらも一人で最後まで食べようとしている。 ● 自分でパンツを脱いでトイレに行き、「デター」と保育者に知らせている。 ● 上着を自分で脱ごうとするがうまくいかず、怒っている。 ● 外から帰ったり排せつしたりした後、保育者に促されて手洗い場に行くと、せっけんを付けて自分で洗おうとしている。 ● たこを触ったり、たこ揚げしている5歳児の後を追い掛けようとしたりしている。 ● 絵本に出てくる簡単なフレーズを保育者と一緒に言いながら、子ども同士で顔を見合わせにこにこしている。 ● 「ヨーイドン」と言うと、保育者と一緒にうれしそうにトコトコ走ろうとしている。 ● 巧技台の階段や一本橋など固定遊具を、一人で繰り返し上り下りしている。 ● 聞き慣れた歌に身振り手振りを加え、ピアノに合わせて歌おうとしている。	● 食事・排せつ・着脱・清潔など、簡単な身の回りの活動を、自分でしてみようとする。※b1 ● 保育者と一緒に簡単な正月の伝承遊び ※a1 をしたり、絵本に親しんだりする中で、自分なりの言葉で表現する ※b2 ことを楽しむ。 ● 体を十分に動かしたり、身近な曲に親しみ、それに合わせた体の動きを楽しむ。※a2 ※b3	● 食べ物に興味をもち、スプーンやフォークを使って、自分で食べようとする。🍴 ● 自分から、または誘われてトイレに行き、排尿をしようとする。 ● 簡単な衣服の脱ぎ着を自分でしようとする。 ● 自分で手を洗い、きれいになることを喜ぶ。 ● ビニールだこや絵合わせカード、手作りこまなどを保育者と一緒に楽しんで遊ぶ。※a1 ※b4 ● 保育者と一緒に絵本を見ながら、簡単な言葉やフレーズを繰り返したり、模倣をしたりして遊ぶ。 ● 上ったり下りたり、トコトコ走ったりして、全身を使う遊びを楽しむようにする。※a2 ● 保育者と一緒に歌ったり、リズムに合わせた体の動きを楽しんだりする。

個別の計画

		前月末の子どもの姿	ねらい	内容
E児	（1歳10か月）	● 思い通りにならないと持っている物を投げたり、のけぞったりすることが多い。	● 自分の気持ちを安心して表すことができるようにする。	● 気持ちを受け止めてもらい、安心して自分の気持ちを表そうとする。
S児	（2歳1か月）	● 緑色の野菜を嫌がり、全く食べようとしない。	● 楽しんで食事ができるようにする。	● 楽しい雰囲気の中で、苦手な物も少しずつ食べようとする。
T児	（2歳7か月）	● 絵本や玩具を「Tくんの」と言って、独り占めしようとしている。	● 身の回りの子どもに関心をもち、関わろうとする。	● 自分の物、人の物の区別に気付き、少しずつ他児と関わりをもって遊ぶ。

家庭・地域との連携

- 年末年始の家庭や園の様子を伝え合い、生活リズムを共に整えていくようにする。
- インフルエンザなどの流行しやすい感染症の情報や対処法をお便りなどにまとめて配布し、体調に変化が見られたときの連絡先を再確認しておく。
- 一人でトイレに行き、排せつしている様子を伝え、着脱しやすい衣服の補充を依頼する。
- "正月遊び"に地域の子どもたちへの参加を呼び掛ける。

延長保育を充実させるために

★ 保育者と一緒に好きな絵本を見たり、絵かるたやこまなどの正月遊びを、異年齢児でゆったりと遊ぶようにする。

書き方のポイント

※a1〜2　指針を踏まえて

a1は、「環境」領域の内容⑥につながるところです。「内容の取扱い」の③についても意識した関わりをめざしましょう。a2は、「健康」領域の「ねらい」の①②、「内容」の③につながります。「内容の取扱い」の①についても気を付けましょう。

※b1〜4　学びの芽を意識して

b1〜3は身辺のこと、言葉、体の動きに対して「自分で」から「自分なりのやり方や表現で」への育ちを意識しています。心地良い空間や衣服の置き方、気持ちの切り替えなどへの配慮は重要です。b4正月遊びでは数量・モノの概念や関係への気付きを促す学びがあります。

環境づくり（◆）と援助・配慮（●）	反省・評価 今月の保育終了後の文例として
●スプーンなどの握り方や一口量に気配りし、うまく口に運べたときは大いに褒めて自信につなげていくとともに、正月の伝統食にも興味をもてるようにする。 ◆トイレに子どもの喜びそうな絵や飾りなどを貼って楽しい雰囲気をつくり、清潔で心地良い空間をつくる。 ●尿意を知らせたり、トイレで排尿できたりしたときは、「おしっこでたね。やったね」などの声掛けをして共に喜び、自分でしようとする意欲につなげる。 ◆上下・前後が分かりやすいように着替え用の衣服を並べて置き、そばに脱いだ衣服を入れるかごや、牛乳パックで手作りをした長イスなどを用意しておく。 ●脱ぎ着しにくいところを手助けしながら、"自分でできた"の思いに共感していく。 ◆ミカンの皮を天日に干したり、水を入れたバケツを日陰に置いて氷を作ったりしておく。 ●ミカンの匂いや氷の冷たさを感じた子どもの気付きや驚きを受け止め、共感する。 ●絵本に出てくる子どもたちの好きなフレーズを、模倣しやすいように明るくはっきりした声やスピードに気を付けて読み、興味をもてるようにしていく。 ◆手作りこまやたこ、簡単な絵合わせカードなど正月遊びのコーナーを用意する。 ●巧技台や固定遊具を使ったり、簡単なリズムに合わせて体を動かしたりするときは、子どもの自発的な活動を大切にしながら、保育者も一緒に楽しんで遊べるようにする。	●簡単な身の回りのことを自分でしようとする子どもが増えている。できたときは大いに褒めて、自分でしようとする意欲につなげていきたい。 ●休み明けは、体調を崩す子が多かった。保護者への感染症情報の掲示やプリント配布で健康への関心が高まり、病気の早期発見につながった。暖かい日は戸外で遊ぶなど、この時季を健康に乗り切りたい。 ●正月遊びを通して伝承遊びの楽しさを伝えることができ、友達と一緒に遊ぶことの楽しさを感じているように思う。
●子どもの思いを受け止め、共感したり代弁したりすることで安定感につなげて気持ちをうまく切り替えられるようにし、E児も他児にもけがのないように十分に気を付けていく。	●思いを受け止め代弁することで、少しずつ気持ちの切り替えが早くなってきている。
●苦手な食材を見えにくくしたり、小さく切ったり、量を加減したり、喜んで食べている友達の様子を見たりするなどの工夫で、少しでも食べると大いに褒めて共に喜ぶが、無理強いしない。	●見た目だけで食べることを嫌がったが、量や形状を変えると少しずつ食べるようになってきた。
●独り占めしたい気持ちを十分に受け止めて、保育者の仲立ちで少しずつ友達と共通の玩具で遊ぶことができるようにし、一緒に遊ぶことの楽しさを知らせていく。	●保育者が一緒だと友達とのトラブルが減っている。引き続き見守っていきたい。

保育士等のチームワーク
★ 年末年始の休みの様子や健康状態の情報を共有し、一人ひとりの睡眠や食事などの生活リズムへの見直しを話し合っていく。
★ 行動範囲が広くなるので、一人ひとりの子どもの興味や動きの特徴などを共通認識し、保育者の立ち位置など役割分担を決めておく。

指導計画　1月の計画

1月の保育マップ

（●は子どもの姿やねらい　◆は環境
●は援助・配慮について記入しています）

保育のポイント　冬だいすき！

ミカンの皮を入れた足湯や氷の感触など五感をフルに活用する体験をいっぱい取り入れましょう。足腰もしっかりし、言葉数も増えています。寒くても戸外で体を動かすことが大好きな子どもたちです。たこ揚げや追いかけっこなど全身を使って楽しめるものも工夫しましょう。

ぴょんぴょん

- ● 戸外で、体を動かして遊ぶことの楽しさを知る。
- ◆ 園庭のくぼみがない場所を選ぶ。
- ● ウサギやカエルのまねをして跳びはねるなど、子どもが興味をもつように誘い、楽しみながら全身を使って体を温めるようにする。

よーいどん

- ● 保育者と一緒に追いかけっこをして楽しむ。
- ◆ 園庭に石など、危険な物が落ちていないか事前に確認しておく。
- ● 保育者も一緒に遊び、みんなで楽しめるようにする。

バイキン バイバイ

- ● 戸外から帰った後は、手洗いをする。
- ◆ 子どもの手の届く所にペーパータオルやごみ箱を置いておく。
- ● 保育者が横に付いて手洗いの仕方を見守り、一人ひとりに丁寧に伝えていく。

じぶんで

- ● 簡単な衣服の脱ぎ着を自分でしようとする。
- ◆ 着脱しやすいように、牛乳パックで作った手作りの長イスを用意しておく。
- ● 一人でしようとする様子を見守り、やりにくそうなところをさりげなく手助けしていく。

冬

正月遊び

- ● 保育者と一緒に、正月ならではの伝承遊びを楽しむ。
- ◆ 簡単なこま回し、絵合わせカードなどを用意しておく。
- ● 子どもの気付きやつぶやきに共感しながら、簡単な言葉のやり取りを楽しむようにする。

だいすき！

変身！

- バケツの水が氷になったり、天日干しのミカンの皮の色の変化に気付き、興味・関心をもつ。
- ◆ バケツに水を張って一晩戸外に置いたり、給食で食べた後のミカンの皮を天日に干したりしておく。
- 子どもの気付きや驚きに共感しながら、一緒に見たり触ったりして楽しむようにする。

ミカンの足湯

- 異年齢児と一緒に"ミカンの足湯"を楽しむ。
- ◆ テラスにイスと足拭きタオルを用意し、天日干ししたミカンの皮と湯をタライに入れておく。
- 湯の温度には十分に気を付けながら、子どもの気付きや言葉に耳を傾け、思いを受け止め共感していく。

ペタペタ

- つまむ、めくる、貼るなど手指を使う遊びを楽しむ。
- ◆ ビニールテープやマスキングテープなどを扱いやすい大きさに切り、台紙に貼っておく。
- はがしやすいように台紙に手を添えたり、シールの端を折ったりするなど一人ひとりの指先の発達に合わせて手助けする。

たこたこあ〜がれ

- 保育者と一緒に、簡単なたこ揚げを楽しむ。
- ◆ ポリ袋や油性ペン、シール、スズランテープなどを用意する。
- 保育者も一緒に遊び、たこ揚げを盛り上げ楽しむようにする。

2月の計画

今月の予定
・節分　・避難訓練　・ゆうぎ会

クラス作り ～養護の視点も含む～

冬の感染症予防に努めながら、健康に過ごせるようにしたい。また、友達との関わりの中で、体を動かしたり見立てたりしていろいろな物に親しんでいきたい。

健康・食育・安全への配慮

- 室内外の気温差に留意しながら、温度・湿度の調節や換気をこまめにし、感染症予防に努める。
- 豆やイワシを使った節分の行事食に興味をもつようにするとともに、アレルギーにも気を付ける。
- 行動範囲が広がり動きも活発になっているので、室内の整頓や遊具の点検など安全面に気配りする。

前月末の子どもの姿	ねらい	内容（🍴は食育に関して）
●「いただきます」と言って食べ始めたり、いらなくなると「ごちそうさま」と手を合わせたりしている。 ●「おしっこ」と言ってトイレへ行くが、間に合わずもらしてしまう子どももいる。 ●「鼻が出ているよ」と教えられ、ティッシュペーパーで拭いてもらっている。 ●脱いだ衣服を畳もうとしている。	●簡単な身の回りのことを自分でできる喜びを味わう。※b1	●食前・食後の挨拶を、動作や言葉で表そうとする。 ●尿意を保育者に知らせたり、自分からトイレに行って排せつしようとしたりする。 ●鼻汁が出ていることに気付き、自分で拭こうとする。 ●簡単な衣服の畳み方を知り、一人でしようとする。
●寒くても戸外で、異年齢児とうれしそうに遊んでいる。 ●「おいで」と友達を誘ったり、そばで同じことをしたりして遊ぼうとしている。 ●「ヘビ」「ひこうき」などと言って、粘土や洗濯バサミを使って遊んでいる。 ●歌をうたったり、手作りの太鼓やマラカスを鳴らしたりして喜んでいる。	●保育者や友達との関わりを楽しみながら、いろいろな物に親しむ。※b2	●保育者や友達と一緒に、体を十分に動かして遊ぶ。 ●気の合う友達や異年齢児に関心をもち、関わろうとする。 ●🍴手や指を使って遊びながら、いろいろな物に見立てて楽しむ。※a1 ※b3 ●🍴保育者や友達と歌をうたったり、手作り楽器を鳴らしたりして遊ぶ。※a2 ※b4

個別の計画

A児 （2歳6か月）	●アレルギーの既往症があり、食が進まないときもある。	●食事する喜びを味わう。	●友達と一緒に楽しい雰囲気の中で食べることを楽しむ。
F児 （2歳8か月）	●『桃太郎』などの物語絵本を読んでもらい、喜んでいる。	●保育者と一緒に絵本や簡単な物語などに親しむ。	●絵本や紙芝居を楽しんで見たり聞いたりし、簡単な言葉のやり取りを通して保育者と気持ちを通わせる。
H児 （1歳11か月）	●欠席が多く、登園時間にもばらつきがあり、遊びの中にうまく入れずにいる。	●友達に関心をもち、関わろうとする。	●保育者の仲立ちで、友達との関わり方を少しずつ身につける。

家庭・地域との連携

- 感染症の発生状況を掲示して保護者に知らせ、子どもの体調について連絡を密にするとともに、一人ひとりの健康観察を丁寧に行なって早期発見と予防に努める。
- 自分でしようとしている子どもの様子を伝え、成長を見守ることや待つことの大切さを知らせていく。
- 地域の家庭に、"子育て広場"への参加を呼び掛ける。

延長保育を充実させるために

★ 一人ひとりの日中の体調を丁寧に引き継ぐとともに、毛布なども用意してゆったりと過ごせるようにする。

書き方のポイント

※a1～2 指針を踏まえて
a1は「人間関係」領域の内容①、「環境」領域の②、「言葉」領域の①、「表現」領域の①～⑥につながります。a2は「人間関係」領域の③④⑥、「環境」領域の②、「言葉」領域の①、「表現」領域の①～⑥につながることを意識しましょう。

※b1～4 学びの芽を意識して
b1身の回りのことが一人でできる、b2友達と関わって、b3モノを使って見立て、b4自分で（音など）つくり出すことの喜びや楽しさを味わうことがポイントです。生活や遊びの中で「片言で表現しながらつながる」ことを意識しましょう。

指導計画 2月の計画

環境づくり（◆）と援助・配慮（●）	反省・評価 今月の保育終了後の文例として
●落ち着いた雰囲気の中で、「いただきます」「ごちそうさま」の挨拶の仕方を分かりやすく知らせ、子どもが自分でしようとする気持ちにつなげていく。 ●一人ひとりの排尿間隔を把握し、子どもによっては早めにトイレに誘うようにする。 ◆子どもの手の届く所にティッシュペーパーとごみ箱を用意しておく。 ●鏡を見たり言葉を掛けたりして、鼻のかみ方や拭き方を伝えて、きれいになった心地良さを味わえるようにする。 ◆畳んだ衣服を入れるカゴを用意する。 ●自分でしようとする気持ちを大切に、やりにくそうなところをさりげなく手助けしながら、一人でできた満足感を味わえるようにする。 ●異年齢児との交流は子ども同士の衝突など安全面に留意しながら、しっぽ取りなど保育者が仲立ちとなって楽しく関われるようにする。 ●保育者も一緒に仲間に入り、友達と「かして」「ありがとう」などの言葉のやり取りができるようにしていく。 ◆粘土や洗濯バサミなど手指を使って遊ぶ物を多めに用意する。 ●子どもの見立てやつもりに共感し、遊びのイメージが膨らむように関わっていく。 ◆子どもの好きな歌や手作り楽器を用意しておく。 ●保育者も一緒に歌ったり楽器を鳴らしたりして、楽しさを共有する。	●体調の変化に気付けるよう保育者間の情報共有を密にしたことで早めの対応ができ、感染症も流行せず元気に過ごすことができた。今後も保護者を含めて丁寧に連携をとっていきたい。 ●自分でやってみようという気持ちが強くなっている。さりげなく関わりながらできることを増やしていきたい。 ●友達の名前を呼び、誘い合う姿が見られる反面、玩具の貸し借りなどのトラブルも増えてきた。代弁して互いの気持ちが分かるようにし、「かしてね」「ありがとう」のやり取りができるように伝えていきたい。
◆他児の給食と区別するため、一人用トレイを用意する。 ●食べている様子を見守り、アレルギー症状にも気を配りながら、「おいしいね」など言葉を掛けて、食事が楽しいものになるようにしていく。	●楽しんで食事するようになってきた。これからも誤食などに注意しながら見守っていきたい。
◆好きな絵本を表紙が見えるように並べて置き、いつでも見られるようにしておく。 ●子どもの求めに応じて繰り返し読み、好きな絵本や紙芝居を十分に楽しめるようにする。	●友達と一緒に絵本を見ておしゃべりするなど、言葉数が増えてきた。
◆ままごとなどH児の好きな遊びを用意しておく。 ●好きな遊びを通して、楽しい雰囲気の中で簡単な言葉や物のやり取りをしたり、保育者が仲立ちしたりして少しずつ友達と遊べるようにしていく。	●「どうぞ」と食べ物の玩具を手渡すなど、少しずつ友達との関わりが増えてきた。

保育士等のチームワーク
★ 感染症の流行状況を把握して子どもの様子や体調の変化を共有するとともに、対応の仕方を共通認識しておく。また、その日の子どもの体調に合った遊びができるように、室内と戸外の役割分担も決めておく。
★ 一人ひとりの日中の体調を丁寧に引き継ぎ、毛布なども用意してゆったりと過ごせるようにする。
★ 節分の日は5歳児が鬼役をするので、行事参加に向けて5歳児担任を交えて話し合っておく。
★ アレルギーについて、栄養士・調理師・看護師との連携を密にするとともに、全職員に周知しておく。

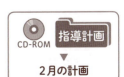
CD-ROM 指導計画 ▼ 2月の計画

2月の保育マップ

●は子どもの姿やねらい ◆は環境
●は援助・配慮について記入しています

保育のポイント 一緒に遊ぼ！

1年で最も寒い時季だからこそ、雪や霜、氷などの自然事象にふれる機会が増えます。見逃さず捉え、子どもの好奇心や興味に応えていきましょう。子どもは保育者と一緒に遊ぶのが大好きですが、気の合う友達もできてきます。仲立ちしながら、「自分もやりたい」と子ども同士が共感できる楽しい遊びをいっぱいつくり出すようにしましょう。

一緒に

きれいになったよ

- ● 鼻汁が出ていることに気付き、自分で拭こうとする。
- ◆ 子どもの手の届く所にティッシュボックスと蓋付きのごみ箱を置き、子どもの目線に合わせて鏡を用意しておく。
- ● 鼻汁が出ている子どもには「鏡見てごらん、お鼻出ていない？」と声を掛けて気付くようにし、きれいに拭けた後の気持ち良さを感じられるようにしていく。

じぶんで

- ● 脱いだ衣服を、自分で畳もうとする。
- ◆ 畳んだ衣服を入れるカゴを用意する。
- ● 自分でしようとしているときは、見守ったり、衣服の畳み方を伝えたりして、自分でできた喜びを味わえるようにする。

みてみて！

- ● いろいろな素材を使って、手や指を使う遊びを楽しむ。
- ◆ 粘土や洗濯バサミ、ひも通しなどを用意する。
- ● 子どもの自発的な活動を大切にしながら、時には保育者も一緒に遊びながら「〜みたいね」と言葉を掛けて楽しめるようにする。

雪・霜と遊ぼう

- ● 雪や霜などの自然事象を見たりふれたりして興味をもつ。
- ◆ 機会を逃さず捉えるようにする。
- ● 霜柱を踏んだときの音や、雪の冷たさを感じたときの子どもの気付きやつぶやきに耳を傾けて共感したり、言葉にならない思いを代弁したりして、好奇心や興味を満たすようにする。

どんなおと？

- ● 手作り楽器を使って遊ぶことを楽しむ。
- ◆ いろいろな素材（缶、ペットボトル、乳酸菌飲料の容器、ビーズ、小豆、ドングリ、砂、鈴、バケツ など）で作ったマラカスや太鼓を用意する。
- ● 好きなように音を鳴らしたり、「どんな音がするかな？」「きれいな音がするね」など音の違いにも興味をもてるよう言葉を掛けたりして楽しめるようにする。

週案として

	1週	2週	3週	4週
		じぶんで	きれいになったよ	
	おには〜そと！			
	雪・霜と遊ぼう		絵本だいすき	
		まてまて	しゅっぱーつ	
		みてみて！		どんなおと？

遊ぼ！

絵本だいすき

- 絵本や物語に親しみ、簡単な言葉を繰り返して遊ぶ。
- ◆ 好きな絵本と牛乳パックで作ったイスを用意し、いつでも見られるようにしておく。
- 子どもの要求に応えて好きな絵本や紙芝居を繰り返し読み、十分に楽しめるようにする。

おには〜そと！

- 異年齢児と一緒に豆まきを楽しむ。
- ◆ 新聞紙を丸めて豆に見立てた物を用意し、保育室を広く開けておく。
- 保育者も一緒に豆まきし、楽しさを共有する。

まてまて

- 保育者と一緒に追いかけっこやしっぽ取りなど体を使う遊びを楽しむ。
- ◆ 園庭に石が落ちていないか点検しておき、スズランテープなどで編んだ"しっぽ"を用意する。
- 安全面に気配りしながら保育者も一緒に遊び、全身使って遊ぶことの楽しさを味わえるようにする。

しゅっぱーつ

- 保育者と一緒に、"電車ごっこ"を楽しむ。
- ◆ 大小の箱やフープを用意する。
- 保育者が仲立ちしながら「のせて」「どうぞ」「○○へ出発！」などの言葉のやり取りをしてイメージを膨らませ、遊びを盛り上げていく。

指導計画　2月の保育マップ

3月の計画

今月の予定
- 修了の会
- お別れ会
- 身体計測
- 避難訓練

クラス作り ～養護の視点も含む～

日々の生活の流れに気付き、簡単な身の回りのことを自分から行なえるようにしていきたい。遊びを通して、友達への興味・関心が増し、関わりを楽しめるようにしたい。

健康・食育・安全への配慮

- 気温差に合った衣服を調節したり、一人ひとりの体調に留意したりするなど、健康に過ごせるようにする。
- 保育者と一緒に畑に行き、春野菜の生長を見たり触れたりして食材への興味・関心につなげる。
- 進級する保育室の玩具や用具などの安全点検を行なうとともに、消毒など衛生管理に努める。

前月末の子どもの姿	ねらい	内容（🍴は食育に関して）
●友達に「おいしいね」と言いながら、スプーンですくって口に運んでいる。 ●遊んでいる途中でも「おしっこ」と言って、自分でズボンを下ろし、トイレに行こうとする子どももいる。 ●食後は自分からベッドに入り、毛布を掛けてじっと目をつむっている。 ●「こっち?」「あってる?」と言いながら、上着の袖に手を通したり、ファスナーを上げようとしたりしている。 ●積み木を積み、倒れると友達と顔を見合わせ、声を上げて笑っている。 ●「おむつぬれてる」「ねんね」と、赤ちゃん人形に話し掛けながら、大人のすることをまねるように世話している。 ●育てている畑のキャベツに穴を見つけ、「むしさんがたべた」と保育者に知らせている。 ●歌に合わせて保育者や友達とふれあい、体を動かすことを喜んでいる。※a5	●安定した生活リズムの中で、簡単な身の回りのことを自分から進んでしようとする。 ●保育者や友達と一緒に過ごす中で気持ちを通わせたり、様々な物に触れて発見を楽しんだりする。※a1 b1 ●身近な音楽に親しみ、それに合わせた体の動きを楽しむ。※a5	●楽しい雰囲気の中で、自分で食事をしようとする。🍴 ●尿意を知らせたり、自分からトイレに行って排せつしようとしたりする。 ●午睡のリズムが形成され、自分からベッドに入って寝ようとする。 ●簡単な衣服や帽子・靴の脱ぎ着を自分でしようとする。 ●親しい友達と共通の玩具で遊ぶ中で、共に過ごす心地良さを感じる。※a2 ●世話をする保育者をまねて、簡単なごっこ遊びを楽しむ。※a3 ●身近な野菜の変化に気付き、興味や好奇心をもつ。 ●保育者や友達と一緒に、歌をうたったり全身を使ったりして遊ぶことを楽しむ。※a3 b2

個別の計画

	前月末の子どもの姿	ねらい	内容
R児（1歳11か月）	●遊んでいる玩具を友達が触ると、「Rちゃんの」と触らせないようにしている。	●好きな玩具で、友達と一緒に遊ぶことのおもしろさを知る。	●保育者の仲立ちで、少しずつ他児との関わり方を身につける。
A児（2歳4か月）	●体操やリズム遊びなどに参加しようとせず、友達の様子を見ている。	●友達と一緒に、伸び伸びと体を動かして遊ぶことを楽しむ。	●自分の気持ちを安心して表しながら、友達と一緒に体を動かして十分に遊ぶ。
Y児（2歳8か月）	●思いや出来事を話そうとするが、同じ単語の繰り返しや不明瞭な発音になる。	●保育者の見守りの中で、自分の思ったことを伝えようとする。	●保育者の応答的な関わりや話し掛けにより、自ら言葉を使おうとする。

家庭・地域との連携

■ 3月末から2歳児の保育室に生活の場を移すことを知らせ、子どもの様子や変化についてもこまめに伝え合いながら、進級に向けて無理なく慣れるようにする。
■ 新入園児の保護者に向けての説明会では、保育内容や注意事項などの周知を図るとともに、個別の面接では各家庭の情報を丁寧に収集して子ども理解に努める。
■ 地域に向けて、次年度の園庭開放の年間予定表を配布し、利用しやすいようにしていく。

延長保育を充実させるために

★ 異年齢児と好きな玩具で遊んだり、保育者に紙芝居などを読んでもらったりして、安定感をもって過ごしていく。

書き方のポイント

※a1～5　指針を踏まえて
a1～3の流れの中で、a2は「人間関係」の内容①③④、「環境」の②③に、a3は「健康」の①、「人間関係」の⑥の内容の経験につながります。a5は、「健康」の③、「人間関係」の①③④（年長児も含めると⑥も）、「表現」の②④の内容の経験を意識できます。

※b1～2　学びの芽を意識して
生活リズムが安定すると身辺のことを自分でしようとする気持ちが芽生え、友達に関心が向くようになります。b1一緒に様々なものにふれる、b2歌をうたうなどの気持ちを通い合わせる経験を通して、自分が他者と交わる存在であることへの気付きにつながるものです。

指導計画　3月の計画

環境づくり(◆)と援助・配慮(●)	反省・評価（今月の保育終了後の文例として）
● 食材の名前を言い合ったり、「いい匂いがするね」「かんだらガリガリと音がするよ」など子どもが興味をもつようなことばがけをし、楽しい食事の場になるようにしていく。 ● 尿意を催した子どもの感覚を大切にして知らせたことを褒めたり、自分でトイレに行こうとする様子を温かく見守ったりしながら寄り添っていく。 ◆ 食事の時間前に、ベッドの準備をしておく。 ● 食事が終わってから午睡までの流れを日々一定に保ち、安心して入眠に向かえるようにする。 ● 上着の袖を通そうとするときやファスナーの上げ下げを見守り、できにくそうなところをさりげなく手助けしながら、"自分でできた"の達成感や満足感が育つようにしていく。 ◆ 好きな玩具で遊べるように、種類や数を十分に用意しておく。 ● 栽培物の世話を丁寧にしている保育者の姿を一緒に見たり、野菜の虫食い跡などを目ざとく見つけた子どもの思いやつぶやきを見逃さず受け止め、共感したりしていく。 ◆ 人形、おむつ、布団、おんぶひも、哺乳瓶などを整えたコーナーを準備しておく。 ● 保育者も一緒に見立てや模倣遊びを楽しむことでイメージしやすくし、遊びが豊かなものになるようにしていく。 ● 時には保育者が仲立ちして一緒に歌ったり遊んだりしながら、友達とふれあって遊ぶ楽しさを経験できるようにしていく。※a4	● 日々の生活の流れを大切にしてきたことで、次の活動の見通しをもてるようになっている。保育者に見守られながら一人で身の回りのことをしようとしたり、簡単な決まりの大切さに気付いたりできるようにしていきたい。 ● 見立てや模倣遊びを保育者と一緒にすることでイメージがより膨らみ、言葉でやり取りして友達と遊びを共有することが増えた。今後も友達と共に過ごす楽しさを味わえるようにしたい。 ● 新しい保育室になじみのある玩具を準備したことで、そこで過ごす時間が徐々に延びている。
● 「Rちゃんが使っていたのね」「○○ちゃんも一緒に遊びたいんだって」と、子どもそれぞれの思いを代弁したり、保育者が仲立ちして同じ玩具で遊ぶことのおもしろさを知らせたりしていく。	● 一緒に遊ぶことで、玩具を取られる不安が小さくなり、友達との関わりも少しできてきた。
● そばに寄り添い、「○○ちゃん楽しそうだね」「Aちゃんはどんなことができるかな」と話し掛けたり、「一緒にする？」と誘い掛けたりしてみるが、嫌がるときは無理強いしないで自分からやってみようと思えるまで待つ。	● A児の気持ちを大切にしたことで、自分から簡単な動きをする姿が見られるようになった。
● 「そう、○○なのね」とY児の話したい気持ちを十分に受け止めて優しく応答し、安心して話せるようにしていく。	● 言葉の数は増えていないが、こちらの言葉をゆっくり繰り返すようになってきた。

保育士等のチームワーク
★ 一人ひとりの既往歴や家庭環境、成長や発達・生活習慣などをまとめたものを基に、次年度の担任と課題なども含めて話し合い共通理解しておく。
★ 異年齢児と一緒に好きな玩具で遊んだり、保育者に紙芝居や絵本を読んでもらったりして、安定感をもって過ごしていく。
★ 次年度のクラス運営やデイリープログラムなどを計画し、保育者間の連携がとれるようにしておく。

CD-ROM　指導計画　▼　3月の計画

3月の保育マップ

（●は子どもの姿やねらい　◆は環境
　●は援助・配慮について記入しています）

保育のポイント　一緒に遊ぶって楽しい！

保育者に見守られながら、食事やトイレ、着脱など簡単な身の回りのことを自分でしようとしています。進級を前に異年齢児との交流も増えて友達への関心も高まってきました。気の合う友達同士で手をつないだり、身近な草花や生き物を一緒に見たりして遊んでいます。一年間のまとめの月です。いっぱい楽しみましょう。

もうすぐ、○○組だね

- ● 異年齢児と一緒に"修了の会"に参加することに、興味・関心をもつ。
- ◆ 全クラスの配置を考えて、会場設置をしておく。
- ● 異年齢児の前で歌をうたったり、保育者の出し物を見たりして、進級への期待につながるようにする。

じぶんでできるよ

- ● 自分で上着を着たり、帽子をかぶったりしようとする。
- ◆ 上着や帽子を一人で取り出しやすいように、ハンガースタンドや帽子入れを入り口近くに置いておく。
- ● 自分でしようとする気持ちを大切に見守り、できたときの喜びに共感する。

○○組で遊ぼう

- ● 進級する保育室で、遊んだり食事をしたりして楽しむ。
- ◆ なじみのある玩具を準備する。
- ● 2歳児の保育室で新担任と一緒に遊んだり、過ごしたりして無理なく新学期を迎えられるようにする。

一緒に

手をつなごう！

- ● 友達や保育者と手をつないで遊ぶことを楽しむ。
- ◆ 『手をつなごう』『むっくり熊さん』など、簡単な歌や動きの遊びを選んでおく。
- ● 気分ののらない子どもには、しぜんに参加できるように見守り楽しめるようにするが、無理強いしない。

○○ちゃんと一緒に

- ● 保育者や友達と一緒に、わらべうた遊びを楽しむ。
- ● 手をつないだり、歌に合わせて体を動かしたり、友達同士のふれあいを楽しめるようにする。

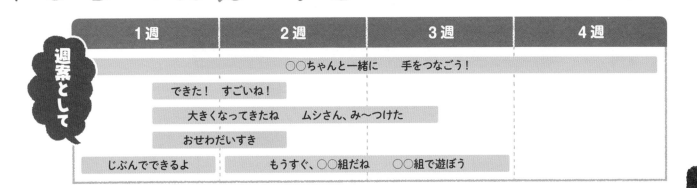

	1週	2週	3週	4週

週案として

○○ちゃんと一緒に　手をつなごう！

できた！　すごいね！

大きくなってきたね　　ムシさん、み〜つけた

おせわだいすき

じぶんでできるよ　　　もうすぐ、○○組だね　　○○組で遊ぼう

指導計画　3月の保育マップ

大きくなってきたね

- 園庭の草花や栽培物の芽吹きなどに気付いたりして親しみをもつ。
- 保育者自身が気付いた自然の変化を言葉で表し、子どもたちの関心や好奇心が芽生えるようにする。

ムシさん、み〜つけた

- アオムシやミミズなど身近な生き物に興味・関心をもつ。
- ◆ 飼育ケースとエサ、図鑑などを用意する。
- 生き物を大切にする気持ちをもてるよう話し、子どもの気付きに寄り添っていく。

遊ぶって楽しい！

できた！すごいね！

- 積み木を積んだり、ブロックを組み立てたり、汽車の線路をつないだりして十分に遊ぶ。
- ◆ 複数の子どもたちが遊べるように数を多めに用意しておく。
- 時には保育者も一緒に遊びながらイメージを膨らまし、友達とのやり取りを楽しめるようにする。

おせわだいすき

- 友達や保育者と、見立てやつもり遊びを十分に楽しむ。
- ◆ 人形、おむつ、布団、風呂用洗面器、おんぶひも、哺乳瓶などを整えておく。
- 「おむつ替えようね」「ねんね、とんとん」など優しく人形に接しながら世話遊びのイメージが膨らむようにしていく。

4月

テーマ 夜泣きをしていました

A児（1歳3か月）　4月10日（月）　天候（晴れ）

	家庭から		園から
食事	時刻／主食（またはミルク）、副食、その他		時刻／主食（またはミルク）、副食、その他
	前夜：あんかけ丼（野菜）、ミニトマト、ポテト、サヤインゲン	おやつ（午前）	牛乳（100ml）、せんべい（1枚）
		給食	ご飯、すまし汁、白身魚の竜田揚げ、お浸し、三色なます
	今朝：スナックパン、チーズ、プレーンヨーグルト、イチゴ、牛乳	おやつ（午後）	プレーンヨーグルト、ココアクッキー
睡眠	就寝　起床　21:00〜6:15	午睡	12:00〜13:30　16:45〜17:55
機嫌	良・普・㊠（悪）		良・㊠（普）・悪
排便	水・軟・㊠（普）・堅　1回		水・軟・普・堅　なし
入浴	㊠（有）・無　検温 36.7℃		検温（午睡前）36.4℃　（午睡後）36.7℃

連絡事項（家庭から）
　久しぶりに夜泣きして、30分くらいずっと泣いていました。自己主張が強くなって、ごはんを食べるのもオムツを替えるのも更に大変になってきたような気がします。
　疲れているのか、ぐずって機嫌は良くないです（ここのところ続いています）。

連絡事項（園から）
❶園の生活が始まってそろそろ2週間になり、Aくんにも疲れが出ているのかもしれませんね。
❷1歳を超えると自我が芽生え、何でも「イヤイヤ」の時期がきます。自己主張は "成長の証" とはいえ、お母さんも大変ですね。園でもご家庭ほどではないと思いますが、「イヤイヤ」はありますよ。
❸ままごとコーナーが落ち着くようで、ゆったり遊んでいることが多いです。おたまに、ミカンやトマトを載せると「あー」と言って保育者の口元に持って来てくれます。昼食では自分の食べたい物を指さして教えてくれます。

家庭からの翌朝のメッセージ
昨日も機嫌が悪かったのですが、疲れもあるのでしょうかね。
おままごとは好きで、家でもおもちゃの鍋にいろいろ入れて持って来てくれます。

書き方のポイント

❶ 大人も子どもも気疲れの多い4月です。自分の思いをまだ言葉にできないA児も、ストレスを抱えてか "夜泣き" しています。保護者の不安を受け止めて、様子を丁寧に知らせ、安心感をもつよう働き掛けましょう。

❷「イヤイヤ」は「自分の存在」をアピールし、自分を尊重してほしいという1・2歳児なりの意思表示です。大好きな大人に受け止めてもらったり、ダメと教えられたりすることで子どもは物事を判断できるようになります。子どもの成長に欠かせないものですが、大人にとっては厄介なものです。

❸ 園で我が子がどのように過ごしているかは、日中の様子が分からないだけに保護者にとってとても知りたい事柄でしょう。まして "夜泣き" するA児なので、このように遊び、過ごしているのだと分かるとホッとされるとともに、保育者への信頼感につながっていくことでしょう。

保護者にも伝えよう　発育・発達メモ

子どもの言葉にならない気持ちを見つめよう

　15か月頃までは、まだ言葉で気持ちをうまく言い表せないので、全て「イヤ」で表現してしまうことが多いのです。そして、思い通りにならない切なさや情けなさで泣くようになります。夜泣きもその延長ではないでしょうか。ただ、抱っこしてあげるだけでなく、「どうしたの」「何か嫌だったのね」など、まずは子どもの身になって、思いや気持ちを受け止めてあげましょう。自己主張は、自分を尊重してほしいという要求の表れです。芽生え始めた子どもの自我意識をしっかり受け止め、心の求めを見つめてあげたいものですね。

テーマ 家では甘えん坊です

B児（1歳11か月）　4月19日（水）　天候（晴れ）

		家庭から		園から
食事	時刻	主食（またはミルク）、副食、その他	時刻	主食（またはミルク）、副食、その他
	前夜	ご飯、みそ汁、ヤマイモのオムレツ、ホウレンソウのソテー	おやつ（午前）	リンゴ1/8個、牛乳90㎖
			給食	ご飯、白みそ汁、ホキのパン粉焼き、キンピラゴボウ
	今朝	ご飯、サケの塩焼き、筑前煮	おやつ（午後）	わらび餅1皿、牛乳90㎖
睡眠	就寝　起床　21:30 ～ 6:40		午睡　12:55 ～ 14:45	
機嫌	㊉良・普・悪		良・㊉普・悪	
排便	水・軟・㊉普・堅　1回		水・軟・普・堅　0回	
入浴	㊉有・無　検温　36:5℃		検温　（午睡前）36.7℃　（夕方）36.4℃	
連絡事項	園では頑張っているようですが、家ではかなりの甘えん坊です。最近は特にべったりして離れません。でも、くっついている間は安心するのかニコニコしていて、とてもかわいいです。用事をするときに少しの間構わないでいると、すねて、怒って、泣きわめいています。もうすぐお姉ちゃんになるのが、少し不安なのかな？		日頃しっかりしていて何でもできるBちゃんなので、ついつい頼りにしてしまいがちです。❶でもまだまだ甘えたい時期ですものね。❷時間をつくってスキンシップをとられているお母さん、すてきですね。園でもギューッと抱きしめるとうれしそうに身を預けてくれます。園庭の築山にひとりで登ったBちゃん。保育者と駆け下りて、大喜びしていました。その後、ひとりで下りようとして、❸ズルッと尻餅。それでも、泣かずに「えへへ」と笑っていましたよ。	
家庭から翌朝のメッセージ	赤ちゃんが生まれると、構ってあげられないときもあるだろうし、今はゆっくりBとひっついて過ごしてあげたいです。			

書き方のポイント

❶ 生活習慣など早く自立してほしいと望むのは、一般的にはどの保護者も同じ思いでしょう。でも子どもが自立していくためには、その前に十分な依存経験が必要です。この一文は、"甘え"の大切さを互いに再認識する一助になることでしょう。

❷ 出産を控えた母親の気掛かりを保育者はこのような書き方で受け止め、応援しています。そして、園でのB児への関わり方を知らせています。保護者の子育てへの意欲を高めることにつながる書き方です。

❸ 保護者にとって気になりながらも、ふだんなかなか見ることのできない日中の子どもの姿を一場面でも切り取り、伝えましょう。子どもの様子を知らせることは、保護者への支援に深くつながります。

連絡帳　4月

保護者にも伝えよう
発育・発達メモ
1歳児にとっての安全基地は母親への甘えです

人間の乳児は、非常に無能力で自分では何もできません。おなかがすいたり、オムツが汚れたりして不快になっても、泣いて訴えるしか生きる方法がなく、とても不安です。そのとき、一番身近な存在の母親はその不安を解消してくれ、唯一依存できる対象です。乳児は母親に愛着をもち、その対象に接近することによって安心を確保し、さらに母親を安全基地として、周りの環境の探索活動を始めることができます。しかし、その中で恐れや不安が生じると、また安全基地としての母親へ甘えを求めるようになります。情緒不安定な時期、甘えを受け止め次へのステップを支えることが大切です。

5月

テーマ イヤイヤが多くなりました

C児（1歳11か月）　5月26日（金）　天候（晴れ）

	家庭から		園から	
食事	時刻	主食（またはミルク）、副食、その他	時刻	主食（またはミルク）、副食、その他
	前夜	ご飯、みそ汁、野菜炒め、煮魚、レンコンの肉詰め	おやつ（午前）	チーズ、牛乳90mℓ
			給食	ご飯、照り焼き豆腐ハンバーグ、マセドアンサラダ、森のスープ
	今朝	パン、牛乳、バナナ	おやつ（午後）	バナナスコーン、牛乳、じゃこ
睡眠	就寝　　起床　21:00 ～ 7:15		午睡　13:30 ～ 15:05	
機嫌	㊛・普・悪		良・㊛・悪	
排便	水・軟・㊛・堅　なし		水・軟・㊛・堅　1回	
入浴	㊛・無　　検温　36.3℃		検温（午睡前）36.6℃　（午睡後）36.5℃	
連絡事項	イヤイヤが本当に多くなりました。朝起きてごはんを食べて、園の準備をするまでの時間は掛かるし、機嫌も悪くて困ります。しばらくは続きそうですね。気長に付き合います。体調は変わりありません。		自我が芽生え、自己主張をする2歳前後のこの時期、❶大変ですよね。❷園でも着替えや食事のときなど、手伝われるのを嫌がったり、そうかと思うとしてほしがったりすることもあります。そのときの気持ちに合わせて対応するようにしています。一緒に見守っていきましょうね。	
家庭から翌朝のメッセージ	いろいろな気持ちが揺れ動いているのですね。Cに合わせてよく対応してくださり、ありがとうございます。少し風邪気味のようです。様子を見ておいてください。よろしくお願いします。			

書き方のポイント

❶「気長に付き合います」と子どものイヤイヤ期に向き合おうとしている保護者の気持ちを受け止め、共感しています。このように"自分の気持ちを受け止めてくれた…"という安心感をもつことが「しばらく続きそう…」な我が子に向き合うときの"心のゆとり"につながることでしょう。

❷「イヤ」「ジブンデ」と自己主張する反面「シテ」と大人に甘えて依存します。園での様子を通して保育者が子どもの"言葉"と"心"の両方を受け止めて接していることを伝え、保護者に子どもとの向き合い方の参考にしていただきましょう。

保護者にも伝えよう　発育・発達メモ

子どもの「イヤ」は、将来の練習!?

生まれて1年たつ頃から日々「できること」が増えていきます。できることが増えてくると自己意識が高まり、「自分で」やろうとすることが増えます。大人の手助けを嫌がり、要求を拒否し始めます。そして「自分でしたい」わけでも「したくない」わけでもなく、むやみに「イヤ」を連発するようになります。この時期の「イヤ」は、とにかく反抗したいから反抗するという、大人より優位に立ちたいだけなのです。でもこれも角度を変えてみると、他者と真剣に交渉し始めている、本気で他者と向き合おうとしている証ではないでしょうか。将来「人の中で」生きていくための大事な練習なのです。そのように考えると、子どもとの向き合い方にも余裕が出てくると思います。

テーマ 1歳半健診でした

D児（1歳6か月）　5月12日（金）　天候（晴れ）

家庭から / 園から

	家庭から			園から	
	時刻	主食（またはミルク）、副食、その他		時刻	主食（またはミルク）、副食、その他
食事	前夜	ちりめんじゃこご飯、みそ汁、プチトマト、ハンバーグ		おやつ（午前）	ニンジンスティック、牛乳90ml
				給食	三色丼、ヒジキの煮物、アオナとカボチャのみそ汁、リンゴ
	今朝	食パン、ジャム、牛乳、バナナ		おやつ（午後）	ゴマクッキー、牛乳、じゃこ
睡眠	就寝 20:45 ～ 起床 6:45			午睡	11:00～11:20 13:10～14:55
機嫌	㊛・普・悪			㊛・普・悪	
排便	水・軟・普・堅　0回			水・軟・㊛・堅　1回	
入浴	㊛・無　検温 36.4℃			検温 （午睡前）36.6℃　（夕方）36.5℃	

連絡事項

家庭から:
昨日は1歳半健診でした。異状なしで無事終わりました。歯科検診ではまったく泣かず、先生に褒めてもらいました。私が仕上げ磨きをすると大泣きなのですが…。園で教えてもらったことをまねして「な～きましょ」と言って「えんえんえん」、「お～こりましょ」と言って「ぶんぶんぶん」とやっては上機嫌です。

園から:
Dちゃん、1歳半健診で、泣かなかったなんてすごいですね。❶無事終わり、良かったです。園でも手遊びやお気に入りの曲が聞こえてくると、❷覚えているところを歌ったり、身振り手振りで表現してくれたりして、とてもかわいいですよ。❸友達がまねをすると、一緒に踊って顔を見合わせてうれしそうにしています。

家庭からの翌朝のメッセージ:
そうですか、随分友達と一緒に遊ぶことが増えてきてうれしいです。今日も朝からひとりで歌をうたって絶好調です。

書き方のポイント

❶ 1歳半健診の受診結果の報告を受け取り、「健康記録簿」などに記入しておきましょう。"育ち"の情報を収集し、子どもの成長の喜びを共有することは、保護者支援の基本です。

❷ 子どもは自分なりの方法で表現することを楽しみます。それを受け止め、共感し、温かく見守っている保育者の姿勢は、その子なりの自由な発想やイメージを生み、表現活動を更に楽しく繰り広げていくことでしょう。

❸ 子どもは自分の"居場所"ができて安心感が得られると、それを基盤に友達への関心を広げていきます。このような保育の一場面を知らせると、保護者の信頼も一層高まることでしょう。

連絡帳　5月

保護者にも伝えよう　発育・発達メモ

保護者の喜びに応答する連絡帳

病院へ行くと、注射など痛いことをされる印象が強くなり、白衣を見るだけで大泣きの子どもが多いものですが、歯科で泣かずに褒めてもらい、うれしかったことを保護者が、保育者に伝えたかったのでしょうね。少し分別がついてきたD児の成長を「泣かなかったなんてすごいですね」と保育者に評価してもらい、打てば響くの応対に満足されたことでしょう。保護者の思いを受け止めた保育者の反応は専門性が高く、更に家で園の様子を伝えていることに対しても、園でうれしそうに踊っている姿を追記され記念に残る連絡帳になっています。こうした応答性が保護者との信頼関係の構築の基になると思います。

6月

テーマ ひとりでトイレができました

E児（2歳3か月）　6月14日（水）　天候（晴れ）

	家庭から		園から	
	時 刻	主食(またはミルク)、副食、その他	時 刻	主食(またはミルク)、副食、その他
食事	前夜	ご飯、酢豚、オクラ、スープ	おやつ(午前)	スティック野菜(サツマイモ)、牛乳100㎖
			給食	ご飯、麻婆豆腐、春雨の酢の物、中華スープ
	今朝	鮭ご飯、納豆、カニカマキュウリ、カボチャ	おやつ(午後)	キャロットケーキ、牛乳、コンブ
睡眠	就寝　　起床　　20:40 ～ 6:00		午睡　12:25 ～ 15:00	
機嫌	㊝・普・悪		良・㊞・悪	
排便	水・軟・㊞・堅　1回		水・軟・㊞・堅　1回	
入浴	㊲・無　検温　36.7℃		検温　(午睡前)36.6℃　(午睡後)36.7℃	
連絡事項	土・日は、オムツをぬらすことなくトイレでおしっこができました。まだ自分で「いく！」とはなりませんが、先生方のおかげです。夏が終わるまでにひとりでトイレでできたらうれしいです。		❶うれしいですね。❷園では時間を見計らってトイレに誘うと、タイミング良くしてくれることが多いです。 　今日は梱包材を使って遊びました。沐浴をして順番を待っている間、きちんと座って待っていました。沐浴も嫌がりませんでした。 　成長を感じますね。	

家庭から翌朝のメッセージ：家でもペットボトルや空き箱に興味をもって握っています。「あー」と言いながら私の方を向いて、何やら言いたそうにしています。いろいろと考えながら遊んでいる姿を見ているとおもしろいです。

書き方のポイント

❶ 保護者にとって我が子の成長を共に喜んでくれる保育者の存在は、有り難く心強いものです。保護者の安心は、子どもの安定した生活につながります。

❷ 排せつ機能の発達は神経の働きによりますが、排尿の自立は、①立って歩ける、②簡単な言葉が理解でき、尿意や便意を表現できる、③膀胱にある程度の尿がためられる、という3つの条件が整っていることが必要とされています。保育者に誘われてタイミング良く排せつできるのなら、自立ももうすぐです。「時間を見計らって」とありますが、「〇〇分間隔ぐらいに誘うようにしています」と具体的に伝えると家庭で声を掛ける目安になることでしょう。

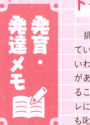

保護者にも伝えよう　発育・発達メモ

トイレへの誘い掛けは発達状況に応じて

排せつの自立は中枢神経系の発達とともに完成していきますが、おおよそ1歳3か月～1歳6か月頃といわれています。子どもの発達にはかなりの個人差があるので、発達状況を十分に理解してサポートすることが大切です。時期を見計らってオマルやトイレに誘い、"うまくいけば褒める""うまくいかなくても叱らず、オマルやトイレに慣れさせる"を繰り返し、排せつの自立を進めましょう。2歳過ぎてオマルやトイレで排尿できるようになっても、おしっこを我慢することはある程度までしかできず、遊びに夢中になってもらすこともあります。また、「おしっこ行くよ」と言われても、膀胱に尿がいっぱいたまっていないと排尿できないということも理解して、ゆったりと子どもに接していきましょう。

テーマ 絵本を見ません

F児（1歳9か月）　6月16日（金）　天候（晴れ）

		家庭から		園から	
食事	時刻	主食（またはミルク）、副食、その他	時刻	主食（またはミルク）、副食、その他	
	前夜	ご飯、筑前煮、みそ汁	おやつ（午前）	牛乳、レーズン	
			給食	カレーうどん、タラコのポテトサラダ、リンゴ	
	今朝	おにぎり、ウインナー、ヨーグルト、バナナ	おやつ（午後）	お茶、梅ゴマおにぎり	
睡眠	就寝　　起床　20:30 ～ 6:30		午睡　12:20 ～ 14:40		
機嫌	㊉・普・悪		㊉・普・悪		
排便	水・軟・㊉・堅　1回		水・軟・㊉・堅　1回		
入浴	㊉・無　　検温　36.3℃		検温　（午睡前）36.4℃　（夕方）36.7℃		
連絡事項	昨日、主人がFに絵本のお土産を買って来てくれました。うれしそうに持ってはいるのですが、見ようとしません。 　Fは体を動かす遊びが好きなようですが、園ではどうですか？　お迎えに行ったときも、あまり絵本を手にしている姿を見かけないので…。		❶大好きなお父さんからのプレゼント、うれしかったでしょうね。❷園でもFくんは体を動かして遊ぶのが好きで、元気いっぱい走る姿をよく見せてくれます。 　でも、保育者が絵本の読み聞かせをするときには、集中して見ていますよ。❸特に繰り返しのある絵本や動物が登場するものが好きで、声を出して喜んでくれます。 　今日は保育者のまねっこをして、友達に絵本を読んでいましたよ。	

家庭から翌朝のメッセージ：園では絵本を見ているようで安心しました。繰り返しのある絵本や動物の絵本、参考になります。家にある絵本はFにとって難しかったのかもしれません。私も時間をつくって読み聞かせをしてみようと思います。

書き方のポイント

❶「お土産の絵本を見ようとしない」と残念な気持ちを訴えてくる保護者に対し、"Fくんはパパのプレゼントがうれしかった"に焦点を絞ってサラッと返しています。ネガティブさが消え、ほのぼのとした温かさを感じます。

❷「園ではどうですか？」の問いに、元気いっぱいながらも絵本に集中する姿を伝えています。連絡帳のやり取りで保護者の悩みや疑問が解消して心が安らぐならば、子育て支援の機能を十分に果たしたことになるでしょう。

❸この時期の子どもたちが興味をもつ絵本の特徴を知ってもらいましょう。保育の場で読み聞かせているときの子どもの表情や反応、本のタイトルを紹介することも、保護者の本選びの参考になります。

連絡帳　6月

保護者にも伝えよう　発育・発達メモ
子どもにとって絵本とは大人との情緒的な交流の場

絵本とは「絵と文章とが互いに主体性をもちながら生かし合い、主題を浮き彫りにして感性に訴える本」と、筆者は定義しています。言葉を覚え、感受性が鋭くなる1歳児にとって、大人と子どもの楽しい語らいや、思いの共有ができ、情緒的な交流が起こって精神的な満足感を味わうことができるとともに、外界の認識が広がっていく優れた教材です。体を動かす遊びが好きなF児も、絵本の読み語りが好きなようですね。園での絵本に集中している姿を、伝えることによって、母親も安心するとともに、家にある絵本を再確認し、F児に合った絵本を読み語ることに意欲をもたれたようですね。絵本を選ぶ基準を伝えましょう。

7月

テーマ 手づかみ食べが気になります

G児（1歳5か月）　7月19日（水）　天候（晴れ）

		家庭から			園から
食事	時刻	主食（またはミルク）、副食、その他	時刻	主食（またはミルク）、副食、その他	
	前夜	ご飯、焼き鳥、ポテトサラダ	おやつ（午前）	牛乳、キウイフルーツ	
			給食	ご飯、鶏肉の梅ソース煮、ブロッコリーのサラダ、リンゴ	
	今朝	パン、ヨーグルト、バナナ	おやつ（午後）	牛乳、マカロニきなこ	
睡眠	就寝　起床　20:40 ～ 6:30		午睡　12:30 ～ 14:45		
機嫌	㊛・普・悪		良・㊛・悪		
排便	水・軟・㊛・堅　1回		水・軟・㊛・堅　1回		
入浴	㊛・無　検温 36.7℃		検温（午睡前）36.4℃　（午睡後）36.7℃		
連絡事項	スプーンやフォークを机に用意していても、手づかみで食べようとするGです。食事前にはきちんと手を洗っているのですが、やっぱり気になります。園ではどうですか？		園では、その日のメニューにもよりますが、手づかみで食べることもあります。しかし、❶保育者がそっと手を添えてみたり、スプーンに食材を乗せたりして口元まで運ぶと、うれしそうに口を開けて食べてくれますよ。「スプーンで食べたね」と声を掛けると、❷"もういっかい"と言わんばかりにスプーンを渡してくれました。少しずつ慣れていきたいですね。 　今日は園庭で泥遊びをしました。泥の感触を全身で楽しむGちゃん、ダイナミックでしたよ！		
家庭から翌朝のメッセージ	家では、私がスプーンを使って食べているところを見せていただけだったので、とても勉強になりました。早速、夕食のときにスプーンに乗せてから渡すと、得意気に食べてくれました。続けてみようかと思います。昨日の帰り、園庭の横を通ったときに「アッ！　アッ！」と言いながら指をさしていたのは、泥遊びが楽しかったのですね。				

書き方のポイント

❶ 保育者の援助の仕方を伝えています。子どもの気持ちを察知し、それに合ったタイミングで食事の介助をしています。具体的に伝えることで家庭でも進めることができます。食の満足感と人と共感する体験が基になり、スプーンやフォークなどの食具を使って食べる能力も発達していきます。

❷ 保護者の食事に関する悩みは、子育てのストレスになりますが、保育者や友達と楽しく食べている様子が分かると安心です。園と家庭との連携を密にすることは欠かせません。

保護者にも伝えよう

"食事と手洗い"自立への芽生えに向けて

　13〜18か月頃に、離乳食の完了期を迎えます。食べたい物を指さしたり、スプーンに興味をもって使い始めたりしますが、手づかみ食べもしばらくは並行して続きます。この時期は、自我が芽生えて大人に介助されるのを嫌がりますが、自分で食べようとする子どもの意欲を大切にし、まずは楽しく食べることを目指しましょう。食事の前後や汚れたときなど、感染症予防にも有効なのが手洗いです。汚れたら「気持ち悪い」、手を洗ってきれいになったら「気持ち良い」という、"不快"と"快"の感覚をつかませましょう。そのためにも、子どもの状態を言葉にして伝え、まずは自分で汚れに「気付く」ようにしましょう。清潔の習慣づくりは、大人自身が「清潔」を意識することが大切です。保護者の気持ちを前向きに受け止めましょう。

テーマ ブロックが大好き！

H児（2歳2か月）　7月21日（金）　天候（晴れ）

	家庭から		園から	
	時刻	主食（またはミルク）、副食、その他	時刻	主食（またはミルク）、副食、その他
食事	前夜	ご飯、ウインナーとキャベツの炒め物、吸い物、ブドウ	おやつ（午前）	乳酸菌飲料、バナナ
			給食	豚肉の南蛮炒め、ゴボウサラダ
	今朝	蒸しパン、牛乳、ブドウ	おやつ（午後）	ミルクココア寒天
睡眠	就寝　　　起床 22:00 ～ 6:00		午睡 12:50 ～ 14:50	
機嫌	ⓐ・普・悪		良・㊤・悪	
排便	水・軟・㊤・堅　1回		水・軟・㊤・堅　1回	
入浴	有・無　検温 36.5℃		検温 （午睡前）36.5℃	（夕方）36.7℃
連絡事項	最近、家でもブロックが大好きで、夜寝るときも「つくってから！」となかなか終わりません。園では"おしまい"の合図など何かありますか？		❶切り替えがなかなか大変ですよね。順番を替わるときには、❷10まで数える歌をうたっておしまいにしています。他には、「どうしたい？」「〇〇の後にまたする？」など子ども自身に決めてもらうことで、スムーズに気持ちを切り替えることもあります。試してみてください。❸またお話、聞かせてくださいね。	

| 家庭からの翌朝のメッセージ | 「おしまい」の方法を教えていただいてありがとうございました。昨夜は「つくったブロックといっしょにねる」と自分から言いだし、すんなり眠ってくれました。 |

書き方のポイント

❶ 日々"できること"が増え、できることをたっぷりと楽しみたいこの時期は、自分本位の行動が強く出て、大人の要求をあえて拒否することも多くなり、てこずられます。まずはこのように、保護者の大変さを受け止めましょう。

❷ このように園でのやり方を紹介し参考にしてもらうことは、『保護者の養育力の向上に資する』ことになり、保育者に課せられた保育指導の一環です。

❸ 後につなぐことも忘れないようにしましょう。子育ては"共育て"、保護者との連携が大切です。

連絡帳　7月

保護者にも伝えよう

子どもが納得したベビーサインで区切りを付ける

手先が器用になり、イメージが育ってくると、物を作ることに関心が向いてきます。しかも集中力がついて遊びに没頭できることはすばらしい能力の芽生えです。喜ばしいことですが、まだ生活の見通しや段取りは頓着しませんので、保護者が悩むところです。活動の区切りを付けるために「おしまいの合図はありませんか」と相談されたことはすばらしいですね。大人の一方的な権威で遊びを取り上げると、子どもを傷つけ、意欲を損なうでしょう。園では子どもが自分で気持ちを切り替えることを大切にされ、おしまいの歌をうたっていることを伝えられました。一種のベビーサインです。園と共通の約束事で子どもも納得したことでしょう。

8月

テーマ 帰宅すると大泣きします

I児（1歳11か月）　8月17日（木）　天候（くもり）

	家庭から		園から
食事	時刻 ／ 主食（またはミルク）、副食、その他	時刻	主食（またはミルク）、副食、その他
	前夜 ／ ご飯、煮魚、筑前煮	おやつ（午前）	バナナ1/4、乳酸菌飲料
		給食	ひじきの甘辛煮、切り干し大根のみそ汁、ご飯
	今朝 ／ うどん、ゼリー	おやつ（午後）	ヨーグルト
睡眠	就寝　起床　20:50 〜 5:50	午睡 12:50 〜 14:50	
機嫌	㊉・普・悪	良・㊉・悪	
排便	水・軟・㊉・堅　0回	水・軟・㊉・堅　1回	
入浴	㊉・無　検温 37.2℃	検温（午睡前）37.0℃　（午睡後）36.9℃	
連絡事項	最近、外遊びをしているときはご機嫌なのですが、帰宅したとたん駄々をこねて泣きだします。何でも「イヤー、イヤー」と嫌がり、その繰り返しです。以前より激しいです。今日も朝からスイッチが入って大泣き。私もぐったりしています。	お母さんも❶大変ですね。この時期の関わり方は、本当に難しいですね。園でも「靴下脱ごうね」などと伝えたとき、❷「イヤー、イヤー」と言うことがあります。そのときは「嫌だね」とIくんの気持ちに寄り添うようにしています。しばらくすると落ち着いて自分からお友達と一緒に靴下を脱いでいましたよ。	

家庭から翌朝のメッセージ　帰宅すると、いつものように「イヤー、イヤー」と大泣きしていましたが、そばで見守ることにしました。しばらくしてから「おいで、抱っこしようか？」と声を掛けると、「うん」とうなずいて私の膝に座り、それからは落ち着いて夕食もしっかり食べました。

書き方のポイント

❶ 保護者は「大変ですね」「難しいですね」と言葉を掛けてもらうことで、自分の気持ちを受け止めてもらえたと感じ安心します。子どもの"イヤイヤ期"は、保護者にとっての"葛藤期"です。送迎の際に保護者に言葉を掛けるなどすると、連絡帳が家庭と園をつなぐ架け橋になります。

❷ この時期の子どもは葛藤しながらも気持ちを立て直し、困難を乗り越える力が養われていきます。保育者の援助を具体的に伝えると、家庭での育児の参考になります。

保護者にも伝えよう　発育・発達メモ

「イヤ」「イヤ」の連発は、自我の芽生えの証

子どもは1歳半を過ぎた頃から「自分」を意識するようになります。"大人の言いなりになりたくない。自分で決めたい"という気持ちが芽生え、「○○しなさい！」といった命令形の言葉には必ず「イヤ！」と反応します。これは1歳半頃に見られる発達特徴の一つで、自我が芽生えてきた証ですので、大切に受け止めていきましょう。学童期、思春期を見通したとき、自我がしっかりと育つことはとても大切です。「イヤ」「イヤ」を連発するようになったら、できるだけ選択場面を多く設けて自己決定できるようにしてあげましょう。1歳半頃は、二つの物を見比べて選ぶ力を獲得しています。「どっちがいい？」と聞くと、好きな方を選びます。2歳頃まではこのような方法でうまく行動を切り替えられることも多いのではないでしょうか。

テーマ 姉のすることをしたい！

J児（1歳9か月）　8月4日（金）　天候（晴れ）

	家庭から		園から	
食事	時刻	主食（またはミルク）、副食、その他	時刻	主食（またはミルク）、副食、その他
			おやつ（午前）	牛乳、ビスケット
	前夜	炊き込みご飯、みそ汁、きんぴら	給食	ご飯、みそ汁、高野豆腐の玉子とじ、魚の南部焼き、レモン和え
	今朝	バナナ、牛乳	おやつ（午後）	牛乳、おにぎり
睡眠	就寝　　起床　　21:15 ～ 6:00		午睡　12:10 ～ 14:30	
機嫌	㊛ ・ 普 ・ 悪		㊛ ・ 普 ・ 悪	
排便	水 ・ 軟 ・ ㊞ ・ 堅　1回		水 ・ 軟 ・ 普 ・ 堅　0回	
入浴	㊛ ・ 無　検温 36.4℃		検温 （午睡前）36.7℃　（午睡後）36.7℃	
連絡事項	姉のすることを何でもしたくなるJ。姉がペンでお絵描きしているとそのペンを「つかいたいー！」、子どもイスに座って遊んでいると「そこにすわりたいー！」。終始ぐずって大声を出しています。「貸して」を教えている最中ですが、いつも姉が折れてくれています。		❶優しいお姉ちゃんですね。Jくんもきっとお姉ちゃんが大好きだからこそ、していることが気になるのでしょうね。園でも戸外遊びのときなどお姉ちゃんを見かけると駆け寄って一緒に遊んでいます。❶本当に仲のいい姉弟ですね。 今日は水遊びをしました。❷自分のバッグが分かり保育者の所に持って来てズボンを脱ぎ始めるJくん、脱ぐのがとてもじょうずになりましたね。せっけんで泡を出すと手でいっぱいすくってうれしそうに見せてくれました。	
家庭から翌朝のメッセージ	本当に脱ぐのは上手になりましたよね。服を着るのはまだまだみたいですね。			

書き方のポイント

❶ この時期の子どもは実によく周りのことを見ていて同じことをやりたがります。まして大好きな姉のしていることなら、なおさら模倣したくなることでしょう。この模倣したくなる気持ちが、見立てや振り行為を活発にし、やがてごっこ遊びへと発展していく基盤となるのですが、ここでは、姉弟仲に焦点を当てています。これも、子どもと保護者の安定した関係に配慮した支援の一助となることでしょう。

❷ 園での一場面を切り取って、保護者に伝えています。自分の持ち物が分かり、自分からズボンを脱ごうとし始めるJ児。「脱ぐのが上手になりましたね」と、成長の喜びを伝えています。翌朝のメッセージからも分かるように、保育者と保護者の間でこのように成長の喜びを伝え合うことは相互の理解を深め、よりいっそう信頼関係を築くことにつながるでしょう。

連絡帳　8月

保護者にも伝えよう
芽生えた自己が明確になり、姉と対等になりたい主張の表れ

姉弟関係が少なくなった現代、社会性の育ちが乏しい子どもが増え、問題になっています。社会性とは「個人が存在する社会の中にあるルールやふるまいかたを身につけ、自分らしく生きていくこと」（一松麻実子：著『人と関わる力を伸ばす』すずき出版、2002）と定義されています。1歳前半から2歳半前後の時期になると、自分のつもりを主張し始め、J児のように憧れの姉のすること、持っている物を欲しがって譲らない姿が出現し始めます。「貸して」という言葉による訴える力を教えておられる段階だそうですが、とても大切なことです。園でも自己主張を受け止めながらも、「貸して」の言葉による抑制を伝える指導をしましょう。

9月

テーマ トイレ、頑張ってます

K児（2歳2か月）　9月15日（金）　天候（晴れ）

	家庭から		園から	
食事	時刻	主食（またはミルク）、副食、その他	時刻	主食（またはミルク）、副食、その他
	前夜	ご飯、鶏の照り焼き、サラダ、スープ	おやつ（午前）	牛乳、じゃこ
			給食	豚肉のみそ炒め、コマツナのゴマ和え、がんもの含め煮、豆腐とワカメのスープ、ご飯
	今朝	パン、牛乳、サラダ、スープ	おやつ（午後）	ちんすこう、お茶
睡眠	就寝　　起床 21:00 〜 6:30		午睡 12:30 〜 14:50	
機嫌	㊛・普・悪		㊛・普・悪	
排便	水・軟・㊛・堅　1回		水・軟・普・堅　0回	
入浴	有・㊝　検温 36.2℃		検温 （午睡前）36.7℃　（午睡後）36.8℃	
連絡事項	家でもトイレでの用便を頑張っています。朝起きてすぐは、毎日トイレでできています。昨日はお風呂に入っていると急に「おしっこでる〜」と言うので慌てて外へ…。今まではお風呂の中でしてしまい、「でちゃった」と言うことがあったので、これからはトイレでしてくれるといいのですが…。		おしっこが出ることを伝えてくれたのですね。❶園でも「でる〜」と教えてくれるようになっています。トイレに行く途中で「ぬれた」と言うこともありますが、少しずつタイミングも合ってきたので、❷焦らずに進めていきたいですね。今日は2歳児のお兄ちゃんにドングリを見せてもらい、「ドングリかたいなぁ」「これあかいろ？」など興味津々で触っていましたよ。	

家庭から翌朝のメッセージ：トイレでの排せつは、もう少しかな…と期待しつつ焦らずにいきたいと思います。今日は鼻水が出ています。機嫌は良いのですが様子を見てください。

書き方のポイント

❶ 排せつの自立に向けて、体の準備が整ってきているようですね。「トイレに行く途中で『ぬれた』と言うこともありますが」の文章の後に、排尿間隔に合わせて、トイレに誘うなど、保育者の対応を書いておくと子育てのヒントになります。

❷「焦らずに」の言葉に、保育者のメッセージが込められているように思います。保護者の子どもの育ちへの期待が大きくなり過ぎて、うまくいかないときにガッカリしたりイライラしたりしないように、保育者が協力して支援しましょう。

保護者にも伝えよう　発育・発達メモ

身体的葛藤体験が自己存在感を生む

「でた」「でる」「ぬれた」…このような排せつの訴えには、現在、過去、未来の時間差があります。尿道筋の発達に伴って、子どもは膀胱に尿をため、やがてその筋を自分で調整できるようになります。それには学びが必要です。子どもの「いま」の体感や行動を言葉にし、モデルを見せながら繰り返し経験できるような大人の関わりや環境が大切です。この過程には、「不快」な感覚を「快」に変えるための葛藤体験と身体的な調整体験が含まれています。また、前、今、後という時間の流れを身体的に体感する機会でもあります。こうした体験の積み重ねが、自己存在の気付きにつながります。

テーマ 腹が立って叱ってしまいます

L児（2歳1か月）　9月28日（木）　天候（晴れ）

	家庭から			園から	
食事	時刻	主食（またはミルク）、副食、その他		時刻	主食（またはミルク）、副食、その他
	前夜	ご飯、みそ汁、高野豆腐 ブタ肉のショウガ焼き		おやつ（午前）	牛乳、じゃこ
				給食	クリご飯、コマツナと麩のみそ汁、サケの塩麹焼き、みぞれブロッコリー、五目きんぴら
	今朝	パン、飲むヨーグルト		おやつ（午後）	リンゴゼリー、ウエハース
睡眠	就寝　起床 21:30 ～ 6:00			午睡 12:30 ～ 14:50	
機嫌	㊛・普・悪			㊛・普・悪	
排便	水・軟・㊨・堅　1回			水・軟・普・堅　0回	
入浴	㊪・無	検温	36.8℃	検温	（午睡前）36.8℃　（夕方）36.6℃
連絡事項	おとなしく遊んでいるなと思い用事をしていると、急におもちゃを投げたり、大きな声を出したりします。「やめなさい」と何度言ってもケラケラ笑って繰り返すので、声も大きくなるし、腹が立って叱ってしまいます。			❶何度もされるとお母さんも大変ですね。 　園でも保育者が他の子どもと遊んでいると大きな音を立てて、ブロックを投げるなどしています。「わあ」と反応するとうれしいようでケラケラ笑って何度もします。❷おうちでもLちゃんの"こっち見て"の気持ちがたくさん出ているようですね。大げさにならないように少し控えめに言葉を掛けているとまた遊び始めますよ。 　散歩に出掛けたときは保育者の手をぎゅっと握ってご機嫌で歩いていました。	
家庭から翌朝のメッセージ	構ってほしいのですね。つい大きな声で反応してしまうのと叱っているのに笑うので、余計に腹が立ってしまいます。トーンを上げずに応えるようにしてみます。				

書き方のポイント

❶ 子どもの意味不明な行動に戸惑う保護者の大変さに共感する一言になっています。保護者との信頼関係を構築するには、その思いを受け止めて理解を示すなどの一つひとつの積み重ねを欠かすことはできません。

❷ 子どもの取る困った行動も、視点を変えれば「ああ、そうだったのか」と理解でき、気持ちが楽になることでしょう。保育者が保護者の気持ちに寄り添い、子育ての見直しができるようにアドバイスしたり、園での関わり方を知らせたりすることは育児支援の基本です。

連絡帳　9月

保護者にも伝えよう　子どもの心に寄り添う子育てを

子どもも2歳になると、「ひとり遊び」をするようになり、保護者も自分の用事をしがちですが、子どもは、大好きな保護者がそばで遊びを見つめ、喜んでいるときには一緒に喜び、子どもと心を共有することで、安定してひとり遊びに没頭できるのです。心の安全基地があることで、子どもは新しい遊びを開拓していく意欲をもちます。園からの連絡帳に「Lちゃんの"こっち見て"の気持ちが出ているようですね」と書かれていますが、まさにその通りです。自分への関心を求めて保護者の気を引くようなサインを出し、「やめなさい」と叱っても「ほらこっちむいた」とケラケラ笑うのです。「構ってほしいのですね」、そうなんですよ。

10月

テーマ 指吸いが気になります

M児（1歳7か月）　10月5日（木）　天候（くもり）

	家庭から		園から	
	時刻	主食（またはミルク）、副食、その他	時刻	主食（またはミルク）、副食、その他
食事	前夜	エビとブロッコリー炒め、納豆、ご飯、カボチャ煮	おやつ（午前）	
	今朝	スティックパン、バナナ、牛乳	給食	唐揚げ丼、ゴマ和え、みそ汁
			おやつ（午後）	焼きそば、牛乳
睡眠	就寝　　起床　　21:00 〜 7:00		午睡　12:10 〜 15:00	
機嫌	㊛・普・悪		良・㊛・悪	
排便	水・軟・普・堅　0回		水・軟・㊛・堅　1回	
入浴	㊲・無　検温 36.6℃		検温（午睡前）37.0℃	（午睡後）37.1℃
連絡事項	以前より少しはましになってきたものの、指吸いが気になります。前歯も少し出てきているので心配です。日中だけでもやめられるようにしたいので、園でも吸っていたら注意していただけると助かります。納豆が大好きで、昨夜は1パック全部食べました。		❶お母さんも心配ですね。指吸いをしているときは、声を掛けるようにしますね。❷園では、午睡時のゴロゴロしているときに、指を吸っています。手を握る、絵本を読むなど指が口にいかないようにしますね。活動しているときは忘れているようなので、ふれあい遊びや好きな遊びに誘って様子を見ていきたいと思います。一緒に見守っていきましょう。	

家庭から翌朝のメッセージ
ありがとうございます。あまり神経質にならないよう気を付けます。
服の好みが出てきたのか、お風呂上がりに着たシャツを嫌がり、違うシャツを指さし「あっち」と言われました。

書き方のポイント

❶ 保護者の思いをしっかり受け止めています。困ったことを連絡帳に書くのは、保育者との信頼関係ができているからでしょう。保護者を理解し支えてくれる保育者の存在そのものが保護者支援ですね。

❷ 園での子どもの様子や保育者との関わりを具体的に知らせることは、家庭での子育ての参考になります。保護者の子育て力を高めることにつながるでしょう。

保護者にも伝えよう　発育・発達メモ

発達の一過的な現象としての指吸い

指吸いは、よく愛情不足からくる欲求不満のようにいわれます。そうした場合もありますが、発達的に体が変化する不安定さから起こる場合もあります。1歳6か月前後は、歩行が安定し転ばないで歩けるようになります。周りへの好奇心も増し、保護者から離れて探索活動を活発に楽しむようになります。新奇な出来事にもたくさん出会い、楽しい反面、緊張も伴います。周りへの認識も深まり、自分の好みや意向がはっきりしてきます。好きな色や形で食べてしまう偏食が現れるのもこの時期です。全身運動や散歩などをしっかりして気持ちを発散させ、スキンシップを図るようにしましょう。

テーマ 「Nちゃんの」と言い張ります

N児（2歳5か月）　10月12日（木）　天候（晴れ）

		家庭から		園から
食事	時刻	主食（またはミルク）、副食、その他	時刻	主食（またはミルク）、副食、その他
	前夜	シラス混ぜご飯、サワラの西京焼き、牛肉の甘酢炒め	おやつ（午前）	チーズ、牛乳100㎖
			給食	ご飯、肉豆腐、アオナの磯辺和え、ナメコ汁、バナナ
	今朝	パン、牛乳、リンゴ	おやつ（午後）	焼きイモ、牛乳、ジャコ
睡眠	就寝　起床　20:55 ～ 7:00		午睡　12:45 ～ 15:05	
機嫌	㊛ ・ 普 ・ 悪		㊛ ・ 普 ・ 悪	
排便	水 ・ 軟 ・ 普 ・ 堅　0回		水 ・ 軟 ・㊨・ 堅　1回	
入浴	有 ・ 無	検温 36.7℃	検温 （午睡前）36.6℃	（午睡後）36.7℃
連絡事項	最近とても独占欲が強いように思います。園ではどうでしょうか？ 　譲れる場面も時々はありますが、家ではすぐに「Nちゃんの！！」と言い張ります。自分の物を取られたときにはすごい剣幕で怒っています。		園では、❶「Nちゃんの！」と言っているときもありますが、「お友達も貸してほしいんだって」と話をすると、友達に貸すことができるときもありますので、ご心配いらないと思いますよ。 　❷先に使っているお友達に「かして～」と保育者と一緒に、声を掛けに行くことも少しずつできるようになっています。 　今日はお散歩に出掛けました。❸葉っぱを拾っては牛乳パックで作ったバッグの中に入れて楽しそうでした。	
家庭から翌朝のメッセージ	家でもいろいろな入れ物に拾った小石や葉っぱなどを集めて楽しんでいるようです。いつも玄関の靴箱の上に置いています。			

書き方のポイント

❶ 2歳前後の一時期、あれもこれも「自分の物」で他人に貸してあげられない状態になることはよくあります。子どもの中に「これは○○ちゃんの△△」ということが分かってくるからです。発達のプロセスの中で保育者はそれを分かっているので、「友達に貸すこともできますよ」と保護者の心配をサラッと受け止めています。

❷ 保育者と共に「かして～」と友達に声を掛けに行く姿を保護者に伝えています。「自分の領域」「他者の領域」がはっきり分かり、本当の意味で貸し借りができるようになるまでの育ちの流れや関わり方を、機会を捉えて保護者に話すことも、保育に関する指導の一環で、大切な保護者支援です。

❸ 保護者にとって一番知りたいことは、我が子の園での様子です。誰と一緒にどのようにしていたのか、様子などを具体的に書くように努めましょう。保護者の信頼も一層深まることでしょう。

連絡帳　10月

保護者にも伝えよう
発育・発達メモ

独占欲が強くなる時期

　1歳後半から2歳にかけて、自我が芽生え、名前を呼ばれると自分であることが分かり、「ハイ」と手を挙げたり、自分のロッカーを判別したり、自分のおしぼりを見分けて取ったりするなど、自意識が高まる姿が見られます。2歳半頃から自分の意思で行動しようとする傾向が強まり、「ジブンデ」と反抗したり「Nちゃんの」と主張し独占欲が強くなります。家庭の物はそれでも通りますが、園の物は共有の物ですから独り占めをするとトラブルになります。友達と遊んでいる場面では、保育者が仲介しながら「貸して」「どうぞ」「一緒に遊びましょう」などの言葉と思いやりの行為を身につけるように指導しています。このことを伝えましょう。

11月

テーマ ごっこ遊びが上手になりました

O児（1歳11か月）　11月9日（木）　天候（晴れ）

	家庭から		園から	
	時刻	主食（またはミルク）、副食、その他	時刻	主食（またはミルク）、副食、その他
食事	前夜	ハンバーグ、ドライカレー	おやつ（午前）	牛乳、ビスケット
			給食	ご飯、みそ汁、おでん、じゃこ炒め
	今朝	ふりかけご飯、カボチャ煮	おやつ（午後）	牛乳、サイコロラスク
睡眠	就寝　　起床　　21:30 ～ 6:50		午睡　11:50 ～ 14:25	
機嫌	㊎・普・悪		良・㊨・悪	
排便	水・㊨・普・堅　1回		水・軟・普・堅　0回	
入浴	㊨・無　検温 36.1℃		検温（午睡前）36.4℃	（午睡後）36.7℃
連絡事項	毎日、園で遊んでいるので、"ごっこ遊び"が上手になってきました。「いらっしゃいませー。なんめいしゅ（何名様です）か？」と言うので人数を伝えると、今度は「カレー？ ハンバーグ？ ジュース？」とメニューを聞いてきます。ただ、メニューは何を言ってもカレーで押し通されます。		❶おうちの方と一緒に"ごっこ遊び"をしているOくんの楽しそうな姿が目に浮かびます。帰宅後、夕飯作りやお風呂など忙しい合間を縫って遊ぶ時間をとられているのですね。大変だとは思いますが、Oくんにとってはとてもすてきな時間だと思います。今日は、園庭で保育者と一緒にカップに砂を入れて遊びました。❷保育者が型抜きをして並べると、「いらっしゃいませー」と"お店屋さん"になっていました。おうちの方と一緒に遊んだ"ごっこ遊び"を再現していたのでしょうか。	
家庭から翌朝のメッセージ	時間をとるのは大変ですが、私もOと遊ぶことで疲れも吹き飛ぶので、できるだけ遊ぶ時間を多くとるようにしています。今日もよろしくお願いします。			

書き方のポイント

❶ 2歳前後の子どもたちは、友達や周りの大人がしていることをとてもよく見ています。ほほえましいエピソードですね。家庭と園での生活を保護者と保育者が相互に伝え合うことは、子どもの心身の安定にもつながります。保護者にとっても、ちょっとした悩みを受け止めてもらうことで心の安定が図れることでしょう。

❷ 園での子どもの様子を実際の話し言葉を交えて伝えることで、保護者は我が子の話し声が聞こえてくるように感じ、うれしくなることでしょう。また保育者が子どもとどのように関わったかまでを書くことで、子育て支援にもつながります。

保護者にも伝えよう
発育・発達メモ

振りや見立てでやり取りを楽しむ

2歳が近くなると、自分が経験したことを身振りや見立てで表現し、楽しむようになります。単にイメージを置き換えるだけでなく、過去の体験を手掛かりにしてつなぐことをし始めます。いわゆる「ごっこ」の始まりですが、まだ本格的なごっこ遊びのようにはいきません。自分なりのつもりを楽しむことの始まりです。この時期に大切なことは、振りや見立てを用いて周りとやり取りし、つながりを経験することです。まだバリエーションが少ないので、なじみのある同じパターンで返してきますが、人相手に振りや見立てによるやり取り遊びを通して多様な表現の仕方を学んでいきます。

テーマ 激しいイヤイヤ期

P児（2歳6か月）　11月22日（水）　天候（晴れ）

	家庭から		園から	
	時刻	主食（またはミルク）、副食、その他	時刻	主食（またはミルク）、副食、その他
食事	前夜	ご飯、みそ汁、シイタケ、ブタこまぎれ肉とハクサイ炒め	おやつ（午前）	サツマイモのスティック、牛乳100ml
			給食	ご飯、麻婆豆腐、ブロッコリーとコーンのサラダ、ハクサイのスープ
	今朝	ハッシュドポテト、牛乳、ヨーグルト	おやつ（午後）	サブレ、牛乳、コンブ
睡眠	就寝　　　起床　21:10 ～ 6:40		午睡　13:15 ～ 15:10	
機嫌	㊛・普・悪		良・㊬・悪	
排便	水・軟・普・堅　0回		水・軟・㊬・堅　1回	
入浴	㊒・無　　検温 36.6℃		検温（午睡前）36.6℃	（夕方）36.5℃
連絡事項	最近衣服の着替えや歯磨きなどを、嫌がることが増えている気がします。"イヤイヤ期"の2歳がやってきたんでしょうか。お兄ちゃん二人はここまでの「イヤイヤ」はほとんどなかったのですが、Pは本当にすごくて、手を焼いています。		❶園でも「イヤイヤ」「ジブンデ」と言葉にすることが増えてきました。❷着替えるときは「どっちにする？」と衣類を選んでもらうようにしています。一緒に寄り添いながら見守っていきましょう。今日は、園庭の砂場でコップに砂を入れて遊んでいました。❸ニコニコしながら、「これごはん」と言ってコップを保育者に差し出してくれました。	
家庭から翌朝のメッセージ	家でも夕食の準備を手伝ってくれます。スプーンとフォークとコップをちゃんと並べてくれました。「ジブンデ」と言いながら、食後のお皿も流しに持って行ってくれたので、しばらく"イヤイヤ期"と付き合っていきたいと思います。			

書き方のポイント

❶ 三人の子どもを育てているベテランママでも、手を焼くほど自己主張の強いP児なのでしょう。園でも同じような姿が増えてきたことを、保護者と共有することは、相互の子ども理解の視点からも重要な支援です。

❷ 駄々をこねても「どっちにする？」と選択場面が与えられると、子どもは気持ちの転換や立ち直りができるようになります。育児の参考にしていただくとともに、共に見守ろうと働き掛けることも、保護者を励ますことにつながります。

❸ 子どものちょっとした言動であっても伝え方次第で、保護者の子育てへの意欲を高めたことが、「翌朝のメッセージ」からうかがえます。「保護者支援は日常の保育と一体に行なわれる」と言われますが、このように保護者の琴線に触れると大きな力を発揮してくれます。

連絡帳　11月

保護者にも伝えよう　発育・発達メモ

イヤイヤ期は自我の芽生えの成長の姿

1歳後半～2歳後半までの1年の間には、普通の発達をしている子どもであれば、誰もが通る「いや」「だめ」の反抗期を迎えます。お兄ちゃん二人を育てている子育て経験者の保護者も悲鳴を上げるほどですから、P児は抵抗が激しいのでしょうね。二人のお兄ちゃんが何でも自分でこなしている日常の姿を見ているので、なおさら「自分も」と主張するのかもしれません。保護者は、上の子の経験から、"イヤイヤ期"が自分なりの心の世界が意識化される時期であることは分かっておられます。保護者の思いを聞きながら、園での対応の仕方を具体的に伝え、励ましていければいいですね。

12月

テーマ わざと野菜を落としてニヤニヤ…

Q児（2歳1か月）　12月15日（金）　天候（晴れ）

	家庭から		園から
	時刻　主食（またはミルク）、副食、その他		時刻　主食（またはミルク）、副食、その他
食事	前夜　ご飯、サバの煮付け、コーンサラダ、野菜スープ	おやつ（午前）	牛乳、じゃこ
		給食	ご飯、豆腐チャンプルー、ワカメのみそ汁、ブロッコリーとキャベツの和え物
	今朝　パン、牛乳、ヨーグルト	おやつ（午後）	トウモロコシ蒸しパン、お茶
睡眠	就寝　起床　21:30～6:30		午睡　12:30～14:40
機嫌	㊎・普・悪		良・㊍・悪
排便	水・軟・㊍・堅　1回		水・軟・普・堅　0回
入浴	有・㊎　検温 36.4℃		検温　（午睡前）36.5℃　（午睡後）36.7℃
連絡事項	お兄ちゃんの夕食の準備もあるのに、Qは苦手な野菜をわざとテーブルの下に落とし、私の顔を見てニヤニヤするばかりで、なかなか食べてくれませんでした。園では野菜も食べていると聞き、その違いに驚いています。		❶忙しい夕食時に大変でしたね。園では保育者の励ましや友達の姿に刺激されて苦手な物でも頑張って食べていますが、❷お母さんにはわざと甘えているのでしょうね。❸少量から始め、自分で食べてみようとする気持ちを大切にしながら、Qちゃんのペースに合わせてみてはどうでしょうか。今日は、❹シイタケだけ器用に取り出していたQちゃんですが、友達が食べている姿を見ると、少しずつでしたが食べてくれましたよ。
家庭から翌朝のメッセージ	今まで食べさせることに必死になっていたので、イライラばかりしていました。あまり焦らず、量も加減してみようと思います。		

書き方のポイント

❶ 保護者の気持ちを受け止めてねぎらっています。このように子育ての大変さに寄り添い理解を示すことで、その後の保育者からのアドバイスもスムーズに受け入れてくれることでしょう。

❷ テーブルの下にわざと野菜を落としたQ児の気持ちを保育者の視点で伝えています。2歳前後は自己主張したり依存したりするなど、情緒が不安定であることを知らせていくことも子ども理解の一助となることでしょう。

❸ ①少量から始める、②A児のペースに合わせる、と具体的に二つの提案をしています。選択できそうな方法を提示しているので、気負わずに取り組めそうですね。

❹ 園での食事の様子がよく分かるので安心されることでしょう。我が子を見守ってくれる保育者への信頼も増しますね。

保護者にも伝えよう

「わざと」する行為に潜む裏腹な気持ちと知的育ち

発育・発達メモ

2歳になったQ児は、ニヤニヤしながら「わざと」する行動で大人を試し、楽しんでいます。これは「甘え」の裏返しですが、人の気持ちをくみ取り、それを先取りするという知的育ちの姿でもあります。その試しが、相手との関係によって有効性が異なることも知っています。だから、家で食べなくても園では食べるわけです。こうして周りとの関係のとり方（よく言えば周りに応じた？）を身につけます。自我が芽生える兆しで手こずりますが、一方で愛着関係も深めてくれます。自立は甘えられる関係がないと、うまく進まないのです。甘えたいけれど甘えられない子どもの気持ちを受け止めていくことが大切です。

テーマ 「お母さん、嫌い」と言われます…

R児（2歳5か月）　12月15日（金）　天候（晴れ）

	家庭から		園から	
	時刻	主食（またはミルク）、副食、その他	時刻	主食（またはミルク）、副食、その他
食事	前夜	しらすご飯、豚汁、オレンジ、厚揚げとコマツナの煮物	おやつ（午前）	コンブ、乳酸菌飲料
			給食	ふりかけご飯、ヒジキの煮物、ダイコンの炒め汁、リンゴ
	今朝	食パン、ウインナー、卵焼き、牛乳、バナナ	おやつ（午後）	ココアプリン
睡眠	就寝　　起床　　　21:30 ～ 7:30		午睡　12:25 ～ 14:30	
機嫌	㊛・普・悪		㊛・普・悪	
排便	水・軟・普・堅　0回		水・軟・㊛・堅　1回	
入浴	㊛・無　　検温 36.5℃		検温（午睡前）36.8℃	（夕方）36.3℃
連絡事項	最近「おかあさんきらい、あっちいけ」と言います。下の子どもが生まれたからなのか、反抗期からなのか、何かにつけて言います。忙しいときにはイラッとして私もRに「Rあっちへ行け」と言ってしまいます。園ではそんなことはないでしょうか？		❶園では友達のまねをしたり、おもしろいことをしたりしてみんなを笑わせています。時には保育者の膝に座りに来ることもあります。おうちでは、お母さんに❷甘えたいのにタイミングがつかめず、そのような言葉でお母さんの気を引こうとしているのかもしれませんね。下の子どもさんの世話や家事など、❸お母さんもお忙しいでしょうが、お母さんの方から「Rくん好きよ」と抱きしめてあげてみてはどうでしょうか。スキンシップをとってあげてくださいね。	
家庭から翌朝のメッセージ	昨晩、寝る前に「R好きだよ、一緒に寝んねしよう」と言うと、少し照れながら、でもうれしそうに「うん」と言いました。布団の中でぎゅーっと抱きしめると、安心したように眠りにつきました。			

書き方のポイント

❶ 保護者にとって理解しがたい子どもの言動に、「園ではどんな様子なのか」と、保育者に"SOS"ともとれる質問を投げ掛けています。このように、家庭とは違うR児の姿を知らせることは、保護者への支援と深くつながっています。

❷ 保護者は意識するしないを問わず、R児の反抗的な態度の原因を理解しているようです。次子の誕生は家族の中で、新しい自分の居場所を見つけなければならない子どもにとって、とても複雑な感情を伴う移行の経験です。そんなR児の気持ちを代弁することも、子どもの最善の利益を考慮する保育者の役割です。

❸ R児に対してどのように接していくのかを、具体的に提案しています。親の立場に立って書かれていれば、保護者も不安にならず実践に移しやすいことでしょう。

連絡帳　12月

保護者にも伝えよう　発育・発達メモ
本当の癒しは人間関係の中にある

生後6か月から1歳半ぐらいまでの子どもは、感受性がとても鋭く、その間の保護者との関わりが、社会的なルールを守って行動できる人になれるかどうかをほぼ決定づけます。1歳後半頃は、保護者との愛着関係がいちばん強くなりますが、その頃に次の子どもが生まれ、保護者の関心や保護の手が赤ちゃんに注がれます。保護者の愛を求める裏返しとして、R児のように母親に反抗的な態度で「おかあさんきらい」と拒否するようになります。R児が傷ついていることや、スキンシップをとってみてはという保育者の助言は的確です。「R好きよ」とギュッと抱きしめられ、母親の愛を確認できたR児は安心して眠りました。愛は関心なり。

1月

テーマ お兄ちゃんになる実感がないようです

S児（2歳1か月）　1月11日（木）　天候（晴れ）

	家庭から		園から	
食事	時刻	主食（またはミルク）、副食、その他	時刻	主食（またはミルク）、副食、その他
	前夜	きつねうどん、五色豆、ミカン	おやつ（午前）	牛乳100㎖、ウエハース（1枚）
			給食	ご飯、味付けのり、揚げ魚のみぞれ煮、白和え、すまし汁
	今朝	食パン、ハムエッグ、イチゴヨーグルト、牛乳	おやつ（午後）	スイートポテト、牛乳100㎖
睡眠	就寝　　　起床　　21:00 ～ 6:15		午睡　12:30 ～ 14:45	
機嫌	㊰・普・悪		良・㊛・悪	
排便	水・軟・㊛・堅　1回		水・軟・普・堅　0回	
入浴	㊲・無　検温 37.1℃		検温（午睡前）37.2℃　（午睡後）37.0℃	
連絡事項	昨日は、家まで二人でゆっくりと歩いて帰りました。鳥が鳴いている様子を見ると、「チュンチュンいた〜」とうれしそうに教えてくれました。産休に入ったので、これからはこんな時間もすてきですね。 私のおなかがだいぶ大きくなり、Sも「おっちいね〜」「あかたんいるの？」と不思議そうに聞いてきます。来月にはお兄ちゃんになるのに、あまり実感がないようです。		お母さんと一緒に歩いて帰る時間が、❶Sくんとお母さんにとってすてきで大切な時間になりましたね。今日、砂遊びのときに保育者がSくんに「Sくんのママのおなかに誰がいるの？」と尋ねると、❷Sくんがニコッと笑って「あかたん」とうれしそうに話してくれました。 Sくんなりに赤ちゃんのことを理解し、お兄ちゃんになる準備を始めているのかもしれませんね。	

家庭から翌朝のメッセージ：Sなりにまだ目に見えない存在を認めてくれていたのですね。少し安心しました。

書き方のポイント

❶ 保護者の言葉をそのまま受けて、「Sくんとお母さんにとってすてきで大切な時間」と表しています。お母さんの気持ちに共感している保育者の思いが伝わり、相互の信頼関係もより深まっていくことでしょう。

❷ 「あかたん」とうれしそうに話しているということは、S児なりに"赤ちゃん誕生"を理解しているのでしょう。保護者が気に掛けていることを、園でのほほえましいエピソードで伝えています。保護者も安心して出産準備が進められそうですね。

保護者にも伝えよう　発育・発達メモ

赤ちゃんが生まれることの受容と自覚

赤ちゃんが生まれることは、子どもにいろいろな育ちをもたらします。時に退行現象に悩まされることもありますが、中には兄・姉になることに喜びを感じ、自分に自信をもつ子どももいます。それまでは自分だけに向けられていた目が他に向いてしまうということは、子どもにとってはとても危機的なことでしょう。しかし、ここは避けられません。そのことで傷つかないようにするよりも、傷つくことも含めていかに受け入れていくかが大切です。赤ちゃんの存在を共有し期待感をもって過ごす、兄・姉になる自覚を促すなどして、妊娠期の母親と子どもの過ごし方を工夫したいものです。連絡帳のこうしたやり取りもその一端です。子どもとの過ごし方を一緒に考えていくようにするといいですね。

テーマ 着替えを手伝おうとすると怒ります

T児（2歳2か月）　1月17日（水）　天候（晴れ）

		家庭から		園から
食事	時刻	主食（またはミルク）、副食、その他	時刻	主食（またはミルク）、副食、その他
			おやつ（午前）	牛乳、リンゴ
	前夜	カレー鍋、カレーチーズリゾット	給食	胚芽ご飯、豆乳キノコグラタン、春雨スープ、トマト
	今朝	トースト、ウインナー、ヨーグルト、バナナ	おやつ（午後）	牛乳、ポップコーン、チーズ
睡眠	就寝　　起床　21:30 ～ 6:45		午睡　12:30 ～ 14:45	
機嫌	㊛・普・悪		㊛・普・悪	
排便	水・軟・㊛・堅　1回		水・軟・㊛・堅　1回	
入浴	㊛・無　検温 36.2℃		検温（午睡前）36.2℃　（午睡後）36.4℃	
連絡事項	最近、自分で服を着替えようとしているT。たまに腕が通せなかったり、ズボンを上げられなかったりするので手を貸そうとすると、「いや！！」と言って怒ります。時間があるときはいいのですが、朝の着替えのときには私も急いでいるので、ついイライラして怒ってしまいます。		❶朝の忙しい時間帯は、本当に大変でしょうね。園では、衣服の着替えはずいぶんスムーズになってきていますが、まだまだ一人では難しいところもあります。でも、❷Tちゃんの"ジブンデ"の気持ちに寄り添いながら「かっこいいね」「上手だね」と声を掛けつつ、さりげなく手伝うようにしています。一人で着替え終わったTちゃんの笑顔は、自信にあふれていますよ。❸少しでもできたら褒めて、次へのステップにつなげたいですね。	
家庭から翌朝のメッセージ	さりげなく手伝ってみると、いつものように怒りませんでした。案外気付かないものなのですね。スムーズに着替えることができて、私も娘も気分良く過ごせました！			

書き方のポイント

❶ 自分の思い通りにならないと泣いたり、怒ったり、だだをこねたり。保護者との一体関係がまだまだ強く、手を焼かせるのが2歳頃の子どもの姿です。このように保護者の大変さを受け止めて、共感するのは保護者支援の基本です。

❷ この時期の自立しようとしている子どものすることには、大人が根気強く見守っていくことが求められます。保育者が大切にしている思いや援助の仕方を知らせることは、保護者の養育の参考となることでしょう。

❸ 褒められることが大好きな時期です。褒められることで自信につながり、自発性を高めます。子どもの成長を喜ぶ気持ちを共感し合いましょう。

連絡帳　1月

保護者にも伝えよう　2歳の子どもの葛藤体験を大切にしましょう

子どもがだだをこねて、泣いたり怒ったり感情的になっているときに、大人が同じようにパニックになると、子どもはますます混乱状態になってしまいます。子どもが自分自身でいかに気持ちを鎮め、思い通りにならない状況をどう乗り越えたらいいのかを考えられるように育てたいものです。2歳頃は、壁にぶつかって自分の思い通りにならない体験（＝葛藤）が多くなる大事な時期です。小さなときから葛藤を体験することはとても大事です。自分の思いがかなうことばかりではなく、かなわなかったときにこそ大人の温かい支えが必要なことを保護者にも分かっていただきましょう。

2月

テーマ おしゃべりが上手になってきました

U児（2歳2か月） 2月22日（木） 天候（晴れ）

	家庭から		園から	
食事	時刻	主食（またはミルク）、副食、その他	時刻	主食（またはミルク）、副食、その他
	前夜	かつ丼、ソーセージ、みそ汁、フライドポテト、イチゴ	おやつ（午前）	ビスケット、お茶
			給食	鶏レバーのつくね揚げ、しらすとトマトの甘酢、はんぺんのすまし汁、ご飯
	今朝	パン、乳酸菌飲料	おやつ（午後）	甘納豆入り蒸しパン、スキムミルク
睡眠	就寝　起床　22:00 ～ 6:35		午睡　12:30 ～ 15:00	
機嫌	㊤・普・悪		良・㊥・悪	
排便	水・軟・普・堅　0回		水・軟・㊥・堅　1回	
入浴	有・㊇　検温　36.2℃		検温（午睡前）36.9℃	（午睡後）37.2℃
連絡事項	ごはんを食べているときにスプーンを指さして「これ、なに？」と言うので、「スプーン」と答えると、「そうそうそう、ピンポーン」と言われました。最近は言うことが本当におもしろくなりました。「あーあ」とため息をついたりもします。		園でもおしゃべりが増えました。❶2語文から3語文も話せるようになってきましたね。いっぱいおしゃべりしてくれて楽しいです。でも❷「うるしゃい」と言ったときは驚かされました。今日は天気も良く暖かかったので、テラスで遊びました。	
家庭から翌朝のメッセージ	園でも「うるしゃい」と言っていることにびっくりしました。おねえちゃんのまねだと思います。何でもまねをするので、気を付けながら話したいと思います。			

書き方のポイント

❶ 個人差は大きいものの、2歳を過ぎると、たくさんの言葉を獲得するようになります。他者に自分の思いを伝えて共感し合いたいという気持ちも育っています。保育者は「いっぱいおしゃべりしてくれて楽しい」と文章に表しています。子どもの成長の喜びを共有しようとする気持ちが保護者に伝わり、子育てへの意欲につながることでしょう。

❷ 園での子どもの様子を具体的に伝えています。子どもは、日々成長し、毎日新しい姿を見せてくれます。朝から夕方まで一緒にいる保育者にしか分からないこともありますね。何げない言動の中に今の子どもの育ちが見えます。ありのまま伝えることも相互の子ども理解につながります。

保育者にも伝えよう　発育・発達メモ

「これ、なに？」は語彙の発達の始まり

この時期の子どもは、言葉が急速に発達し始めます。「これ、なに？」としきりに聞いては、モノに名前があることに気付き、自分からその言葉を使っておしゃべりするようになります。一般に「質問期」と呼ばれ、語彙の発達につながります。

「これ、なに？…ピンポーン」と言う姿は大人を試しているようにも見えますが、自分の考えを確認し自信をもつ姿です。言葉の使い方や話し方も大人をまねようとしますが、言葉の使い方や文法が未熟なので言うことが意味不明になることもよくあります。相手に伝わる言葉や表現にして、しぜんに返すようにするといいですね。このようになると、周りと自分のすることが結び付いて、自分なりに物事を勝手につなげて「考える」が始まります。

テーマ　つもり遊びが楽しいようです

V児（2歳1か月）　2月7日（水）　天候（晴れ）

		家庭から		園から	
		時刻	主食（またはミルク）、副食、その他	時刻	主食（またはミルク）、副食、その他
食事	前夜		ご飯、とんかつ、サラダ、みそ汁、ホウレンソウソテー	おやつ（午前）	牛乳、じゃこ
	今朝		パン、バナナ	給食	ご飯、筑前煮、コマツナのゴマ和え、インゲンとウィンナーソテー、麩（ふ）とワカメのみそ汁
				おやつ（午後）	ちんすこう
睡眠		就寝　　起床　21:30 ～ 6:30		午睡　12:40 ～ 14:45	
機嫌		㊛・普・悪		㊛・普・悪	
排便		水・軟・㊛・堅　1回		水・軟・普・堅　0回	
入浴		㊛・無	検温　36.5℃	検温	（午睡前）36.8℃　（午睡後）36.6℃
連絡事項		毎晩、ぬいぐるみを布団までだっこして行き、布団をかぶせてトントントン…。しばらくして「おかあさーん、ねんねしてるよ」と指をさして教えてくれます。「ウサギさんねんねしたの？」と言うと慌てて「しー!!　ねんねしてるから!!」と母親気取りです。つもり遊びが楽しいようです。		❶Vちゃんのつもり遊びをしている姿が目に浮かびます。❷園でも人形にご飯を食べさせたり、着替えをさせたりと大忙しです。❸大人のしていることを本当によく見ていますね。これからもたくさん見立てやごっこ遊びを一緒に楽しんでいきたいと思っています。 今日は新聞遊びを楽しみました。小さくちぎった新聞紙を上からまいて、たくさん雪を降らせたつもりで大喜びでしたよ。	
家庭から翌朝のメッセージ		時々、私に口調まで似ていて、「あっ」と恥ずかしくなることがあります。気を付けます。			

書き方のポイント

❶ 日頃の保育を通して、V児をよく理解している保育者だからこそできるやり取りです。保育者の子どもへの温かいまなざしが感じられ、保護者とよきコミュニケーションが図られることでしょう。

❷ ほとんどの子どもが2歳前後に達している1歳児クラスのこの時期は、言葉の獲得につれて「見立て」や「つもり」遊びが活発になってきます。家庭や園で、どのようなつもり遊びをしているのかを互いに知らせ合うことは、子どもへの理解を双方共に豊かにしてくれることでしょう。

❸ 2歳頃の子どもは、特に大好きな大人のすることを実によく見ていて、経験したことや印象に残ったことをまねたり、再現したりします。保育の中にこれらの遊びを取り入れている様子を知らせることは、保護者支援と深くつながることを意識しましょう。

連絡帳　2月

保護者にも伝えよう　発育・発達メモ
「まねっこ」の時期を大切に

乳児期後半頃から、模倣が出てきます。コップから飲むふり、からのお皿から食べるふりなどいろいろな"ふり"が発展して、「ごっこ遊び」ができるようになるのが2歳半頃からです。この時期の子どもは、いつも大人のしぐさや行動を見ていて、遊びに取り入れます。大人のそばで遊びたいのです。言葉の発達でイメージが蓄えられるので、「ごっこ遊び」ができるようになります。1歳児で「見立て・つもり・ふり」遊びをしっかりとしましょう。1歳児の「見立て遊び」と2歳児の「ごっこ遊び」は、質的に異なります。「ごっこ遊び」は単なる「見立て・つもり・ふり」ではなく、「役割」が分かるようになります。とはいえ、この時期の"まごと"は、「ぼく」も「私」もみんな「お母さん」ですが…。

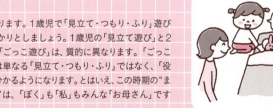

3月

テーマ できることがうれしいようです

W児（2歳10か月）　3月14日（水）　天候（くもり）

	家庭から		園から	
	時刻	主食（またはミルク）、副食、その他	時刻	主食（またはミルク）、副食、その他
食事	前夜	ご飯、豚肉とキャベツの炒め物、ナガイモとニンジンのサラダ、みそ汁	おやつ（午前）	牛乳90mℓ、リンゴ1/6個
			給食	ご飯、カレイのみりん焼き、切り干しダイコンの煮物、みそ汁
	今朝	食パン、キウイフルーツ、レーズン入りヨーグルト	おやつ（午後）	牛乳90mℓ、チーズパン1個
睡眠	就寝　　起床　　21:30 ～ 7:00		午睡　　12:50 ～ 14:45	
機嫌	ⓐ・普・悪		良・ⓟ・悪	
排便	水・軟・ⓟ・堅　1回		水・軟・ⓟ・堅　1回	
入浴	ⓐ・無　　検温 36.8℃		検温（午睡前）36.5℃	（午睡後）36.7℃
連絡事項	最近、自分で服を脱げるようになったことがうれしいのか、私の服まで脱がそうとします。でも、そのタイミングに合わせてスムーズにお風呂に入ることができるので、助かっています。 　昨日はぬいぐるみを相手に絵本を見せて、読み聞かせて(?)いました。きっと先生のまねをしているのでしょうね。園での様子が伝わってきます。		いろいろなことが❶自分でできるようになってきてうれしいですね。今日は脱いだ服を広げて置くと❷「ぺったん」と言いながら畳んでいました。「できたね」と言うと、とてもうれしそうでした。絵本は❸園でも「Wちゃんがよんであげるね」と言って友達に読み聞かせ(?)してくれます。本当に保育者のようですよ。今日はパズルをしているとき、そばに来た友達に「いっしょにしていいよ～」と誘っていました。	
家庭から翌朝のメッセージ	服も畳めるのですね。家でもやってみます。Wは一人っ子なので、友達と遊んでいると聞くととてもうれしいですし、どんな風に遊んでいるのかのぞきたくなりますね。			

書き方のポイント

❶ 日頃からW児の保育に携わっている保育者ならではの一文で、保護者の気持ちに寄り添っています。保護者と子どもの成長の喜びを共有することは、園における保護者支援の基本です。

❷ 子どもの姿とそのときの保育者の対応を知らせています。「できたね」と承認することばがけが、子どもにとって小さな成功体験の積み重ねにつながるということを伝えることも、保育と深く関連して行なわれる保護者への援助となることでしょう。

❸ 「～よんであげるね」と実際の話し言葉を加えているので、状況が目に浮かぶようです。保護者は園での子どもの様子を知りたいのです。この連絡帳を読んでうれしくなったり、クスッと笑ったりと心も和むことでしょう。

保護者にも伝えよう　発育・発達メモ

信頼できる大人の存在と信頼関係が自立の礎

　「できること」「できる自分」がうれしくって仕方ない、その喜びと自信、得意満面な気持ちが伝わってきます。こうした心持ちが自立の礎になります。その背景には信頼できる大人の存在があります。友達に絵本を読んであげる、お母さんの服を脱がせてあげるといった行為の裏には、親密な大人に絵本を読んでもらったときの楽しさや服を脱がせてもらったときの心地良さの体験があります。「まね」には、その事柄に対する子どもの興味・関心だけでなく、それに付随して体感したおもしろさや心地良さが秘められています。得意になって「自分でする」背景には、そうした大人との心地良い関係が潜んでいます。

テーマ "ままごと"がお気に入り

X児（1歳11か月）　3月9日（金）　天候（晴れ）

	家庭から		園から	
	時刻	主食（またはミルク）、副食、その他	時刻	主食（またはミルク）、副食、その他
食事	前夜	ご飯、みそ汁、野菜とタイの豆腐あんかけ、カボチャサラダ	おやつ（午前）	豆乳
			給食	ご飯、白身魚のカレー天ぷら、ブロッコリーの香り和え、ワカメみそ汁
	今朝	ご飯、卵焼き、バナナ1/2本	おやつ（午後）	ビスケット、豆乳
睡眠	就寝　起床　21:30 〜 7:00		午睡　12:30 〜 14:00	
機嫌	㊛・普・悪		㊛・普・悪	
排便	水・軟・普・堅　0回		水・軟・普・堅　0回	
入浴	㊛・無	検温　36.5℃	検温　（午睡前）36.8℃	（夕方）36.6℃
連絡事項	家ではよく"ままごと"をしています。おなべに好きな具材を入れてスプーンでまぜまぜしたり、お皿に移し替えて、ごちそうを作ったりしています。また、口まで運んで食べるしぐさもしています。最近、音楽が大好きで、『おもちゃのチャチャチャ』のリズムに合わせて体を揺らしたり、手をたたいたりすることがよくあります。		❶おうちでの様子が目に浮かびます。園での"ままごと"も「ごちそう」作りが多いです。おうちの人のしていることをよく見ているのでしょうね。❷『おもちゃのチャチャチャ』は、園でもよくうたっている歌で、いつもとても楽しそうにマラカスを鳴らしてくれます。今日は、形合わせのパズルで遊びました。❸うまく形を合わせられると、自分でパチパチ拍手をしています。かわいいですね。	

家庭から翌朝のメッセージ　ここ3日間、お通じがなく、心配です。前回、排便したときに、便が固かったし、Xも少しつらかったようで、早く便通があるといいのですが…。

書き方のポイント

❶ 常日頃からX児と関わりをもっている保育者ならではの一文です。この時期の子どもは、自分の大好きな大人の生活をよく見ています。それを遊びに再現します。「保護者支援は、子どもの保育と深く関連して行なわれる」と言われますが、さりげない子育てアドバイスになっていると思います。

❷ 音楽が好きで、リズムに合わせて体を揺らしたり、手をたたいたり…と、「家庭での様子」を伝えてくれる保護者への回答となっています。保護者とコミュニケーションをとり合うことは、子どもの気持ちや行動を理解するうえでとても大切な支援となることでしょう。

❸ ふだん見ることができないからこそ、ちょっとしたひとコマでも日中の子どもの様子が分かると保護者も安心です。わが子に注がれる保育者の温かいまなざしを感じ、保護者の信頼も一層増すことでしょう。

連絡帳　3月

保護者にも伝えよう　発育・発達メモ

"再現遊び"を大切に！

　1歳後半になると以前体験したことを思い出し、何らかのひらめき（イメージ）ができると、すぐさまそれを見立てやつもり、振り行為で表現し始めます。なべや皿、スプーンなどに出会ったとき、それを大人がどのように使っているかを思い出してまねできるようになったということは、それだけ知的発達が進み、記憶の保持や表現機能が成熟してきたということです。これらは次の役割遊びやごっこ遊びにつながる大切な遊びです。子どもは大好きな大人の生活をよく見ているので、好きな生活場面を大人が具体的に丁寧に再現して見せてあげましょう。

おたより

レイアウト例

7月クラスだより ○○○○園

■水遊びやプール遊びが楽しい季節になりました。水着に着替えた子どもたちは、元気いっぱい水の感触を楽しんでいます。

七夕

7月7日の七夕は、年に一度、織り姫と彦星が天の川を渡って会うことができる日とされ、中国の伝説と日本の行事が混ざり合ったものといわれています。ササにいろいろな飾りや願い事を書いた短冊を付けたら、夜空をじっくり見上げてみるのもいいですね。

プール遊び

毎日良いお天気が続き、子どもたちは大喜びでプール遊びを楽しんでいます。年齢によって遊び方は違いますが、水の中で動く、泳ぐなど、いろいろな活動が見られます。プールの後は十分な休息と水分補給をしています。元気にプール遊びができるよう、おうちでも早寝・早起きをして、朝食をしっかり食べるなど心掛けてください。

保護者に伝わる ポイント
季節の行事の由来を分かりやすく書いてみます。

保護者に伝わる ポイント
クラスで取り組んでいることや予定している遊びなどを書いてみましょう。

イラストや文例など、おたよりの素材を12か月分たっぷり掲載しています。
読みやすく、分かりやすいおたより作りに大活躍！
まずは、保護者に伝わるおたより作りのポイントをおさえたレイアウト例をご紹介します。

文例・イラスト案／永井裕美

※本書掲載のおたより素材は、『月刊 保育とカリキュラム』2013～2015年度の連載『毎月のおたよりイラスト＆文例』に修正を加えたものです。

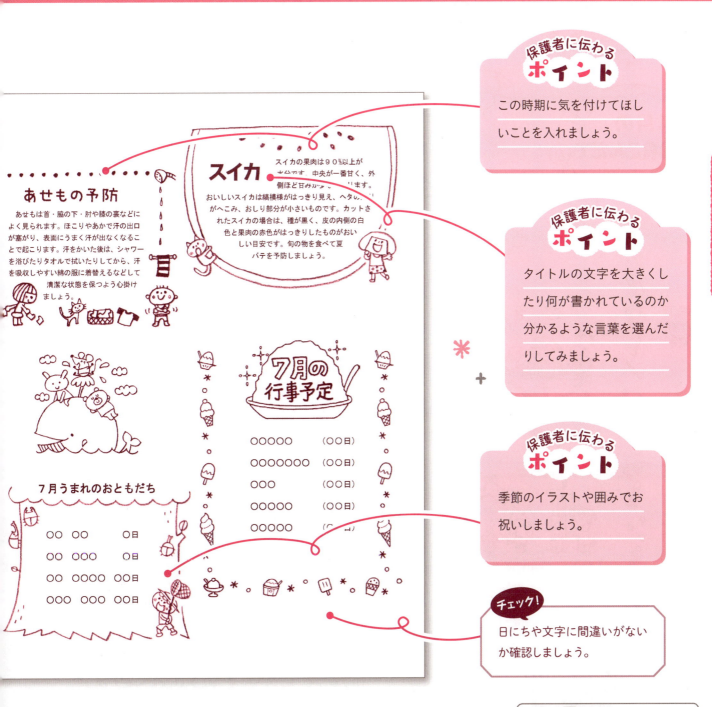

4月 イラスト

104-01

104-02

104-03

104-04

104-05
104-17

104-06

104-07

104-08

104-09

104-10

104-19

104-11

104-12

104-13

104-14

104-15

104-16

104-18

104-20

104-21

200

囲みイラスト付き文例

※ CD-ROM 内の囲みイラスト付き文例は Word 文書です。
Excel で使用される際は、P.238 をご参照ください。

入園おめでとうございます

サクラの花が満開になり、暖かい春を感じることができます。初めて園生活を経験する子どもたちや保護者の皆様も、ハラハラドキドキ、期待と不安でいっぱいの毎日だと思います。子どもたちの思いをしっかり受け止め、安心して過ごせるようにしていきます。1年間、よろしくお願いいたします。

104-22

誕生会

毎月誕生会を行ないます。歌をうたったり出し物をしたりして、みんなが参加してお祝いします。誕生児には、手作りのバッジ、誕生カードやプレゼントを渡しますので、楽しみにしていてください。

104-23

欠席・遅刻をするとき

新しい生活がスタートし、そろそろ疲れがたまってくる頃です。体調が悪くなったり、病院へ行ってから登園したりするときなどは、必ず園に電話で連絡してください。クラス名・名前と理由を忘れずにお願いします。病気によっては出席停止になります。

104-24

けがをしたとき

園では、ちょっとしたことでけがをすることがあります。擦り傷や切り傷は流水で洗ってから消毒をして、ばんそうこうを貼ります。軽い打撲は冷やして腫れを抑えます。園でのけがは、その日のうちに報告しますので、おうちでも様子を見てください。

104-25

おたより 4月

このメッセージが見えるまでページを開くと、きれいにコピーできます。

書き出し文例

4月のあいさつ

● 春風が心地良く吹き抜け、爽やかな雰囲気を演出しています。周りは春色に染まり、気分も明るくなってきます。
104-26

● 春の日差しが心地良く、周りの木々や花たちは日なたぼっこを楽しんでいるようです。柔らかな光に、虫たちも集まって来ています。
104-27

保育参観

● 入園から1か月が過ぎ、子どもたちも園生活に慣れてきました。日頃の様子を見ていただきたく、保育参観を予定しています。
104-28

誕生会

● 毎月行なう誕生会では、歌をうたったり出し物をしたりしてお祝いします。手作りプレゼントや誕生カードを渡しますので、楽しみにしていてください。
104-29

文章の最後にチェック！

読みやすい文章とは

短い文章ほど読みやすく印象に残ります。読点「、」で文章を長々とつないでいくと、伝えたい内容がぼやけてしまいます。一文にたくさんの事柄が入ると、読んでいるうちに混乱してくることもあるでしょう。長い文章は読み直して、短く切ったり箇条書きにしたりするなどしてまとめましょう。

CD-ROM ▶ おたより ▶ 4月

5月 イラスト

105-01

105-02

105-03

105-04

105-05

105-06

105-13

105-15

105-07

105-08

105-09

105-10

105-11

105-12

105-14

105-16

105-17

このメッセージが見えるまでページを開くと、きれいにコピーできます。

202

囲みイラスト付き文例

※ CD-ROM 内の囲みイラスト付き文例は Word 文書です。
Excel で使用される際は、P.238 をご参照ください。

こどもの日

こいのぼりを揚げたり五月人形を飾ったりして、子どもたちの成長を願う日です。コイが滝を上っていくように立派な人になってほしいという意味が込められています。かしわ餅やちまきを食べながら、昔ながらの行事の意味や由来を伝えていきたいですね。

105-18

おいしく食べよう

嫌いな食べ物を無理やり食べさせようとしていませんか？　子どもの好き嫌いが現れるのは、味覚が発達してきたためです。加工食品は味付けが濃いため、野菜のように味の薄い物が食べにくくなることも考慮しながら、無理やり食べさせない、調理方法を変えてみる、おやつの時間と量を決めるなど、工夫してみてくださいね。

105-19

爪切り、できていますか？

爪は伸び過ぎると、折れたり引っ掛かったり割れたりします。爪と皮膚の間に老廃物がたまると菌が繁殖することもあります。爪を切るときは、まず先端の白い部分を少しだけ残して、横に真っすぐ切ります。両端は少し丸みをもたせます。週末などに確認して、爪を切る習慣を付けたいですね。

105-20

健康診断

子どもたちは園生活に慣れ、元気に遊ぶ姿が見られるようになってきました。毎日健康に過ごせるように、健康診断（眼科・耳鼻科・内科）を予定しています。結果は健康手帳に記入して持ち帰ります。治療が必要だと思われる場合は、かかりつけの病院で診察を受けましょう。

105-21

書き出し文例

5月のあいさつ

● 穏やかで気持ちの良い季節を迎えました。新緑が映え、どこにいてもまぶしい光を浴びることができます。　105-22

● イチゴがおいしい季節になりました。プランターのイチゴの実も、季節感を演出してくれているようです。　105-23

子どもの姿

● もうすぐ「母の日」です。丁寧に、心を込めてプレゼントを作りました。子どもたちの感謝の気持ちを受け取ってください。　105-24

愛鳥週間

● 5月10日～16日は「愛鳥週間」です。あちこちでツバメを見かけるようにもなる時季、鳥についていろいろ調べてみるきっかけになるといいですね。　105-25

文章の最後にチェック！

「ず」「づ」の使い分け①

「ず」「づ」は間違いやすい文字です。
しっかりチェックして、正しくお便りを書きましょう。

〇	×
少しずつ	少しづつ
言葉づかい	言葉ずかい
片づく	片ずく
近づく	近ずく
手づくり	手ずくり
気づく	気ずく
いずれは	いづれは
つまずく	つまづく

このメッセージが見えるまでページを開くと、きれいにコピーできます。

おたより　5月

6月 イラスト

囲みイラスト付き文例

※ CD-ROM 内の囲みイラスト付き文例は Word 文書です。Excel で使用される際は、P.238 をご参照ください。

食育月間＆食育の日

毎年6月は「食育月間」、毎月19日は「食育の日」です。園では、タマネギやジャガイモを収穫したり、夏野菜を育てたり、旬の食べ物やいろいろな材料が食卓に並ぶまでの流れなどを話し合ったりして、食育に取り組んでいます。おうちでも、挨拶の大切さや献立についての話をしてみてもいいですね。

106-22

梅雨を楽しく過ごそう

「梅雨」とは6月～7月にかけて、梅雨前線の影響で長雨が続くことです。語源の由来には、かびの生えやすい時季の雨という意味での「黴雨（ばいう）」や、ウメの実が熟す時季の雨で「梅雨」など諸説あります。てるてる坊主を作ったり、いろいろな容器を用意して落ちる雨の音を聞いたりして、梅雨の時季を楽しく過ごせるようにしましょう。

106-23

サクランボ

名前の由来は、サクラの実「桜ん坊」からきたといわれ、正式には「桜桃（おうとう）」といいます。カリウムが多く含まれており、高血圧や動脈硬化の予防に、また、葉酸も多いので貧血予防の効果もあります。おいしいサクランボは、粒が大きく、艶と張りがあり、色がきれいな物です。旬の果物を食べて元気に過ごしましょう。

106-24

夏至（げし）

「夏至」は1年で一番昼間の時間が長い日で、この日を過ぎると暦のうえでは本格的な夏を迎えるという意味です。冬至（とうじ）にはカボチャを食べますが、夏至の日も地域によっては、イチジク田楽を食べたりタコを食べたりするなどの風習があるようです。雲の形や太陽の位置、影の様子など、季節の変化に興味や関心をもつきっかけにしたいですね。

106-25

書き出し文例

6月のあいさつ

● 梅雨入りして喜んでいるのは、カエルやカタツムリたちだけではありません。花や野菜の苗も、雨の力をもらってグングン生長しています。　　　　　　　　　　106-26

● 公園や庭の木々が雨にぬれて、生き生きとしています。戸外に出られない子どもたちは、雨の観察をして楽しんでいます。　　　　　　　　　　　　　　　　　106-27

● 梅雨の晴れ間に空を見上げると、とてもまぶしく、子どもたちはうれしそうに大きな声を出しながら、つかの間の青空を満喫しています。　　　　　　　　　　106-28

日曜参観

● 今月は日曜参観を予定しています。親子で楽しむ時間もありますので、日頃園に来られないお父さんにも参加していただきたいです。　　　　　　　　　　　106-29

文章の最後にチェック！

「じき」3通り

「じき」の漢字は3通りあります。
意味をよく理解し、正しい漢字を書けるようにしましょう。
時季→そのことが盛んに行なわれる季節、シーズン
時期→そのことをするとき、季節
時機→ちょうどよいとき、チャンス、タイミング

おたより　6月

7月

イラスト

囲みイラスト付き文例

※ CD-ROM 内の囲みイラスト付き文例は Word 文書です。
Excel で使用される際は、P.238 をご参照ください。

七夕飾り

7月7日は織り姫と彦星が1年に1度だけ会える日です。七夕飾りにはそれぞれ意味があります。千羽鶴は家族の長寿、網は豊漁と豊作、巾着は商売繁盛、短冊は学問や芸の上達、ちょうちんは短冊を明るく照らす…などです。一つひとつ願いを込めて作るといいですね。

107-23

海の日

7月第3月曜日は「海の日」です。日本は海に囲まれており、海からの恵みをたくさん受けてきました。海水浴に出掛けたり、海の生き物を観察して調べたりして海に興味をもち、自然を大切にする気持ちがもてるといいですね。

107-24

ヒマワリを見に行こう

夏の暑さに負けず、元気いっぱいに咲くヒマワリの花。つぼみが付き始めると、太陽を追い掛けるように朝は東、夕方は西へと向きを変えます。太陽が当たらないほうの茎が伸びるため、太陽に向かってお辞儀をしているように見えます。実際に見に行ってみましょう。

107-25

虫に気を付けて！

ハチやカなど刺される危険のある虫が飛び始める夏。戸外へ出掛けるときは、長袖の服を着て、帽子や虫よけスプレーなどで予防しましょう。カは、日本脳炎、マラリア、デング熱、ウエストナイル熱の病原体を媒介します。カが発生する水たまりはないかなど、周りの環境も見直しておきましょう。

107-26

書き出し文例

7月のあいさつ

●優しい風と一緒に風鈴が揺れると、部屋の中が涼しくなるような気がします。風鈴とうちわは夏の風物詩ですね。
107-27

●朝早くからきれいなアサガオが咲き、周りを和ませてくれます。次はどのつぼみが開くのか楽しみです。 107-28

子どもの姿

●水遊びやプール遊びが楽しい季節になりました。水着に着替えた子どもたちは、元気いっぱい水の感触を楽しんでいます。
107-29

七夕

●夜空に輝く星を見ながら、今年も織り姫様と彦星様が天の川で会えるように、雨が降らないようにと、お願いしたいですね。
107-30

文章の最後にチェック！

文体を統一しよう

文章の終わりの文体には「ですます調」と「である調」があります。

● ですます調　→です、ます、でした、ました
● である調　　→である、だ

一つの文章の中に、二つの文体があると読みにくくなります。文章を書くときには、統一するようにしましょう。

207

8月

イラスト

囲みイラスト付き文例

※ CD-ROM 内の囲みイラスト付き文例は Word 文書です。
Excel で使用される際は、P.238 をご参照ください。

局所的大雨

地表近くの暖かく湿った空気と上空の冷たい空気がぶつかり合って大気が乱れると、積乱雲が発生し、多量の雨を降らせます。局所的大雨（ゲリラ豪雨と呼ばれることもある）は、その大気の乱れに、海からの湿った空気やヒートアイランド現象などの原因が加わって起こると考えられています。大雨が降ってきたら、安全な場所にとどまりましょう。

108-22

夏の感染症

プール熱（咽頭結膜熱）・手足口病・ヘルパンギーナなど、夏の感染症が流行する時季です。クーラーと扇風機を上手に使って部屋の温度調節をし、うがいや手洗いをして予防しましょう。バランスを考えた食事と睡眠をしっかりとり、元気に体を動かして、体力をつけることが大切です。

108-23

立秋

8月8日は二十四節気の一つ「立秋」で、暦のうえでは秋です。空が高く感じられ、雲の形もだんだんと秋らしく変わっていく時季となります。セミの鳴き声をあまり聞かなくなったと思えば、トンボが飛んでいるのを見かけるようにもなります。残暑を忘れるために、身の回りの秋を探してみるのもいいですね。

108-24

そう麺と冷麦の違い

暑い季節に食べたくなるのが、そう麺や冷麦などの麺類です。そう麺は小麦粉を練り、細長く引き伸ばした物、冷麦は小麦粉を麺棒で伸ばして均等に切った物です。太さに違いがあり、直径1.3mm未満が「そう麺」、直径1.3～1.7mmが「冷麦」です。食べ比べてみるのも楽しいですね。

108-25

書き出し文例

8月のあいさつ

● 朝夕吹く風に少しずつ変化が見られ、涼しさを感じられるようになりました。昼間の暑さがうそのようです。　108-26

健康

● 汗をかいたらタオルで拭いたり服を着替えたりします。着替えの補充を忘れないようにお願いします。　108-27

子どもの姿

● たっぷり水遊びを楽しんだ子どもたちは、昼寝の時間になると、あっという間に夢の世界へ出発しています。　108-28

積乱雲

● 空に積乱雲が見えてきたら、雷が鳴ったり雨が降ったりする可能性があります。空の様子をこまめに見ておきましょう。　108-29

文章の最後にチェック！　重複表現

過剰に表現していませんか？

- 炎天下の下→炎天下
- 今現在→現在
- 約10cm程度→約10cm（または、10cm程度）
- 返事を返す→返事をする
- 必ず必要である→必要である（または、必ず要る）
- 期待して待つ→期待する
- 頭痛が痛い→頭痛がする（または、頭が痛い）
- 尽力を尽くす→尽力に努める（または、尽力する）

9月

イラスト

> 囲みイラスト付き文例

※ CD-ROM 内の囲みイラスト付き文例は Word 文書です。
Excel で使用される際は、P.238 をご参照ください。

救急の日

9月9日は、救急医療を広く知ってもらう目的で制定された「救急の日」です。毎年、各地で応急手当やAEDの講習会なども行なわれています。このような講習会に参加したり、家にある救急箱の中身を確認したりするなど、救急について考えてみる日にしてはいかがでしょうか。

109-20

秋分の日

9月23日は「秋分の日」です。「祖先をうやまい、なくなった人々をしのぶ日」として、1948年に制定されました。秋分の日前後の1週間を「秋彼岸(ひがん)」といいます。お墓参りをしてご先祖様の霊を供養します。昼と夜の長さがほぼ同じになり、冬に向かって徐々に昼の時間が短くなっていきます。

109-21

月見団子

十五夜にはお団子を食べる習慣があります。白くて丸いお団子は満月の形を表しているといわれていますが、全国にはいろいろな形の月見団子があります。中にあんこが入っている団子、あんこを掛けた少し細長い団子、あんこでくるんで串に刺した団子などです。調べてみると楽しいですよ。

109-22

おやつとは

「おやつ」を漢字で書くと「御八つ」です。江戸時代の「八つ時(やどき)」(午後1時から3時頃※)からきているといわれていて、八つ時に軽く間食を食べていた風習から、いつの間にか間食のことをおやつと呼ぶようになったそうです。夕食の妨げにならないよう、量や内容を考えて食べるようにしましょう。
※季節により変動します。

109-23

> 書き出し文例

9月のあいさつ

● きれいな月が見える季節です。「おつきさまで、ウサギがおもちつきをしているよ」と、子どもたちが教えてくれます。
109-24

● 晴れた空にイワシ雲がふんわりと浮かび、秋の空を演出しています。少しずつ季節は変化していますね。 109-25

● 吹く風に秋の気配を感じられるようになりました。公園や園庭の木々も爽やかな風を受け、うれしそうです。 109-26

● 空気が澄み渡り、お月様がきれいに見える時季です。お月さまの模様をウサギの餅つきに見立てたり自分たちで考えてみたりするのも楽しいですね。 109-27

文章の最後にチェック！
正しい漢字を
間違いやすい漢字です。
気を付けて正しい漢字を使いましょう。

○	×
低温	抵温
徐々に	除々に
子ども同士	子ども同志
栽培	裁培
収穫	集穫
検討	険討

このメッセージが見えるまでページを開くと、きれいにコピーできます。

おたより　9月

囲みイラスト付き文例

※ CD-ROM 内の囲みイラスト付き文例は Word 文書です。
Excel で使用される際は、P.238 をご参照ください。

目の愛護デー

10月10日は「目の愛護デー」です。10の数字を横にすると眉毛と目に見えることから定められました。最近の子どもたちは、テレビやゲーム、パソコンなどを見続けて、目を酷使することが増えています。部屋を明るくして見る、時々遠くを見るなどして、目の負担を減らしましょう。

110-19

体育の日

10月の第2月曜日は「体育の日」です。1964(昭和39)年の東京オリンピックでの輝かしい成果と感動を記念し、「スポーツにしたしみ、健康な心身をつちかう」国民の祝日に制定されました。運動会や地域ごとのスポーツ大会などもたくさん開かれます。こうしたイベントに家族で参加したり、公園に出掛けて体を動かしたりするのもいいですね。

110-20

クリの栄養

秋の味覚である「クリ」は、天津甘栗に使う「中国グリ」、マロングラッセなどに使う「西洋グリ」、国内で収穫される「日本グリ」、あまり見かけることがない「アメリカグリ」の4種類に大きく分かれます。クリはカリウムや食物繊維が豊富なうえ、便秘改善・風邪予防・疲労回復などの効果もあります。おいしく食べて健康になりましょう。

110-21

10月は3R推進月間

リデュース・リユース・リサイクル(3R)という取り組みがあります。使い捨てを見直し、繰り返し使うことや分別することなどを意識して、ごみを減らしましょう、という内容です。食料の買い過ぎや作り過ぎを控え、遊具や服などをリサイクルして、みんなで資源を大切に使いましょう。

110-22

書き出し文例

10月のあいさつ

● 柔らかな秋の風が吹き、園庭や近所の畑にあるサツマイモの葉っぱが気持ち良さそうに揺れています。　110-23

● サンマのおいしい季節になりました。家族で魚の食べ方について話しながらマナーを伝えていくのもいいですね。　110-24

イワシの日

● 10月4日は語呂合わせで「イワシの日」です。いわし食用化協会により1985年に定められました。秋は何を食べてもおいしいですが、イワシも今が旬です。　110-25

運動会

● 今週末は運動会です。手紙に書いてある内容を確認し、ルールを守りましょう。遅れないように来てくださいね。　110-26

文章の最後にチェック！ ひらがなと漢字を使い分けよう

文章を書くとき使いたい言葉を、漢字かひらがなどちらにするか考えることがあります。そのときは、言葉の意味や文章の内容によって使い分けましょう。ひらがなのほうが分かりやすい場合もあります。

11月 イラスト

111-01

111-02

111-03

111-04

111-05

111-06

111-07

111-08

111-17

111-19

111-20

111-09

111-10

111-11

111-12

111-13

111-14

111-15

111-16

111-18

このメッセージが見えるまでページを開くと、きれいにコピーできます。

囲みイラスト付き文例

※ CD-ROM 内の囲みイラスト付き文例は Word 文書です。
Excel で使用される際は、P.238 をご参照ください。

立冬（りっとう）

今年は11月8日が立冬です。冬の始まりのことで、「立」には新しい季節になるという意味があります。気温が下がり日中の日差しも弱くなり、冬への準備に入っていきます。木枯らし1号や初霜などの便りも聞かれます。暦のうえでは立冬から立春（りっしゅん）の前日までを冬といいます。

111-21

いい歯の日

11月8日は「いつまでも美味しく、そして楽しく食事をとるために、口の中の健康を保っていただきたい」という願いから、日本歯科医師会により語呂合わせで「いい歯の日」として制定されました。「80歳になっても自分の歯を20本以上保とう」という8020（ハチマルニイマル）運動の一環です。歯磨きの仕方を見直してみましょう。

111-22

勤労感謝の日

勤労感謝の日は「勤労をたっとび、生産を祝い、国民たがいに感謝しあう日」として、1948年に制定された国民の祝日です。農作物の恵みに感謝する新嘗祭（にいなめさい）の日がもとになっています。
働いている家族に、今の生活ができることを感謝しましょう。言葉や手紙でありがとうの気持ちを伝えるのもいいですね。

111-23

食事の挨拶

「いただきます」「ごちそうさま」をきちんと言っていますか？「いただきます」は「いろいろな命を頂く」という意味があり、「ごちそうさま」は、「走り回って（馳走（ちそう））食材を集める様子」からきたもので、食事を用意してくれた人への感謝の気持ちを表しています。毎日心を込めて、挨拶をしましょう。

111-24

書き出し文例

11月のあいさつ

- キクの花がきれいに咲き、すてきな香りを運んでくれます。子どもたちは、色・形や大きさなど、キクの観察をしています。　111-25
- 箱やペットボトルなどの素材を使い、イメージを膨らませていろいろな物を作って楽しく遊んでいます。　111-26
- 秋も一段と深まり太陽の日差しを求めて、ひなたにいる時間が長くなってきました。すぐそこに冬が待ち受けていますね。　111-27

文化の日

- 博物館や美術館などに出掛け、いろいろな文化に親しんでみましょう。新しい発見があるかもしれませんね。　111-28

文章の最後にチェック！ 正しい送りがな

間違いやすい送りがなです。
しっかりチェックして、正しいお便りを書きましょう。

○	×	○	×
自ら	自から	新しい	新い
備える	備る	少ない	少い
半ば	半かば	短い	短かい
親しい	親い	快い	快よい

おたより　11月

12月

イラスト

> 囲みイラスト付き文例

※ CD-ROM 内の囲みイラスト付き文例は Word 文書です。
Excel で使用される際は、P.238 をご参照ください。

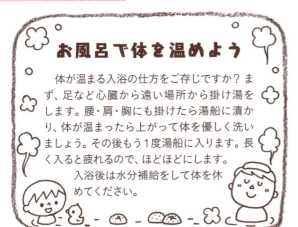

お風呂で体を温めよう

体が温まる入浴の仕方をご存じですか？ まず、足など心臓から遠い場所から掛け湯をします。腰・肩・胸にも掛けたら湯船に漬かり、体が温まったら上がって体を優しく洗いましょう。その後もう1度湯船に入ります。長く入ると疲れるので、ほどほどにします。入浴後は水分補給をして体を休めてください。

112-22

クリスマス

今年もクリスマスの季節がやってきました。ポインセチアの花やクリスマスツリーなど、周りはクリスマス1色です。園ではお楽しみ会を予定しています。ツリーに飾りを付けたり、プレゼント入れを作ったりして準備で大盛り上がりです。今年もサンタさんは来てくれるでしょうか？

112-23

冬至(とうじ)のカボチャ

カボチャは夏の野菜ですが、昔は野菜が不足する冬までカボチャを保存して食べていたようです。カボチャには免疫力を高めるビタミンCや血行の働きを良くするビタミンE、粘膜を強くするビタミンAが豊富で、風邪予防になります。冬至にカボチャを食べるのは、無病息災を願うためです。

112-24

発熱とは

体内にウイルスや細菌が侵入したとき、体が必死に戦っている状態が「発熱」で、防御反応の一つと考えられています。体温は朝が低く夕方には高くなり、運動や食事などの影響も受けます。平熱より1℃高いと熱があると考えてもいいでしょう。子どもの平熱を知っておくことが大切ですね。

112-25

> 書き出し文例

> **12月のあいさつ**

- 寒さが一段と厳しくなり、公園の木々が凍えているようです。紅葉していた葉っぱもすっかり姿を変えてしまいました。
112-26

- ポインセチアがきれいに咲き、冬の寒さを吹き飛ばしてくれるようです。クリスマスカラーと合わせると、にぎやかな雰囲気を演出できます。
112-27

- 冬の空は澄んでいて、夜空の星がきれいに見えます。12月は忙しく過ごしてしまいがちですが、空を見上げてゆっくりした時間を過ごすのもいいですね。
112-28

> **餅つき**

- 子ども用のきねを持ち、餅つきを体験しました。ぺったんぺったんと餅をつくたびに聞こえる音に、大喜びしていました。
112-29

> 文章の最後にチェック！

「が」「の」の連続

助詞の「が」や「の」を連続して使うと、読みにくくなります。読み直して他の言葉に変えたり、省略したりしましょう。

おたより ▸ 12月

217

1月

イラスト

囲みイラスト付き文例

※ CD-ROM 内の囲みイラスト付き文例は Word 文書です。
Excel で使用される際は、P.238 をご参照ください。

お年玉とは

お年玉は新年を祝う贈り物です。正月にやって来る年神のために、家では鏡餅を供えたり門松を飾ったりします。そのお返しとして、年神は1年間元気で過ごせるように「新しい魂」を与えます。一説では、かつて年神に供えたもちを下がり物として子どもたちに分け与えていた「お年魂」が、現在ではお年玉になったそうです。

101-22

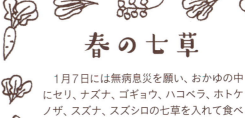

春の七草

1月7日には無病息災を願い、おかゆの中にセリ、ナズナ、ゴギョウ、ハコベラ、ホトケノザ、スズナ、スズシロの七草を入れて食べます。七草には、ビタミンやミネラルなど体に良いものがたくさん入っています。お正月にいろいろな物を食べて疲れた胃を整えるのにピッタリの食べ物ですね。

101-23

成人の日

「おとなになったことを自覚し、みずから生き抜こうとする青年を祝いはげます日」という趣旨のもと、1948年に国民の祝日となりました。毎年1月の第2曜日がこの日にあたり、新成人たちは責任ある社会人の一員として自立を決意します。成人を祝う風習は昔からありました。かつては年齢に関係なく、何かを成し遂げれば一人前として認めてもらえるものだったようです。

101-24

スキンケア

空気が乾燥する季節です。子どもたちも肌荒れを起こしやすくなっています。顔を洗い過ぎると保湿力が低下して、肌トラブルの原因になるので気を付けましょう。ぬれた体や手を拭くときは、こすらずタオルで包み込むようにして、かさつくときは、保湿剤を塗ります。この時季は「清潔」「保湿」を心掛けましょう。

101-25

おたより　1月

書き出し文例

1月のあいさつ

● 新しい年を迎え、寒さも一段と厳しくなってきたように感じます。お日様のぬくもりが待ち遠しいですね。　101-26

● キンカンの実がたくさん実り、食べ頃を迎えています。気になる子どもたちは観察しながら、おいしそうな実を探していました。　101-27

● 新年を迎え、今年度も残すところ3か月となりました。たくさんのことを経験して、心身共に成長してほしいと思います。　101-28

七草がゆ

● 七草がゆを食べて1年間元気に過ごせるようにしましょう。少々疲れ気味の胃には優しい食べ物ですね。　101-29

文章の最後にチェック！

正月のいろいろ

正月とは、本来1月のことを示していました。最近では1月1日～3日までを三が日、7日までを松の内（地域によって違う場合もある）、この間を正月といっています。

元日は1月1日のこと、元旦は1月1日の朝のことをいいます。

元旦に最初に昇る太陽のことを「初日の出」といいます。

CD-ROM　おたより ▶ 1月

219

2月

イラスト

102-01

102-02

102-03

102-04

102-05

102-06

102-07

102-08

102-09

102-10

102-11

102-12

102-13

102-16

102-17

102-14

102-15

102-18

102-19

このメッセージが見えるまでページを開くと、きれいにコピーできます。

囲みイラスト付き文例

※ CD-ROM 内の囲みイラスト付き文例は Word 文書です。
Excel で使用される際は、P.238 をご参照ください。

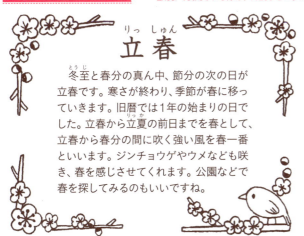

立春(りっしゅん)

冬至(とうじ)と春分の真ん中、節分の次の日が立春です。寒さが終わり、季節が春に移っていきます。旧暦では1年の始まりの日でした。立春から立夏の前日までを春として、立春から春分の間に吹く強い風を春一番(はるいちばん)といいます。ジンチョウゲやウメなども咲き、春を感じさせてくれます。公園などで春を探してみるのもいいですね。

102-20

建国記念の日

2月11日は「建国記念の日」で「建国をしのび、国を愛する心を養う」と定められています。日本の豊かな四季を見直し、地図を見るなどして地域の歴史にふれて過ごすのも楽しいです。自分たちの住んでいる日本がどんな国なのかを知るきっかけになるといいですね。

102-21

ジンチョウゲ

ジンチョウゲは「3香木」の一つで、他にはキンモクセイ、クチナシがあります。花びらのように見えるのはガクで、色は薄いピンクや白があります。満開になると、周りに甘い匂いが漂います。雄株と雌株が存在するそうですが、日本には雄株だけしかないといわれています。

102-22

平熱を知っておこう

体温が上がるのは、食事をした後や運動後、厚着をしているとき、室温や気温が高いときなどです。また、朝は低く夕方に高くなります。平熱から1℃高いと、熱があるといえます。疲れがたまっているときや体調が悪いときなどを把握しやすいように、平熱を知っておくことが大切ですね。

102-23

書き出し文例

2月のあいさつ

● ウメのつぼみも少しずつ膨らみ始めました。本格的な春が待ち遠しいですね。　　102-24

● 冬から春へと季節が移り変わるこの時季は、1年の最低気温を記録するほどの寒い日もあります。春が待ち遠しいですね。　　102-25

● 春とは名ばかりで、周りを見渡すと冷たい風が吹いたり空からチラチラ雪が舞い降りたりしています。　　102-26

節分

●「おにはそと、ふくはうち」と、元気な子どもたちの声が響き渡ります。豆まきをして、1年間元気に過ごせるように願いながら豆を食べました。　　102-27

文章の最後にチェック！ 敬語の「お」「ご」の使い分け

「お」の場合	「ご」の場合
● お断り	● ご住所
● お手紙	● ご説明
● お話	● ご意見

例外もありますが、「ご」は音読み「お」は訓読みと覚えておいてもいいですね。

おたより ▶ 2月

3月

イラスト

103-01

103-02

103-03

103-04

103-05

103-06

103-07

103-16

103-08

103-09

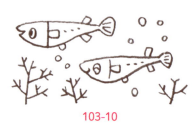
103-10

103-11

103-12

103-13

103-18

103-14

103-15

103-19

103-17

このメッセージが見えるまでページを開くと、きれいにコピーできます。

囲みイラスト付き文例

※ CD-ROM 内の囲みイラスト付き文例は Word 文書です。
Excel で使用される際は、P.238 をご参照ください。

耳掃除

耳掃除では、耳の中を傷つけたり、耳あかを奥に押し込んだりすることがあります。耳あかには、鼓膜をほこりや汚れから守る作用、抗菌作用もあるようです。耳には耳あかを押し出そうとする働きがあり、しぜんに耳の入り口まで出てきますので、掃除のし過ぎには気を付けましょう。

103-20

ひな祭り

「桃の節句」といわれるひな祭りは、女の子の成長を祝う日です。ひな人形を飾ったりちらし寿司やハマグリのお吸い物を食べたりして、お祝いします。ひなあられの色は四季を、ひし餅の色は健康・長寿・清浄・魔よけなどを表しているといわれています。

103-21

春分の日

「自然をたたえ、生物をいつくしむ」という趣旨で、1948年に国民の祝日となりました。この日は、昼と夜の時間が同じ長さになります。地球は太陽の周りを365日と6時間かけて1回転するため、春分の日は毎年決まった日としては定められていません。

103-22

ぼた餅とおはぎ

ぼた餅とおはぎは同じ食べ物で、季節によって呼び名が違います。春はボタンの花に見立てて「ぼたもち」、秋はアズキの粒をハギの花に見立てて「おはぎ」という説があります。アズキの赤色には、災難が降り掛からないように邪気を振り払う、という意味があるようです。

103-23

書き出し文例

3月のあいさつ

- ピンクなどの優しい色が映える季節になり寒さから脱出です。暖かくなると体も軽くなるような気がしますね。
  103-24

- 春の風が優しく吹き、ようやく心地良い季節を感じられるようになってきました。
  103-25

- モモのつぼみが膨らみ、春の気配が漂ってきました。冬色から春色へと、だんだん明るい色の景色に変身していきます。
  103-26

耳の日

- 3月3日は「耳の日」です。耳の働きを話し合ったりイラストで見たりして、正しい情報を知るきっかけになるといいですね。
  103-27

文章の最後にチェック！「ず」「づ」の使い分け②

「ず」「づ」は間違いやすい文字です。
しっかりチェックして、正しくおたよりを書きましょう。

○	×
一つずつ	一つづつ
色づく	色ずく
ずかん	づかん
活気づく	活気ずく
読みづらい	読みずらい
うなずく	うなづく
ひざまずく	ひざまづく
おとずれる	おとづれる

おたより 3月

このメッセージが見えるまでページを開くと、きれいにコピーできます。

計画・資料データ集

園全体で立てる必要がある計画や保護者との共有に使う資料など、
もっと保育をサポートするために、資料の例をデータにしました。
園運営に必要な保健計画や子育て支援計画といった計画や、与薬依頼票などが入っています。
これらのデータは、CD-ROMの 計画・資料データ集 に入っています。

※本書掲載の指導計画とのつながりはありませんが、一例としてご覧ください。

健康

健康支援年間計画

CD-ROM ▶ 健康
▼
健康支援年間計画

子育て支援

子育て支援年間計画

CD-ROM ▶ 子育て支援
▼
子育て支援年間計画

安全・防災

Ⓐ 施設の安全管理チェックリスト

Ⓑ 施設安全チェックリスト

CD-ROM 安全・防災 ▶ A_施設の安全管理チェックリスト

CD-ROM 安全・防災 ▶ B_施設安全チェックリスト

Ⓒ 防災チェック表

CD-ROM 安全・防災 ▶ C_防災チェック表

保健

保健年間計画

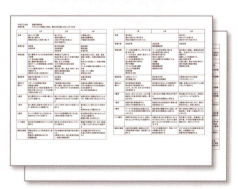

CD-ROM 保健 ▶ 保健年間計画

225

計画・資料データ集

避難訓練

A 避難訓練年間計画

CD-ROM ▶ 避難訓練 ▶ A_避難訓練年間計画

B 避難訓練年間計画

CD-ROM ▶ 避難訓練 ▶ B_避難訓練年間計画

C 避難訓練年間計画

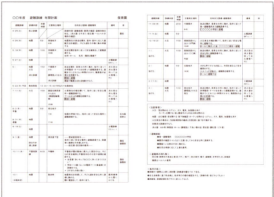

CD-ROM ▶ 避難訓練 ▶ C_避難訓練年間計画

食育

A 1歳児の食育計画　　**B** 0〜5歳児の食育計画　　**C** 食物アレルギー指示書

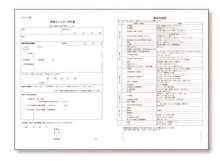

A_1歳児の食育計画

B_0〜5歳児の食育計画

C_食物アレルギー指示書

病気関連書類

登園許可証明書

与薬依頼票

登園許可証明書

病気関連書類 ▶ 与薬依頼票

計画・資料データ集

今日の保育記録

今日の保育記録

CD-ROM 今日の保育記録 ▶ 今日の保育記録

苦情処理

苦情申出書

CD-ROM 苦情処理 ▶ 苦情申出書

苦情受付書

CD-ROM 苦情処理 ▶ 苦情受付書

苦情受付報告書

CD-ROM 苦情処理 ▶ 苦情受付報告書

CD-ROMの使い方

ここからのページで、CD-ROM内のデータの使い方を学びましょう。

(!)CD-ROM をお使いになる前に必ずお読みください

付属のCD-ROMは、「Microsoft Word 2010」で作成、保存したWord文書（ファイル）、Wordで開くリッチテキストデータ、イラスト画像（PNG形式）データを収録しています。
お手持ちのパソコンに「Microsoft Word 2010」以上がインストールされているかご確認ください。
付属CD-ROMを開封された場合、以下の事項に合意いただいたものとします。

●動作環境について

本書付属のCD-ROMを使用するには、下記の環境が必要となります。CD-ROMに収録されているWordデータは、本書では、文字を入れるなど、加工するにあたり、Microsoft Office Word 2010を使って紹介しています。処理速度が遅いパソコンではデータを開きにくい場合があります。
○ハードウェア
　Microsoft Windows 10以上推奨
○ソフトウェア
　Microsoft Word 2010以上
○CD-ROMを再生するにはCD-ROMドライブが必要です。
※ Mac OSでご使用の場合はレイアウトが崩れる場合があります。

●ご注意

○本書掲載の操作方法や操作画面は、『Microsoft Windows 10』上で動く、『Microsoft Word 2010』を使った場合のものを中心に紹介しています。
　お使いの環境によって操作方法や操作画面が異なる場合がありますので、ご了承ください。
○データはWord 2010に最適化されています。お使いのパソコン環境やアプリケーションのバージョンによっては、レイアウトが崩れる可能性があります。
○お客様が本書付属CD-ROMのデータを使用したことにより生じた損害、障害、その他いかなる事態にも、弊社は一切責任を負いません。
○本書に記載されている内容に関するご質問は、弊社までご連絡ください。ただし、付属CD-ROMに収録されているデータについてのサポートは行なっておりません。
※ Microsoft Windows、Microsoft Wordは、米国マイクロソフト社の登録商標です。
※ その他記載されている、会社名、製品名は、各社の登録商標および商標です。
※ 本書では、TM、®、©マークの表示を省略しています。

●本書掲載おたより、指導計画などCD-ROM収録のデータ使用の許諾と禁止事項

CD-ROM収録のデータは、ご購入された個人または法人・団体が、営利を目的としない掲示物、園だより、その他、家庭への通信として自由に使用することができます。ただし、以下のことを遵守してください。
○他の出版物、企業のPR広告、商品広告などへの使用や、インターネットのホームページ（個人的なものも含む）などに使用はできません。無断で使用することは、法律で禁じられています。なお、CD-ROM収録のデータを変形、または加工して上記内容に使用する場合も同様です。
○CD-ROM収録のデータを複製し、第三者に譲渡・販売・頒布（インターネットを通じた提供も含む）・賃貸することはできません。
○本書に付属のCD-ROMは、図書館などの施設において、館外に貸し出すことはできません。
（弊社は、CD-ROM収録のデータすべての著作権を管理しています）

● CD-ROM 取り扱い上の注意

○付属のディスクは「CD-ROM」です。一般オーディオプレーヤーでは絶対に再生しないでください。パソコンのCD-ROMドライブでのみお使いください。
○CD-ROMの表面・裏面ともに傷を付けたり、裏面に指紋をつけたりするとデータが読み取れなくなる場合があります。CD-ROMを扱う際には、細心の注意を払ってお使いください。
○CD-ROMドライブにCD-ROMを入れる際には、無理な力を加えないでください。CD-ROMドライブのトレイに正しくセットし、トレイを軽く押してください。トレイにCD-ROMを正しく乗せなかったり、強い力で押し込んだりすると、CD-ROMドライブが壊れるおそれがあります。その場合も一切責任は負いませんので、ご注意ください。

CD-ROM 収録データ一覧

付属のCD-ROMには、以下のデータが収録されています。

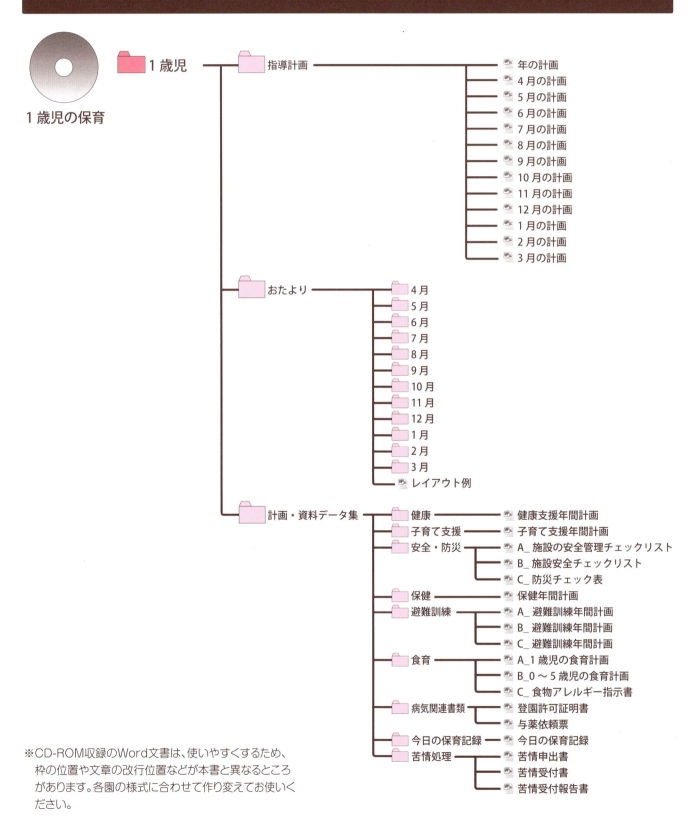

※CD-ROM収録のWord文書は、使いやすくするため、枠の位置や文章の改行位置などが本書と異なるところがあります。各園の様式に合わせて作り変えてお使いください。

付属のCD-ROMのデータを使って
指導計画やおたよりを作ろう

『Word』を使って、指導計画やおたよりを作ってみましょう。付属のCD-ROMのWord文書はMicrosoft Word 2010で作成されています。ここでは、Windows 10上で、Microsoft Word 2010やペイントを使った操作手順を中心に紹介しています。

(動作環境についてはP.229を再度ご確認ください)
※掲載されている操作画面は、お使いの環境によって異なる場合があります。ご了承ください。

CONTENTS

- **Ⅰ ファイルの基本操作** ………… P.232
  - 1 ファイルを開く　3 名前を付けて保存する
  - 2 文字を入力する　4 印刷する
- **Ⅱ 文章を変更する** ………… P.233
  - 1 文章を変更する
  - 2 書体や大きさ、文字列の方向、行間、文字の配置を変える
- **Ⅲ 枠表の罫線を調整する** ………… P.235
  - 1 セルを広げる・狭める　2 セルを結合する・分割する
- **Ⅳ イラストを挿入する** ………… P.236
- **Ⅴ イラストに色を塗る**
  - 1 ペイントからCD-ROMのイラストを開く　3 名前を付けて保存する
  - 2 色を塗る
- **Ⅵ 囲みイラスト付き文例を利用する** …… P.238
- **Ⅶ 文例を利用する** ………… P.239
- **Ⅷ テキストボックスを挿入する**

基本操作

マウス

マウスは、ボタンを上にして、右手ひとさし指が左ボタン、中指が右ボタンの上にくるように軽く持ちます。手のひら全体で包み込むようにして、机の上を滑らせるように上下左右に動かします。

クリック カチッ

左ボタンを1回押します。ファイルやフォルダ、またはメニューを選択する場合などに使用します。

ダブルクリック カチカチッ

左ボタンをすばやく2回押す操作です。プログラムなどの起動や、ファイルやフォルダを開く場合に使用します。

右クリック カチッ

右ボタンを1回押す操作です。右クリックすると、操作可能なメニューが表示されます。

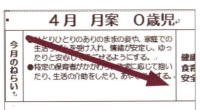

ドラッグ カチッ…ズー

左ボタンを押しながらマウスを動かし、移動先でボタンを離す一連の操作をいいます。文章を選択する場合などに使用します。

元に戻る・進む

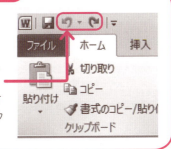

操作を間違えたら ↶（元に戻す）をクリックすると、ひとつ前の状態に戻ります。戻した操作をやり直す場合は、↷（やり直し）をクリックします。

Ⅰ ファイルの基本操作

1 ファイルを開く

① CD-ROMをパソコンにセットする

② 「自動再生」画面の「フォルダを開いてファイルを表示」をクリック

③ フォルダを順次開き、Wordのファイルをダブルクリック

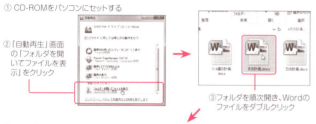

〈テンプレートの文書構成〉
収録されているWordテンプレートは、A4横または縦の表で構成されています。表内にカーソルがあるので、リボンには「表ツール」が表示されています。

・リボン：ツールが並んでいる領域
・タブ：操作の種類によって、クリックしてリボンを切り替えます
・表ツール

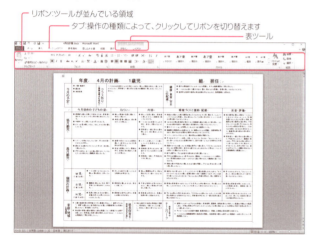

2 文字を入力する

表の各枠をセルといいます。文字を入力するには、セル内をクリックします。各セルには、左揃え、中央揃えなどの配置があらかじめ設定されています。年度、組名、担任名など、セル内に文字を入力します。

→ セル内の文章を変更するには、P.233「Ⅲ 文章を変更する」へ。
→ セル内の文字列の配置を変更するにはP.234「Ⅲ 文章を変更する 2.文字列の方向・配置を変更する」へ。
→ これで作成完了の場合は、次の「3 名前を付けて保存する」「4 印刷する」へ。

3 名前を付けて保存する

① 「ファイル」をクリック
② 「名前を付けて保存」をクリック
③ 保存先を選択
④ ファイル名を入力
⑤ 「保存」をクリック

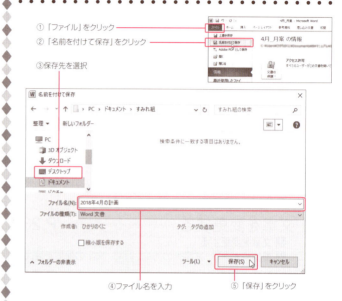

4 印刷する

① 「ファイル」をクリック
② 「印刷」をクリック
③ プレビュー画面で確認
④ 枚数を入力
⑤ 「印刷」をクリック

★ 用紙サイズ、印刷方向などの変更をすることができます

★縮小印刷
A4サイズの文書をB4サイズに拡大して印刷することができます。

① 「ファイル」をクリック
② 「用紙サイズの設定」をクリック
③ 用紙サイズを指定

Ⅱ 文章を変更する

担当クラスの様子や、子どもたちに合わせて文章を変更しましょう。
文字の書体や大きさを変えるなどアレンジしてみてください。

1 文章を変更する

1. 変更したい文章を選択する

変更したい文章の最初の文字の前にカーソルを合わせてクリックし、ドラッグして変更したい文章の範囲を選択します。

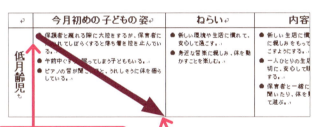

ここにカーソルを合わせて、変更したい所までドラッグします。

ここでマウスをはなすと、クリックした所から、ここまでの文章が選択されます。

選択された文字の背景の色が変わります。

2. 新しい文章を入力する

そのまま新しい文章を入力します。

2 書体や大きさ、文字列の方向、行間、文字の配置を変える

1. 文字の「書体」や「大きさ」を変える

文字を好きな書体（フォント）に変えたり、大きさ（フォントサイズ）を変えたりしてみましょう。

まず、「1 1.変更したい文章を選択する」の方法で、変更したい文章の範囲を選択します。

次に、「ホーム」タブのフォントやフォントサイズの右側「▼」をクリックし、書体とサイズを選びます。

※フォントサイズ横の「フォントの拡大」「フォントの縮小」ボタンをクリックすると少しずつサイズを変更できます。

フォント
フォント名が英語のものは、日本語を表示できません。使うことのできるフォントの種類は、お使いのパソコンにどんなフォントがインストールされているかによって異なります。

フォントサイズ
フォントサイズは、数字が大きくなるほどサイズが大きくなります。
フォントサイズが8以下の場合は、手動で数値を入力します。

下の例のように、文章が新しい書体と大きさに変わりました。

変更前	変更後
フォント:MSゴシック フォントサイズ:8	フォント:HG丸ゴシックM フォントサイズ:10

2. 文字列の方向・配置を変更する

変更したいセルを選択し、【表ツール】の「レイアウト」タブの「配置」から文字列の配置や方向を設定します。

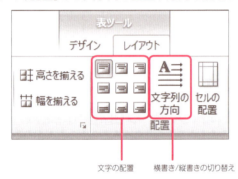

左端揃え（上）

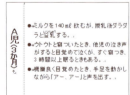

中央揃え（中央）

両端揃え（下）

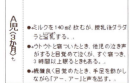

縦書き

横書きのセルを選択し、「文字の方向」ボタンをクリックすると、縦書きの「両端揃え（右）」の配置になります

配置も縦書きに変わります。下図は、文字の配置を「両端揃え（中央）」に設定しています。

II 文章を変更する

3.「行間」を調整する

行と行の間隔を変更したい段落を選択して、「ホーム」タブ「段落」にある「行と段落の間隔」ボタンをクリックして、数値にマウスポインターを移動させると、ライブプレビュー機能により、結果を確認することができます。行間の数値をクリックすると決定します。

行間1

行間・間隔

ヒント

行間などの段落書式を詳細に設定する場合は、「ホーム」タブ「段落」の右下の⬛ボタンをクリックして、下図の「段落」の設定画面を表示します。インデント（行の始まる位置）や段落前後の空きなども設定できます。

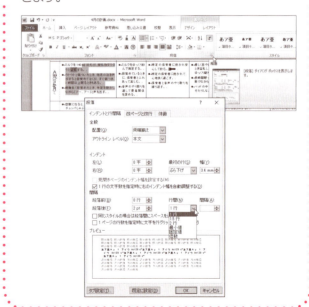

Ⅲ 枠表の罫線を調整する

枠表の罫線を動かしてセルを広げたり狭めたりして調整してみましょう。
自分で罫線を引いたり消したりすることもできます。

1 セルを広げる・狭める

表の罫線上にマウスを移動すると、マウスポインターが ⇕ や ⇔ に変化します。そのままドラッグして上下または左右に動かすと、セルの高さや幅を変更することができます。

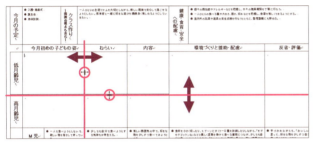

※特定のセルの幅を変更する場合は、そのセルを選択し、【表ツール】「レイアウト」タブ「表」にある「選択→セルの選択」をクリックしてから左右の罫線をドラッグします。

2 セルを結合する・分割する

1. 複数のセルを選択して、結合する

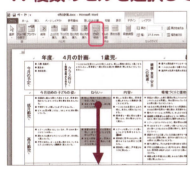

結合したいセルをドラッグして選択し、【表ツール】の「レイアウト」タブ「結合」の「セルの結合」ボタンをクリックします。

右図のように2つのセルが結合されて1つになります。

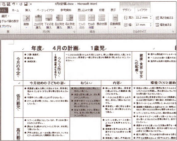

2. 1つのセルを複数のセルに分割する

表の行数や列数を変更したい場合、一旦、セルを結合してから分割します。

①行数と列数を変更したいセルをすべて選択します。

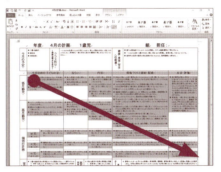

②「Delete」キーを押して文字を消去します。

③もう一度、行数と列数を変更したいセルをすべて選択します。

④【表ツール】「レイアウト」タブ「結合」の「セルの結合」ボタンをクリックすると、下図のように大きな1つのセルになります。

⑤【表ツール】「レイアウト」タブ「結合」の「セルの分割」ボタンをクリックして表示された画面で、列と行を設定して「OK」をクリックします。

列数を「3」、行数を「5」に設定してみます。

3列5行に分割されました。

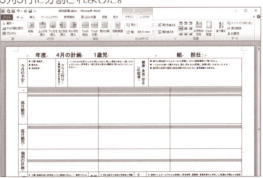

IV イラストを挿入する

CD-ROMに収録されているイラストはPNG形式の画像データです。Word文書に「挿入」して使います。

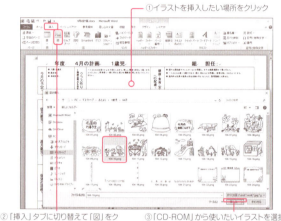

①イラストを挿入したい場所をクリック
②「挿入」タブに切り替えて「図」をクリック
③「CD-ROM」から使いたいイラストを選択して「挿入」をクリック

図が挿入されると一時的にレイアウトが崩れるので設定を変更します

④【図ツール】の「文字列の折り返し」をクリックして「前面」を選択

イラストのサイズ変更と移動

⑥イラストの角のハンドル（○）をドラッグしてサイズを調整します。

⑦イラストをドラッグして任意の場所へ移動します。

★文字列の折り返しについて

「文字列の折り返し」は、挿入したイラスト（画像）と、画面に入力した文字列（テキスト）との関係を設定するものです。

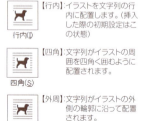

【行内】：イラストを文字列の行内に配置します。（挿入した際の初期設定はこの状態）
行内(I)

【四角】：文字列がイラストの周囲を四角く囲むように配置されます。
四角(S)

【外周】：文字列がイラストの外側の輪郭に沿って配置されます。
外周(T)

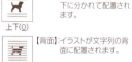

【内部】：イラストの内部にも文字列が配置されます。
内部(H)

【上下】：文字列がイラストの上下に分かれて配置されます。
上下(O)

【背面】：イラストが文字列の背面に配置されます。
背面(D)

【前面】：イラストが文字列の前面に配置されます。
前面(N)

※囲みイラスト付き文例については、P.238を参照下さい。

V イラストに色を塗る

Windowsに付属しているお絵かきソフト「ペイント」で、イラストにクレヨン調の色を塗ってみましょう。

1 ペイントからCD-ROMのイラストを開く

1. ペイントを起動する

①デスクトップのスタートボタンの右側にある検索ボックス（Cortana）に「ペイント」と入力します。

②デスクトップアプリの「ペイント」が表示されるので、クリックします。

①「ペイント」と入力
②クリック

〈ペイントを開いたときの画面と主なボタンの役割〉

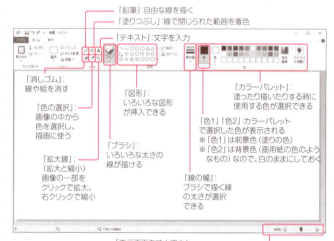

「鉛筆」：自由な線を描く
「塗りつぶし」：線で閉じられた範囲を着色
「テキスト」：文字を入力
「消しゴム」：線や絵を消す
「色の選択」：画像の中から色を選択し、描画に使う
「拡大鏡」：（拡大と縮小）画像の一部をクリックで拡大、右クリックで縮小
「図形」：いろいろな図形が挿入できる
「ブラシ」：いろいろな太さの線が描ける
「カラーパレット」：塗ったり描いたりする時に使用する色が選択できる
「色1」「色2」：カラーパレットで選択した色が表示される
※「色1」は前景色（塗りの色）
※「色2」は背景色（画用紙の色のようなもの）なので、白のままにしておく
「線の幅」：ブラシで描く線の太さが選択できる
「表示画面を拡大縮小」：表示させている画面の大きさを変えることができる。

2. ペイントからCD-ROMのイラストを開く

①画面左上のボタンをクリック
②「開く」をクリック
③「コンピュータ」の中の「CD-ROM」をダブルクリック
④イラストを選択
⑤「開く」をクリック

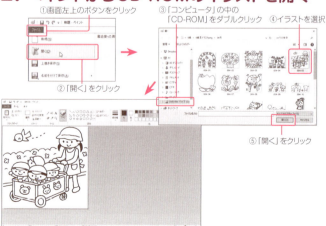

2 色を塗る

1. 閉じている面を塗るとき

「塗りつぶし」を使って色を塗ります。

① 「カラーパレット」から塗りたい色をクリック

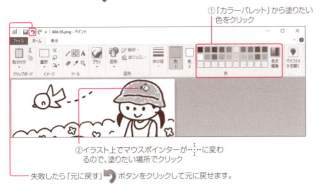

② イラスト上でマウスポインターが変わるので、塗りたい場所でクリック

失敗したら「元に戻す」ボタンをクリックして元に戻せます。

2. 閉じていない面を塗るとき

閉じていない面で塗りをクリックすると、線がとぎれた部分から色がはみ出して広い範囲で着色されます。このような場合は、とぎれている部分をつないで面を閉じてから塗りつぶします。

線が離れているので植込みと背景が同じ色で塗られてしまいます。

「鉛筆」を使って途切れている線をつなげてみましょう。

① 「鉛筆」をクリック　② 「線の幅」をクリック

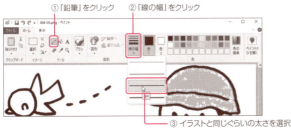

③ イラストと同じぐらいの太さを選択

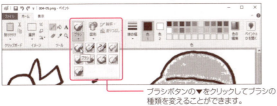

ブラシボタンの▼をクリックしてブラシの種類を変えることができます。

④ キャンバスのマウスポインターが変化するので、途切れている線の端をドラッグして線を描き足します。

⑤ 面が閉じたら、「塗りつぶし」を使って色を塗ります。

Ⅴ イラストに色を塗る

★線や色を消す場合

① 「ホーム」をクリック
② 「消しゴムツール」をクリック

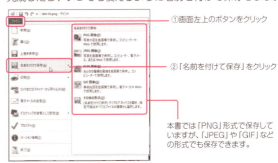

③ マウスポインタが□に変わるので消したい所をドラッグする

3 名前を付けて保存する

完成したら、いつでも使えるように名前を付けて保存します。

① 画面左上のボタンをクリック

② 「名前を付けて保存」をクリック

本書では「PNG」形式で保存していますが、「JPEG」や「GIF」などの形式でも保存できます。

③ 保存先をクリック

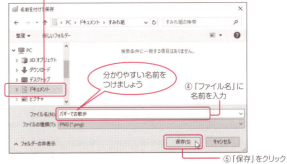

分かりやすい名前をつけましょう

④ 「ファイル名」に名前を入力

⑤ 「保存」をクリック

できあがり

ヒント

イラストをべた塗りするには

ペイントの「塗りつぶし」ツールは、クリックした場所と同じ色に適用されます。CD-ROMのイラストは、きれいに印刷できるように同じ白でも少しずつ色味が異なる階調を持っているため、クレヨンで塗ったようになります。

そこで、一旦、色数の少ない画像形式（16色ビットマップ）に変換してからPNG形式に戻すと、べた塗りすることができるようになります。

①色を塗りたいイラストを開き、「ファイル」タブをクリックして、「名前を付けて保存」を選択します。

②「ファイルの種類」の∨をクリックして「16色ビットマップ」を選択して「保存」をクリックします。

③次のようなメッセージが表示されたら、「OK」ボタンをクリックします。

④もう一度「ファイル」タブをクリックして、「名前を付けて保存」を選択し、「ファイルの種類」の∨をクリックして「PNG」を選択して「保存」をクリックします。

P.237の手順で色を塗ると、右図のようにきれいに塗ることができます。

VI 囲みイラスト付き文例を利用する

CD-ROM内の囲みイラスト付き文例はWord文書にイラスト（PNG形式）とテキストボックスが組み合わさってできています。毎月のおたよりなどにご利用ください。

①囲みイラスト付き文例を挿入したいWord文書を開いておきます。

②CD-ROMから使いたい囲みイラスト付き文例を開きます。

④「ホーム」タブ「クリップボード」の「コピー」をクリックします。

③イラストの端の部分をクリックすると、外枠が表示されます。

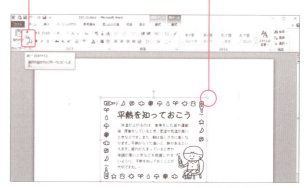

⑤作成中の文書に切り替えて、挿入したい部分をクリックしてから、「ホーム」タブ「クリップボード」の「貼り付け」ボタンをクリックします。

※Excelで使用される際は、ここでご使用の文書を開いてください。

→囲みイラスト付き文例のイラストとテキストボックスは、グループ化されているので、ひとつの図のように移動することができます。

→「文字列の折り返し」については、P.236へ

★文例の書式を解除したい場合

（字下げだけではなく、文字サイズや行間なども）

囲みイラストつき文例の文例だけをコピーして、別の場所に貼り付けると、元の書式も一緒に貼り付きます。このような場合は、次のいずれかの方法でテキストだけを貼り付けます。

[A]「ホーム」タブ「クリップボード」の「貼り付け▼」をクリックして「A」（テキストのみ保持）をクリック

[B]貼り付け後、右下に表示される「貼り付けオプション」ボタンをクリックして「A」（テキストのみ保持）をクリック

VII 文例を利用する

CD-ROM内の文例はリッチテキスト形式として収録されており、Wordで開くことができます。

※リッチテキストとは、文字と文字の書式情報（フォントやフォントサイズ、色、太字、斜体など）を持つ文書ファイル形式です。
　CD-ROM内の文例の書式は、MSゴシック、10.5ptです。

①文例を使いたいWord文書を開いておきます。
②CD-ROMから文例ファイルを開きます。
③使用したい文章をドラッグして選択します。

④「ホーム」タブ「クリップボード」の「コピー」をクリックします。

⑤文例を使いたいWord文書に切り替えて、貼り付けたい位置をクリックします。

⑥「ホーム」タブ「クリップボード」の「貼り付け▼」をクリックして「A」（テキストのみ保持）をクリックします。

VIII テキストボックスを挿入する

テキストボックスは、囲み罫やイラストに重ねて文章を入れたいときに使います。

イラストの「文字列の折り返し」を「前面」に設定する

イラストにテキストボックスを重ねる場合、イラストの「文字列の折り返し」は「前面」に設定しておきます。

①イラストをクリックして選択します。
②【図ツール】の「書式」タブ「配置」の「文字列の折り返し」をクリックします。

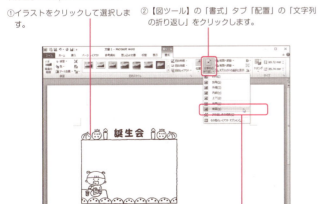

③【図ツール】の「書式」タブ「配置」の「文字列の折り返し」をクリックして「前面」をクリックします。

テキストボックスを挿入する
囲みケイやイラストに重ねて文章を入れたいときに使います。

①「挿入」をクリック　　②「テキストボックス」をクリック

③「シンプル-テキストボックス」をクリック

④テキストボックスの文章が反転している状態で、文字を入力します。

⑤テキストボックスのサイズは枠のハンドル（○、□）をドラッグして調節します。

⑥テキストボックスの外枠をドラッグして、イラストの上に配置します。

テキストボックスの枠を選択すると、ボックス内の文字の文字書式や段落書式を「ホーム」タブの「フォント」や「段落」のツールで変更できます。

既定のテキストボックスは、塗りつぶしが白色、枠線が黒色です。イラストに重ねる場合は、【描画ツール】「図形のスタイル」で両方とも「なし」に設定します。

▼塗りつぶしなし　　　　　　▼枠線なし

できあがり

監修 神長美津子

國學院大學教授
幼保連携型認定こども園教育・保育要領の改定に関する検討委員会
中央教育審議会 教育課程部会幼児教育部会主査代理
元・文部科学省初等中等教育局幼児教育課教科調査官
『月刊 保育とカリキュラム』総監修

保育のきほん

監修・執筆	神長美津子	
	馬場耕一郎	(聖和短期大学准教授、厚生労働省保育課保育専門調査官、大阪・幼保連携型認定こども園 おおわだ保育園 理事長)

1歳児保育のきほん

監修・執筆	神長美津子	

●発達と生活・発達と遊び

監修・執筆	塩谷 香	(國學院大學特任教授、NPO法人「ぴあわらべ」理事)

環境とあそび

●環境づくり

執筆	塩谷 香	
写真協力園	東京	荏原西第二保育園
		千束保育園
		西五反田第二保育園
		二葉つぼみ保育園
	神奈川	おおつな保育園
	兵庫	武庫川女子大学附属保育園

●手作り玩具・あそび

執筆	小倉和人	(KOBEこどものあそび研究所所長)
写真・実践協力園	兵庫	須磨区地域子育て支援センター
		認定こども園まあや学園
		美山保育園
		よこやま保育園

指導計画・連絡帳

執筆	『月刊 保育とカリキュラム』1歳児研究グループ	
チーフ	藤本員子	(元・大阪樟蔭女子大学講師)

●月の計画 書き方のポイント

執筆	清水益治	(帝塚山大学教授)
	寺見陽子	(神戸松蔭女子学院大学大学院教授)

●連絡帳 書き方のポイント

執筆	藤本員子	
	花咲宣子	(大阪・かなおか保育園園長)

●連絡帳 発育・発達メモ

執筆	川原佐公	(元・大阪府立大学教授)
	寺見陽子	
	藤本員子	

おたより

文例・イラスト案	永井裕美	(保育士・幼稚園教諭)

もっとサポート 計画・資料データ集

協力園	東京	武蔵野東学園幼稚園
	千葉	柏井保育園
	大阪	寺池台保育園
		たんぽぽ学園
	奈良	ふたば保育園

※本書掲載の一部は、『月刊 保育とカリキュラム』2013～2017年度の内容に加筆・修正を加え、再編集したものです。
※所属は、本書初版当時のものです。

STAFF

本文デザイン	株式会社フレーズ(宮代佑子、武田紗和、岩瀬恭子)
本文DTP	株式会社フレーズ(江部憲子、小松桂子)
製作物・イラスト	石川元子、菊地清美、白川美和、鈴木えりん、中小路ムツヨ、なかのまいこ、楢原美加子、福島幸、町田里美、みやれいこ、Meriko、やまざきかおり
編集協力	太田吉子
	川城圭子
	株式会社どりむ社
	pocal(本城芳恵、和田啓子)
楽譜浄書	株式会社クラフトーン
校正	株式会社どりむ社
	永井一嘉
企画・編集	安部鷹彦
	山田聖子
CD-ROM制作	NISSHA株式会社

本書のコピー、スキャン、デジタル化等の無断複製は著作権法上での例外を除き禁じられています。本書を代行業者等の第三者に依頼してスキャンやデジタル化することは、たとえ個人や家庭内の利用であっても著作権法上認められておりません。

年齢別クラス運営シリーズ

1歳児の保育

2018年 2月	初版発行
2024年12月	第8版発行
監修者	神長美津子
発行人	岡本 功
発行所	ひかりのくに株式会社
	〒543-0001 大阪市天王寺区上本町3-2-14
	TEL06-6768-1155 郵便振替00920-2-118855
	〒175-0082 東京都板橋区高島平6-1-1
	TEL03-3979-3112 郵便振替00150-0-30666
	ホームページアドレス https://www.hikarinokuni.co.jp
印刷所	NISSHA株式会社

©2018 乱丁、落丁はお取り替えいたします。
<JASRAC 出1715535-408>

Printed in Japan
ISBN978-4-564-61552-8
NDC376 240P 26×21cm